自闭症儿童教育新论

胡晓毅◎著

NEW TRENDS IN EDUCATION FOR
CHILDREN WITH
AUTISM SPECTRUM DISORDERS

北京师范大学出版集团
BEIJING NORMAL UNIVERSITY PUBLISHING GROUP
北京师范大学出版社

图书在版编目(CIP)数据

自闭症儿童教育新论/胡晓毅著. —北京:北京师范大学出版社,
2020.6(2025.7 重印)

全国高等院校特殊教育专业精品教材

ISBN 978-7-303-25552-8

Ⅰ.①自…　Ⅱ.①胡…　Ⅲ.①自闭症－儿童教育－特殊教育－
高等学校－教材　Ⅳ.①G766

中国版本图书馆 CIP 数据核字(2020)第 002022 号

ZIBIZHENG ERTONG JIAOYU XINLUN

出版发行:北京师范大学出版社 https://www.bnupg.com
　　　　　北京市西城区新街口外大街 12-3 号
　　　　　邮政编码:100088

印　　刷:北京虎彩文化传播有限公司
经　　销:全国新华书店
开　　本:787 mm×1092 mm　1/16
印　　张:15.75
字　　数:308 千字
版　　次:2020 年 6 月第 1 版
印　　次:2025 年 7 月第 2 次印刷
定　　价:48.00 元

策划编辑:王建虹　　　　　　　责任编辑:王　强　李春生
美术编辑:李向昕　　　　　　　装帧设计:李尘工作室
责任校对:段立超　　　　　　　责任印制:马　洁

总　序

　　经过两个多世纪的发展，特殊教育已逐渐形成自己的学科体系，具备独特的研究范畴及研究方法。党和国家一直关心和支持特殊教育的发展。2016 年 8 月，国务院印发的《"十三五"加快残疾人小康进程规划纲要》特别指出，要"大力推行融合教育，建立随班就读支持保障体系，在残疾学生较多的学校建立特殊教育资源教室，提高普通学校接收残疾学生的能力，不断扩大融合教育规模"。2017 年 7 月，教育部等七部门联合印发了《第二期特殊教育提升计划(2017－2020 年)》，该计划是巩固一期成果、进一步提升残疾人受教育水平的必然要求，是推进教育公平、实现教育现代化的重要任务，是增进残疾人家庭福祉、加快残疾人小康进程的重要举措。2017 年 1 月，国务院对《残疾人教育条例》进行修订，修订后的条例强调保障残疾人教育机会平等、积极推进融合教育、加强对残疾人教育的支持保障，体现了对残疾人平等受教育权的尊重，体现了国家对残疾人的关爱，对残疾人公平接受教育机会、融入社会的关切。该条例的修订也是我国残疾人教育发展的新突破、新起点、新征程。

　　特殊教育对于残疾儿童和少年而言是促进其社会化发展、提高生活质量的必要途径。同时特殊教育解决的不仅是残疾人的个人问题，更是家庭问题和社会问题。特殊教育的发展水平是社会文明和科学进步的标志，具有重要的社会效益。现代社会的特殊教育被纳入全民教育体系，不再单纯是一种福利式、慈善型教育，而是专业化教育。发展特殊教育是推进教育公平、实现教育现代化的重要内容，是坚持以人为本理念、弘扬人道主义精神的重要举措，是保障和改善民生、构建社会主义和谐社会的重要任务。

　　从特殊教育的发展史来看，特殊教育走过了一条从隔离到回归主流再到融合的道路。世界上一些教育发达国家，现在已经到了融合教育的阶段。从 20 世纪 90 年代开始，越来越多的教师、学生家长、法律工作者、各级行政管理人员都在不断地表达这样的希望：创造一个融合的社会环境，所有的儿童都可以进入普通学校接受有质量的教育。这导致了发达国家的教育政策发生了巨大的改变。而我国的特殊教育发展也具有自己的特色，也存在着相应的问题。尽管近几十年来特殊教育发展迅速，但仍需要指出的是，相较于普通教育的发展，特殊教育理论研究和学科建设还较为薄弱，发展还不均衡，特殊教育经费短缺，办学条件亟待改善，办学规模远不能满足社会发展要求，特殊教育教师队伍还有待进一步加强，建立具有中国特色的特殊教育学科体系还不够完善等，因此我国特殊教育工作者还承担着艰巨的变革与发展的任务，需要一代又一代的不断努力和进取。

为了进一步完善我国的特殊教育体系，发展具有中国特色的特殊教育学科，致力于更好满足残疾儿童少年对更公平更高质量的特殊教育需求，本丛书汇集国内知名专家，从特殊教育体系、不同类型特殊儿童教育、特殊儿童的相关服务以及西方先进特殊教育研究等不同版块，来建立较为系统、完善、前沿的特殊教育教材，一方面促进特殊教育学科的发展，另一方面也为新生的特殊教育力量提供坚实的知识和实践基础。最后，期待在未来的日子里，残疾人进入普通学校学习的障碍会越来越少，我国的教育系统能够越来越自觉地给包括残疾学生在内的所有学生提供有质量的教育，期待我们的教育可以满足每一个孩子的需要。

肖　非

丛书编委会

顾　　问　朴永馨

主　　编　肖　非

副 主 编　邓　猛

编 委 会（按照姓氏笔画排序）：

王　雁　刘全礼　朱宗顺　张树东

苏雪云　杨中枢　胡晓毅　昝　飞

赵　斌　钱志亮　盛永进　戚克敏

程　黎　雷江华

前　言

　　自闭症被定义为一组起源于儿童早期，以社会交往和沟通障碍、兴趣范围狭窄及重复刻板行为为主要特征的发育障碍。据美国疾病控制与预防中心 2020 年最新统计，每 54 个儿童中就有 1 个自闭症谱系障碍儿童。我国最新的自闭症儿童出现率为 1％，和欧洲国家出现率一致，自闭症儿童已经成为我国学龄前发展障碍儿童中出现率最高的残障类别。国家对自闭症儿童的教育、社会福利、脑机制研究也因此越来越重视，尤其是在教育干预的研究领域，很多本介绍国外自闭症儿童教学的图书被引进，又有多本我国一线教师撰写的相关教材陆续出版。

　　然而，国内仍缺少针对特殊教育、教育学、心理学等专业的本科生以及研究生的，助其今后从事自闭症儿童教学的教师培养用书。另外，自闭症的科研教学发展很快，学生们也需要掌握最新的教学干预策略和方法。在此背景下，此书的出版势必会对他们的学习起到很好的助推作用。

　　本书共分十章。第一章主要从核心特征和学习特征两个方面论述自闭症儿童的特点。第二章介绍了教学环境创设的基本原则和实操方法。第三章探讨了教学设计的基本流程和实施过程。第四章从应用行为分析视角介绍了自闭症儿童的回合式教学和功能分析的技巧。第五章介绍了自闭症儿童教具的制作要求和范例。从第六章到第九章介绍了自闭症儿童教学的不同领域，包括常规执行教学、情绪管理、语言教学、社交技能教学。最后一章介绍了如何收集教学数据。本书有大量来自自闭症儿童实际教学活动环境的图片和案例，因此，本书最大的特点是实践性强。希望在校大学生们能从中形成自闭症儿童教学的基本知识体系，更期盼他们将来能积极投身于自闭症儿童的教学工作！

　　由于本人水平有限，书中的不妥之处，恳请读者批评指正。

北京师范大学教育学部　　胡晓毅

2020 年 4 月 10 日

目　录

第一章

自闭症概述

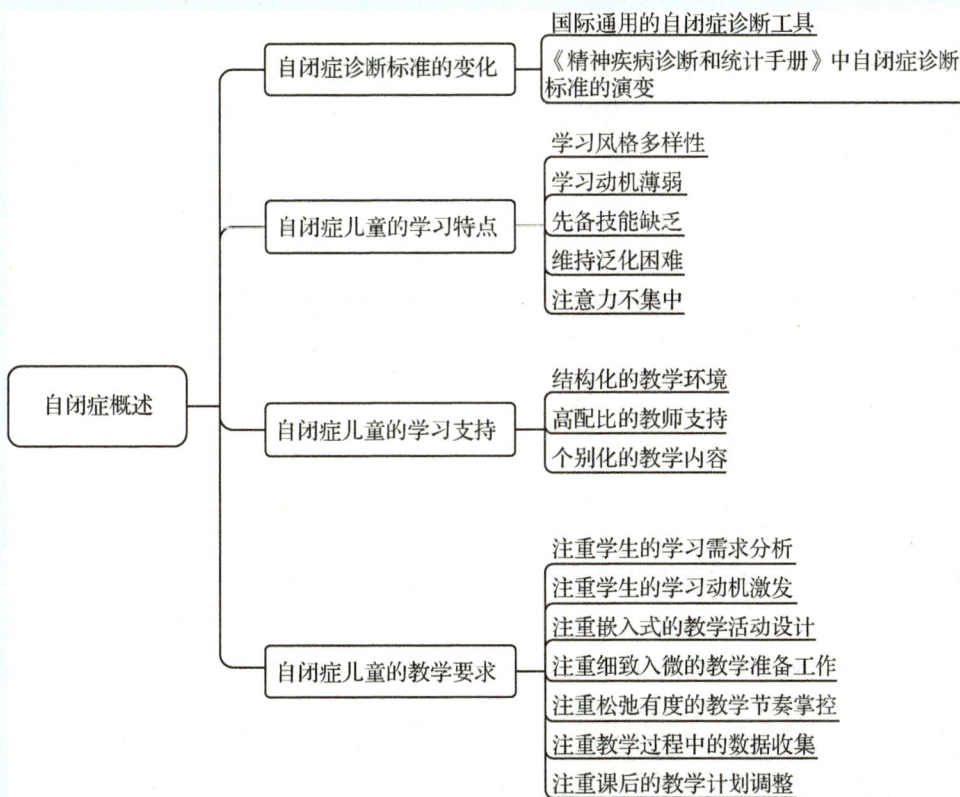

- 自闭症概述
  - 自闭症诊断标准的变化
    - 国际通用的自闭症诊断工具
    - 《精神疾病诊断和统计手册》中自闭症诊断标准的演变
  - 自闭症儿童的学习特点
    - 学习风格多样性
    - 学习动机薄弱
    - 先备技能缺乏
    - 维持泛化困难
    - 注意力不集中
  - 自闭症儿童的学习支持
    - 结构化的教学环境
    - 高配比的教师支持
    - 个别化的教学内容
  - 自闭症儿童的教学要求
    - 注重学生的学习需求分析
    - 注重学生的学习动机激发
    - 注重嵌入式的教学活动设计
    - 注重细致入微的教学准备工作
    - 注重松弛有度的教学节奏掌控
    - 注重教学过程中的数据收集
    - 注重课后的教学计划调整

本章概要

1. 关于自闭症的诊断标准，包括诊断工具和不同版本 DSM 中自闭症的诊断标准的变化。

2. 自闭症儿童学习特点的介绍，如学习风格多样性、学习动机薄弱、先备技能缺乏、维持泛化困难、注意力不集中等。

3. 根据自闭症儿童的学习特点，需要为自闭症儿童提供结构化的教学环境、高配比的教师支持、个别化的教学内容等支持策略。

4. 对自闭症儿童进行教学时的要求包括对学生的学习需求进行分析、注重激发学习动机、注重嵌入式的教学活动设计、细致入微的教学准备、松弛有度的教学节奏掌控、教学过程中的数据收集、课后的教学计划调整等。

学习目标

1. 了解 DSM 与 ICD 是两种国际通用的自闭症诊断标准。

2. 大概了解不同版本的 DSM 中关于自闭症的界定和诊断标准的变化历程，并详细了解 DSM 第五版相较于之前版本的主要变化。

3. 了解自闭症儿童的学习特征，并能举例说明不同学习特征的表现。

4. 能从为自闭症儿童提供教学的教师角度出发，结合班级中的自闭症儿童表现出的学习特征，设计所应提供的具体教学支持的内容。

5. 了解对自闭症儿童进行教学的教学要求，并根据一名自闭症儿童的特点逐项对其教学要求进行分析。

导　读

自闭症(autism)，又称孤独症，是一种以社会交往和沟通障碍、刻板重复的兴趣和行为模式为主要特征的神经性发育障碍。自闭症属于谱系障碍，既广泛影响了个体多项基础技能的发展，又严重影响了个体及其家庭的生活功能。自闭症的"神秘性"引起学界对于自闭症的极大探索兴趣。本章主要介绍了自闭症诊断标准的变化及自闭症儿童的学习特点和教学要求，以帮助读者形成一个清晰、全面的认识。

第一节
自闭症诊断标准的变化

1943 年，医生列昂·肯纳(Leo Kanner)首次在《自闭症的情感联系失调》("Autistic Disturbances of Affective Contact")一文中报告了 8 个男孩和 3 个女孩的自闭症症状："当独处时他很开心，但对父亲回来了却视而不见；当见到亲戚们时他表现得很特别，手指总是在做一些重复动作，似乎喜欢尝试让所有的东西都旋转起来；当被带入新房间时，他完全无视其他人的存在，有时也会去探索看到的新物品。"1944 年，汉斯·阿斯伯格(Hans Asperger)也发现了 4 个男孩的类似症状，并在《关于儿童自闭症人格障碍》("Autistic Psychopathy of Childhood")中进行了详细报告。两个报告为后来的研究者留下了生动翔实的记载，随后的 70 多年越来越多的人开始关注并试图揭秘自闭症。

一、国际通用的自闭症诊断工具

DSM 是美国精神医学协会出版的《精神疾病诊断和统计手册》(*Diagnostic and Statistical Manual of Mental Disorders*)的简称。它与国际通用的《疾病与有关健康问题的国际统计分类》(*International Statistical Classification of Diseases and Related Health Problems*，简称 ICD)是国际上通用的两大精神疾病诊断标准系统，也是美国和世界大部分地区权威的精神障碍诊断的指导手册。(除了精神障碍的诊断标准，ICD 中还包括了其他疾病的分类和描述。)DSM 包含了对精神疾病症状的具体描述和诊断标准，为临床医生提供了一致可靠的诊断，为其他相关人员提供了共同的语言交流条件。DSM 和 ICD 几乎同步更新，在制定时也尽量要求一致，但 DSM 更强调标准的制定和分类互斥原则，而 ICD 更强调对症状的描述而非诊断。目前国际上大部分地区都使用 DSM 进行自闭症诊断。

二、《精神疾病诊断和统计手册》中自闭症诊断标准的演变

DSM-I 自 1952 年出版以来，共经历了六次改版。其中，针对自闭症的诊断标准，第三版和第四版都做出过修订，第三版的修订幅度较大，第四版的修订幅度很小，与第三版基本一致。从版本名称上看，第五版之前各版本的简写都是用罗马数字代替，而第五版则是用阿拉伯数字表示。美国心理学会官网曾对这个改动进行了专门的解

释——意在更多地反映当前的研究进展。从 DSM 改版的时间看，DSM-Ⅲ、DSM-Ⅲ-R、DSM-Ⅳ、DSM-Ⅳ-TR 的出版间隔时间基本都是 6 至 7 年更新一次，然而 DSM-5 距离 DSM-Ⅳ-TR 的出版却相隔 13 年，而且，DSM-Ⅳ-TR 在自闭症诊断上并无实质性改动，所以 DSM-5 是在 DSM-Ⅳ 基础上，总结了近 20 年自闭症的研究成果。

(一)《精神疾病诊断和统计手册》第一版和第二版中对于自闭症的描述

直到 1943 年才有对自闭症的症状所做的描述，而且当时认为自闭症的患病率比较低，因此，DSM-Ⅰ 和 DSM-Ⅱ 并未对自闭症进行专门描述或者分类，只是在儿童型精神分裂症中用自闭症作为例子，同时指明了它的一些特点。

> **DSM-Ⅱ 中关于自闭症的描述**
>
> "这个类属的病症发生于青春期以前，和精神分裂症的症状很类似。这些儿童看上去非常孤僻，是非典型的，而且还有退缩的表现。他们很难与母亲分离，发展很不均衡，动作发展不成熟也不充分。这些都反映了儿童在智力方面发育不良，应该对他们进行诊断。"

(二)《精神疾病诊断和统计手册》第三版及修订版对自闭症的描述

直到 1980 年，DSM-Ⅲ 才将自闭症和儿童精神分裂症区分开来，并将其归类为广泛性发展障碍。这样分类的缘由是基于儿童精神分裂症会有古怪的行为，还伴随有幻觉、错觉，而自闭症并不存在这些状况，而且儿童精神分裂症的社会沟通障碍较小，自闭症的一些特点和运动障碍、自我刺激行为在其中也没有表现。第三版还有一个重要变化就是提出了广泛性发展障碍，并将自闭症作为亚型之一，因为广泛性障碍能更准确地描述自闭症儿童的核心特征：儿童发展的众多基本领域相互影响，而且各领域朝着更严重的症状趋近。

在 DSM-Ⅲ 中，广泛性发展障碍被分为三个亚型，但是从它们的诊断标准上看，婴儿期自闭症和儿童期出现的广泛性发展障碍的区别并不明显。1987 年，DSM-Ⅲ 的修订版出版了。修订版将婴儿期自闭症和儿童期出现的广泛性发展障碍合并为自闭症，并指出其症状出现于婴儿期或儿童期，在社会交往、沟通技能、刻板行为和兴趣等方面共 16 项的标准中要至少满足 8 项，其中包括 A 类 5 项社会交往方面的质性损伤中的 2 项，B 类中 1 项、C 类中 1 项。此外，对不满足自闭症、精神分裂症等的诊断条件，但是在以上三个方面仍有质的损伤的儿童则被视为未具体说明的广泛性发展障碍（PDD-NOS）。这是个二等选项，排除了其他分类之后可再考虑它，其症状与第三版的儿童期出现的广泛性发展障碍没有本质的差异，描述几乎一模一样，只是变更了名称。此外，未具体说明的广泛性发展障碍的症状，具有很大灵活性，这也意味着会有很多在社会交往方面存在障碍的儿童很容易被划入此类中。

DSM-Ⅲ中关于自闭症的诊断标准的描述

• 婴儿期自闭症

A. 在 30 个月以前出现

B. 广泛性地缺乏对人的反应

C. 语言发展有重大缺陷

D. 如果能够说话，则会表现出特殊的说话模式，如直接或延迟的模仿性语言，不会用比喻性的语言，不会反转代词。

E. 对环境会做出奇怪的反应，如讨厌改变，对物品有着特别的兴趣。

F. 没有精神分裂症的一些症状，如幻觉、幻听。

• 儿童期出现的广泛性发展障碍

A. 社会关系严重的持续的损伤，如缺乏适当的情感反应，不合适的固执，无社会性，缺乏同理心。

B. 至少有以下症状中的三种：

①突然的过度焦虑，如持续的焦虑，对日常生活事件的毁灭性的反应，当悲伤时不能自我安慰，无端的恐惧。

②有限的或不适当的情感反应，如缺乏适当的害怕反应，无理由的恐惧反应，情绪不稳定。

③抵制环境的改变。

④异常的动作行为。

⑤说话异常。

⑥对感知觉不敏感或过分敏感。

⑦自伤行为。

C. 在 30 个月之后 12 岁之前出现

D. 不会出现幻觉、幻听。

• 非典型广泛性发展障碍

这类儿童在社会技能、语言发展等基本的心理功能方面具有重大障碍，但是不能被归为婴儿期自闭症或者儿童期出现的广泛性发展障碍之内。

DSM-Ⅲ-R 中关于自闭症的诊断标准的描述

广泛性发展障碍包括 2 个亚型：

• 自闭症

16 项目中要至少满足 8 项，其中，A 类中至少有 2 项，B 类中至少有 1 项，C 类中至少有 1 项。

A. 社会交往方面的质性损伤（其中，5 项细节标准需满足 2 项）

B. 言语和非言语沟通、想象力活动的质性损伤（其中，6 项细节标准需满足 1 项）

C. 刻板的活动和兴趣（其中，5 项细节标准需满足 1 项）

D. 出现在婴儿期或儿童期

• 未具体说明的广泛性发展障碍

这一类儿童在社会互动和言语、非言语沟通技能方面有质性的损伤，但是却不符合自闭症、精神分裂或分裂型人格。他们中的一部分会表现出范围显著狭窄的活动和兴趣。

(三)《精神疾病诊断和统计手册》第四版及修订版对于自闭症的描述

DSM-Ⅳ 和 DSM-Ⅳ-TR 基本也沿袭了 DSM-Ⅲ-R 的诊断标准，只是对诊断标准的数量降低了要求，由原来的 16 项要满足 8 项改为 12 项要满足 6 项。DSM-Ⅳ 和 DSM-Ⅳ-TR 最大的特点是多元的诊断标准、异质的诊断群体。DSM-Ⅳ 将广泛性发展障碍分为 5 个亚型，分别是自闭症、雷特氏综合征、儿童瓦解性精神障碍、阿斯伯格综合征、未具体说明的广泛性发展障碍。也就是说，DSM-Ⅳ 对分类的互斥性做了一定解释。在 DSM-Ⅳ 和 DSM-Ⅳ-TR 的诊断标准下，自闭症开始流行。据美国自闭症和发展障碍监控网 2010 年的调查，使用 DSM-Ⅳ-TR 进行诊断，自闭症的发病率可达到 1/68。

DSM-Ⅳ-TR 中关于自闭症的诊断标准的描述

广泛性发展障碍包括 5 个亚型，分别是：

• 自闭症：12 项中要至少满足 6 项。

• 雷特氏综合征：只发生在女性，脑部发展减缓，之前获得的手部机能丧失，躯体运动协调性差，学龄后社会互动技能逐渐好转。

• 儿童瓦解性精神障碍：经过了至少两年的正常发展后，多个领域的功能迅速倒退。

• 阿斯伯格综合征：先考虑自闭症的诊断，如果不满足自闭症的诊断标准，语言发展没有迟缓异常，则被视为阿斯伯格综合征。

· 未具体说明的广泛性发展障碍：未满足上述四个标准，但在互惠性的社会交往、沟通技能、刻板兴趣和行为方面有障碍。

(四)《精神疾病诊断和统计手册》第五版中对于自闭症的描述

DSM-5 对自闭症的诊断做出了众多具体的调整和变化。从自闭症的类属上看，DSM-5 将自闭症的诊断放置在一级标题的"神经发展障碍"之下。而此前，都是将自闭症放置在"婴儿期、儿童期或青少年期的疾病"之下。这个变化说明了此前的诊断标准是以个体的行为来对应疾病，而 DSM-5 已经有了病因学分类的初步尝试。此外，之前的版本都是将自闭症放置在二级标题的"广泛性发展障碍"之下，而这一版"广泛性发展障碍"这一名称被"自闭症谱系障碍"取代。DSM-5 首次正式提出"自闭症谱系障碍"一词，说明 DSM-5 对自闭症的定义回归到了自闭症本身。除了名称上的变化，DSM-5 的诊断标准主要有以下变化：

DSM-5 中关于自闭症的诊断标准的描述

DSM-5 对自闭症谱系障碍的诊断标准如下：

A. 在跨越多场景的社会沟通和社会交往上存在持续性缺陷，现在或以前表现出下列几项：

①社会情感互动存在缺陷，如异常的社交方式和不能进行正常来往方式的对话；缺乏兴趣、情绪或感情的分享；不能发起或回应社会互动。

②用于社会交往的非语言沟通行为存在缺陷，包括：拙劣的言语和非言语沟通，异常的眼神接触、身体语言或理解手势和使用手势的缺陷，完全缺乏面部表情和非语言沟通。

③发展、维持和理解关系存在缺陷，包括：难以调整行为去适应不同的社会环境、共享想象性游戏或交友困难、对同伴缺乏兴趣。

B. 受限制、重复性模式的行为、兴趣或活动，现在或以前表现出以下至少两项：

①刻板或重复地动作、使用物品或讲话(如简单运动刻板、排列玩具或翻转物品、仿说、特异的话语)。

②坚持千篇一律，僵化固守常规惯例，保持仪式化的模式或语言非语言行为(如对微小的变化极端痛苦难忍，过渡困难，僵化的思维模式、问候礼仪，坚持走

同样的路线或每天吃同样的食物）。

③高度受限、依恋的兴趣，且异常强烈或集中（如强烈的依恋或着迷于不寻常之物、过度受限或固执的兴趣）。

④对感官输入有过高或过低的反应或对环境中的感官因素有异常的兴趣（如对疼痛/温度变化的明显冷漠、对特定的声音或质地有不良反应、过度嗅闻或触摸物体、对灯光或运动的视觉迷恋）。

C. 症状必须存在于早期发展时期（但缺陷可能并没有充分表现出来直到社会沟通的需要超出其受限制的能力时，或可能被后来在生活中习得的策略所掩盖）。

D. 症状导致现时的功能运作在社交、职业或其他重要领域严重受损。

E. 这些失调都不能用智力残疾（智力发展障碍）或全面性发展迟缓更好地解释。智力残疾和自闭症谱系障碍经常共同发生；诊断自闭症谱系障碍和智力残疾的合并症，对社会沟通的预期应低于一般发展水平。

1. 单一诊断化

DSM-5 中争议最大的一个变化就是单一诊断化。在 DSM-Ⅳ 及 DSM-Ⅳ-TR 版本中，广泛性发展障碍被分为五类，而 DSM-5 的诊断中只有一类，即自闭症谱系障碍，并且在自闭症谱系障碍中剔除了雷特综合征，也不再针对经典自闭症、阿斯伯格综合征、儿童瓦解性综合征、未具体说明的广泛性发展障碍进行分类，它们统一被称为自闭症谱系障碍。

雷特综合征是儿童在出生以后的一段时间内有过正常的发展，随后出现各领域的退化。在 2 岁半到 5 岁时很多已获得的手部技能开始丧失。在 4 岁到 5 岁之间，头部发育减缓，躯干的协调性差，并且只发生在女性患者身上。雷特综合征是由基因问题导致的，不是自闭和社交问题，主要表现是动作能力退化。

那为什么将其他四个类别统一称为自闭症谱系障碍？DSM-Ⅳ 当时分类的原因是认为这些类别的差异是质的差异，而 DSM-5 认为它们之间的界限并不明显，是量的差异的体现。诊断的目的是区别病程、病因，如果用症状的量的差异去诊断就有问题。广泛性发展障碍的亚分类并不准确。

• 儿童瓦解性综合征涉及神经系统伤害，神经、动作退化速度快，可能在一周之内就完全退化，而自闭症也会表现为持续退化。

• 阿斯伯格综合征与高功能自闭症（智商大于等于 70 分的自闭症）的界限并不明显。因为自闭症和阿斯伯格综合征的共同点就是社交问题。虽然阿斯伯格综合征患者看上去较之自闭症患者没有语言发育障碍和智力障碍，但因其语言刻板，没有考虑到语用的适宜性问题，所以他们的语言便没有了交往的意义。而且在具体的诊断中，阿斯伯格综合征的诊断的一致性最低。

• 未具体说明的广泛性发展障碍，在社会交往、社会沟通、刻板行为中均有所体现，只是没有达到自闭症要求的诊断标准，所以这种分类在实际的诊断中意义不大，而且容易产生误诊。

2. 核心症状维度的变化

诊断标准中第二大变化就是诊断的维度由三个合并为两个。以前的社会交往和社会沟通分属两个类别，因其相互影响、紧密一致，现在将其合并为互惠性的社会交往和沟通。社会交往侧重于对人际关系的理解，社会沟通强调的是口语和非口语的交流。以前DSM对自闭症的诊断标准都有语言的缺陷这一条，DSM-5将此移除，强调了在社会交往中的语用问题。

3. 把感知觉异常纳入诊断标准

研究者发现，自闭症个体的某些特异行为虽然临床表现千差万别，但可能具有相同的原因，即都源于个体对特殊感知觉刺激的反应或追求，特别是听觉、嗅觉及身体本位觉的异常。更有研究者指出，对感知觉刺激的异常反应应该成为自闭症诊断的核心症状之一。反映最新研究动态的DSM-5正式把感知觉异常纳入到诊断标准中，放置在有局限性的、重复模式的行为、兴趣或者活动的维度下。"对感觉输入过高或过低的反应，或者对环境中的感觉刺激有着不一般的兴趣（如表面上看起来对疼痛/热/冷的不在乎，对某种特殊的声音或触感的不良反应，过度地闻或触摸物品，对有亮光或旋转的事物入迷）。"天宝在《我心看世界》这本书中就讲到了这个问题。如果视觉信息处理受到干扰，运动、认知、说话和观察能力都会受到不同程度的影响，而感觉问题通常是造成行为问题的一个重要原因。

4. 对自闭症进行分级

DSM-5根据儿童在社会交往和社会沟通以及刻板行为两个维度，从支持性角度对自闭症的症状程度进行三级分类。在DSM-Ⅳ及以往诊断标准中，自闭症及其相关障碍并无明显程度划分。专业人员及家长通过对自闭症儿童所需的支持水平进行判断，从而计划教学和干预。这是对自闭症认识的重要进步，也为自闭症个体化干预提供了初步的诊断依据，对ASD预后判断也有了一个新依据。

5. DSM-5产生的影响

在DSM-5之前，自闭症的诊断多是从行为表现入手，但DSM-5的出台从大标题的类属名称再到自闭症的分类变化，都可显示目前的研究趋势已经开始从自闭症的病因入手，紧扣自闭症的核心障碍。尽管学界还没有明确找到自闭症的发病源，但是各领域均在不遗余力地进行探索。虽然还没有过渡到正式的病因学诊断，但是DSM-5似乎透露出了这样一种讯息：自闭症的诊断正逐渐由行为学转向生物学。

表 1-1　DSM-5 中关于自闭症支持性水平的分类说明

严重程度	社会交往	受限的、重复的行为
水平 3： 需要非常 大量的支持	严重的言语和非言语社会交流技能缺陷导致严重功能受损；极少发起社交互动，对他人的社交示意反应低下。	迷恋的固定的仪式和（或）重复行为显著影响各方面功能；当这些行为被中断时表现出明显的痛苦反应；很难从其狭隘的兴趣中转移出来。
水平 2： 需要大量 的支持	明显的言语和非言语社会交流技巧缺陷，即使给予现场支持也表现出明显的社交功能受损，较少发起社交互动，对他人的社交示意反应较低或异常。	迷恋的固定的仪式和（或）重复行为在很多场合下影响患者的功能；当这些行为被中断时表现出较明显的痛苦反应；较难从其狭隘兴趣中转移出来。
水平 1： 需要支持	当现场缺乏支持，社会交流缺陷引起可察觉到的功能受损；发起社交困难；对他人的社交示意的反应显得不正常或不成功；可能表现出社交兴趣的降低。	仪式和（或）重复行为在某一个或多个场合中显著影响患者功能；若他人试图中断其重复刻板行为或将其从狭隘的兴趣中转移出来，会表现出抵抗。

　　在 DSM-5 出台之后，美国很多家庭担心自己的孩子因不符合自闭症的诊断标准而影响相关福利。据此 DSM-5 给出了解释，提出在新版之前进行过的分类诊断均有效，但新版推行后将开始严格执行新标准。虽然已有的诸多研究表明阿斯伯格综合征诊断的效度可能比较低，但是从实用性的角度看，一些家庭会觉得阿斯伯格综合征这个名称更容易让人接受。阿斯伯格综合征的废除，同时也意味着一个特殊教育中最具正向价值的标签被废除，因为阿斯伯格综合征这个标签强调能力多于障碍。

　　自闭症儿童的流行率是否会因为 DSM-5 的出台又一次攀升是学界在持续热烈讨论的问题。一方面，近年来自闭症儿童的流行率连年攀升与诸多因素有关，如诊断标准发生了变化，更多的儿科医生、家长和教师都对自闭症有了更好的认识，能发现儿童的异常，又如可能还有环境和基因交互作用的原因使得自闭症的发病率正在增加。另一方面，在 DSM-5 的严格标准下，一些学者预测自闭症的发病率应该会有所下降，很多阿斯伯格综合征和未具体说明的广泛性发展障碍将不会被诊断为自闭症。例如，负责主持修订 DSM-Ⅳ 修订版的 Volkmar FR 教授指出："我们有 2027 种方式来满足 DSM-Ⅳ 中对自闭症的诊断标准，然而只有 11 种方式满足 DSM-5 的标准。运用 DSM-5 的标准，75％的阿斯伯格综合征和 72％的未具体说明的广泛性发展障碍患者将会被排除在自闭症谱系障碍之外。"

　　对家长和可能患有自闭症的儿童来说，DSM-5 的出台应当不是一个好消息，因为严格的诊断意味着严格的医疗和教育服务的准入。而对于从事自闭症病因学的研究者来说，这种严格的诊断条件使他们所获取的自闭症样本和研究对象将会更加一致，对他们寻找自闭症的发病源很有帮助。通过鉴定一群更有同质性的群体样本，能够更好地检测病因和找到遗传标记物，并加强治疗和得到有力的结果数据。

第二节
自闭症儿童的学习特点

一、学习风格多样性

在被诊断为自闭症的个体中，存在着极大的差异性。这种差异很大部分表现在谱系群体广泛的智商分布上，还有一部分体现在个体独特的感官偏好、有无言语等能力的掌握上，这也是如今自闭症群体反对被某些谱系中的个体所"代表"的原因之一。因此，每个自闭症儿童的学习障碍和学习风格各不相同。

二、学习动机薄弱

普通儿童对于学习带来的社会关注与社会认可具有高度的敏感性，然而自闭症儿童并非总能像普通发展的同伴那样保持着较高的学习动机。在学习过程中，有时他们的兴趣更在于学习活动后的实物强化。因此，教师在教学过程中需要使用实物强化来调动自闭症儿童的内在参与动机，并且注重教学活动的趣味性设计。同时，教师还需对自闭症儿童进行依从训练，以提升自闭症儿童的学习效能。

三、先备技能缺乏

人类的大脑发育很大程度上依赖于个体所从事的活动，是活动中产生的刺激"塑造"了人类的大脑。自闭症儿童对环境刺激的反应与普通儿童不同，他们对社会刺激很少做出反应，缺乏社会性观察和学习的能力。同时，他们长期迷恋物品或重复摆弄物品，长此以往，自闭症儿童失去了习得关键性技能的机会，这些使得自闭症儿童缺乏一些参与学习的重要的先备技能，如模仿能力、听人声音的能力、社会性观察学习的能力等。

四、维持泛化困难

自闭症儿童一旦获得新的技能，技能的维持和泛化通常来说比较困难，需要进一步的复习和练习支持。技能的维持困难体现在当已掌握技能尽管已达到精熟的程度或通过既定的掌握标准，但后续如果缺乏复习和练习，这些精熟技能很容易出现倒退或遗忘。技能的泛化困难主要体现在多方面。有些自闭症儿童不能在新场景下使用新习得的技能。例如，他们可能在学校能够对教师的呼名做出反应，但是在商场或者超市这些环境较为嘈杂的地方，对自己名字的反应却不敏感。还有一些自闭症儿童的泛化困难体现在新的材料的使用上。例如，有些自闭症儿童可能刚习得给衣服拉拉链，但是在换了一种材质和样式的拉链后，自闭症儿童便会遇到困难，难以举一反三。

五、注意力不集中

自闭症儿童的注意力非常容易被干扰，但有时又高度集中于某一样事物或活动，没有办法有效地转换注意力。视觉刺激是自闭症儿童最常见的干扰。例如，自闭症儿童可能会被教师放在桌子上的铅笔吸引，无法将注意力投放在学习任务中；或者他会被走廊里的某个物品吸引并脱离队伍去仔细观察那个物品。一些听觉刺激也会对自闭症儿童形成干扰，一些普通人能接受的声音在自闭症儿童听来却非常刺耳和不舒服。一些强烈色彩碰撞的视觉刺激也会让自闭症儿童分神或让其产生高度兴趣。自闭症谱系障碍个体并不能很好地解读这些刺激，也很难对所处环境中的各个刺激物做出重要性的排序。

第三节
自闭症儿童的学习支持

根据自闭症儿童的学习特点，教学活动需要有的放矢地为学生提供相应的学习支持，主要包括结构化教学环境、高配比教师支持和个别化教学内容三个方面。

一、结构化的教学环境

结构化教学中的重要一环就是布置结构化的教学环境。这里的教学环境指的是教学的物理环境。由于自闭症儿童具有言语理解与表达、感觉处理、社交关系等多方面障碍，以及对常规和一致性的偏好，构建结构化的教学环境有助于减少他们的焦虑和沮丧情绪。结构化的教学环境回答了自闭症儿童在学习过程中的两个问题："我要去哪里（学习）"和"在这里我要做什么（任务）"。教师应根据教室的物理空间布局以及自闭症儿童的需求和特点，将教室划分为不同功能的区域并规定界限，同时将视觉和听觉上的干扰减少到最小。

教师可以从以下几个方面对结构化的教学环境进行检查：①消除噪音来源，如在自闭症儿童学习时间减少一些无关的声响和噪音；②减少视觉干扰，如窗户、走廊、游戏区等拉上帘子；③建立有效的路线标识，如从一个功能区至另一个功能区的直接路径；④设置可以阻拦儿童向教室外跑的障碍物。视觉提示是一种常见的辅助工具。如果儿童能够读懂文字，可以在教室的关键区域旁贴上标签，还可以通过颜色分类以及文字标签来帮助儿童辨识各自的座位、个人工作区等。

一般情况下，高功能自闭症的儿童可以在普通的教室内正常学习，然而我们同样建议教师在教室中为他们开辟出一处较少干扰的环境，帮助他们在教室过分吵闹、视觉刺激过多的时候控制自己的焦虑情绪。

另一个影响因素是儿童的年龄。低龄的儿童更多地需要游戏区、独立的个人工作区、用餐区、发展自助技能的区域以及一个用来学习如厕的洗手间；而较为大龄的儿童则需要一个允许他们发展自己课余爱好、职业技能以及家务自理技能的区域，还需要独立的个人工作区、小组活动区以及整个班级的教学区。

所有的教学材料都应该具备合适而显眼的标识来帮助学生对环境和教学的理解。特定环境中使用的材料最好放在该环境中，这样有助于提高学生工作的独立性。同时，可以利用区域间的过渡规划培养儿童行为的有意性和目的性，如餐桌紧挨着洗手池，这样他们就可以从洗手池走到座位旁。

在家庭中，合适的物理环境创设同样重要。发育迟缓的自闭症谱系障碍儿童通常不能自动理解活动与场所的配对，所以他们会在房间里到处闲逛。如果没有清晰的物理环境边界，那么他们很难理解有些活动只在特定的时间地点发生才恰当，他们会毫无顾虑地随地吃、随地玩、随地换衣服、随地睡觉。

二、高配比的教师支持

高配比的教师支持有助于更有效地实施自闭症谱系障碍儿童的个别化教育内容。由于自闭症儿童具有多样性的学习障碍，并且伴随有注意缺陷，一对一的师生配比对于自闭症儿童来说尤其重要。高师生配比可以增加教师在学生个体身上投入的时间，有效推进课程的个别化教学，增加学生投入学业的时间，帮助自闭症儿童更好理解课堂上发生的非言语沟通，并学习合适的社会性行为。美国国家研究委员会对自闭症幼儿教育的师生配比有明确的规定，如传统的教导主义模式采用1：1的师生比，儿童早期学校中小组教学的师生比为1：3，沃顿幼儿项目群体教学则要求1：5的师生比。

三、个别化的教学内容

自闭症儿童之间存在多样的个别差异，要求教学工作尽可能地个别化。具体内容包括：深入细致地研究和了解儿童的需求，为每一个儿童制订个别教育计划，针对儿童的具体特点来组织课堂教学，根据儿童的学习进展进行教学计划和教学方式的调整。

在具体的操作过程中，教师还可以与儿童分享对学习环境的控制。控制学习环境包括选择材料、地点及学习目标。通常来说，如果人们可以选择主题或活动，他们会对学习有更大的积极性和更多的兴趣。例如，你对摄影感兴趣，那么你可能会更喜欢看一本关于摄影的书，而不是一本介绍越野单车的书。同样，如果儿童喜欢玩球状玩具，那么他可能更喜欢进行足球的数数游戏，而不是数小汽车。

第四节
自闭症儿童的教学要求

由于自闭症儿童具有多样性的特点，每一个儿童的学习需求和教学方式都不一样，教师在教学时，要做到以下几点。

一、注重学生的学习需求分析

对学生需求的分析可以分为两个方面。第一，教学目标的设置必须以学生的当下需求为依据。将教学目标设定得过低或过高都不能有效提高自闭症儿童的能力。将教学目标设定得过低，虽然学生的目标达成率有所提高，但实质能力水平并没能得到有效提高；将教学目标设定得过高，学生完成困难，则容易让学生产生厌恶和逃避学习的情绪，从长远来看，也不利于能力的提高。第二，教学方式的选择要依据学生的个体需求，要选择学生适合及偏好的信息获取渠道。例如，有些对强烈光线特别敏感的儿童，应安置在较为避光的地方；有些对高频声音特别敏感的儿童，则要避免使用声音过尖、过强的教学音频材料或广播设备。

二、注重学生的学习动机激发

在教学中可以通过使用学生喜欢的玩具和活动来激发学习动机。如果学生是一名可以通过语言表达需求的自闭症儿童，喜欢拼图或赛车，那么我们可以用积木来教儿童构造性游戏或词语模仿，后期可以把积木当作一块饼干教儿童象征性游戏。我们可以通过观察学生一个人的时候喜欢做什么，来对他进行偏好评估。当学生喜欢你使用的物品或进行的活动时，他就会积极加入其中并集中注意力。

三、注重嵌入式的教学活动设计

嵌入式教学作为自然式教学方法的一种是指在课堂中不间断的、自然发生的活动、常规及转换中，对儿童的个别化教育计划目标进行教学，并以此设计教学程序的时间与活动。嵌入式教学可有效帮助融合学前教育中的多种发育迟滞与障碍的儿童发展一系列多对象、多场景、多素材的长期泛化技能。嵌入式教学可以在不改变儿童常规活动的前提下，在有意义的情境下为儿童提供学习和练习重要技能的机会。嵌入式教学通过利用儿童的兴趣提高其参与动机，并通过在日常活动、转换活动中提供教学来促进技能的维持和泛化。

嵌入式教学的关键要素包括以下几点：①在教学中关注功能性和有意义的个别化教育计划目标；②在预定的多样化的课堂常规中嵌入丰富的学习回合，常见的课堂常规有自由游戏、餐点时间、清扫时间、操场活动以及活动之间的转换时间；③根据儿童个体的特殊需求，使用一系列教学策略以支持儿童的学习，如环境创设、自然时间延迟、辅助与撤离辅助的策略以及结果反馈的策略；④在儿童可以运用技能的情境中教授此项新技能。

四、注重细致入微的教学准备工作

教学准备工作一方面包括文字方面的教学设计工作，另一方面也包括教学资源的准备，如教学场地、课堂布置、参与人员以及与教学有关的物品的准备。教学场地是否适合容纳全体学生，教室布置是否与教学设计主题相适应，上课需要用到哪些教具，应做到心中有数。还要检查所要用到的软硬件是否已安装并可正常运行。最后，还应设计出应急预案，如当学生的反应不如预期所想或是表现出问题行为时该如何继续推进教学，这样既能提升教师进行教学时的自信，也是对学生高效学习的保障。

五、注重松弛有度的教学节奏掌控

好的教学设计一般都不会一味地增加任务难度，而是会难易结合、松弛有度。我们将任务分为两类，一类为保持性任务，即学生已经掌握的且能够轻松完成的任务；另一类为习得性任务，即对学生来说一直很难的或者新的任务。尽管没有明确规定，但我们一般使用约50%的时间进行保持性任务的训练。这点将依据学生(学习动机高的学生可能会在习得性任务中获益更多，而容易疲倦或受挫的学生可能需要做更多的保持性任务)或环境(当教室里有很多可能让人分心的事物时，学生可能需要更简单的指令)而有所改变。任务难度的混合很重要，原因有以下几点：①增加学生动机。加入一些简单任务可以维持学生成功的经验，同时仍然可以帮助他们继续学习新的技能。②符合发展的规律。在使用不同发展水平的技能方面，与对普通儿童的教学是一致的。例如，一个学生不会仅因学会说完整的一句话，如"我可以吃一块饼干吗"，就停止做出更简洁的回答，如"我要饼干"。因此，自闭症学生在不同难度上的表现既合理又自然。③增加学生的自发性。自闭症学生在学习方面需要面对的一个问题就是依赖辅助以及缺乏自然的回应。分散地使用保持性技能和习得性技能可以帮助提高学生的自发性。教授新的、困难的技能需要更多的支持或提示，而学生在完成保持性技能时获得的自信有助于在教师帮助下更自然地完成新技能的习得。

六、注重教学过程中的数据收集

教师应该根据有规律的数据收集来判断儿童在个别化目标上的进展。一旦儿童的教育目标被设定，教师或其团队就应该同时设计出数据表，用来记录儿童的行为、尝试任务的次数或者其他情境信息。如果家长也同样记录该数据，将对儿童的发展更有好处。数据收集并不复杂，有时仅需在儿童表现出特定行为(如在与父母玩耍时表现出眼神交流)时在表格上画对勾，有时则需要更为复杂的记录，如记录儿童发脾气的前因与后果。一般在当日完成儿童所有数据的录入，当月完成儿童月度数据的汇总，每季复审儿童的个别化教育计划以修改或增删项目。想详细了解教学数据的收集与分析，请阅读第十章。

七、注重课后的教学计划调整

由于自闭症儿童各技能教学设计中的共性以及教学的持续性与重复性，教师在课后对教学设计的调整十分必要：一方面，上课之前的教学设计并不会面面俱到，因此教师可以根据学生在课堂实践中的表现，对教学设计中不完整或不流畅之处进行完善；另一方面，教师可以通过教学数据的收集与分析，判断该教学是否有效，并依此对其进行修正。例如，教师在课后整理教学数据时发现，某学生的问题行为不减反增，那么教师从减少问题行为的立足点出发，修改完善教学设计，并在以后的教学中加以运用。

小结

DSM 中关于自闭症诊断标准的每一次变化均反映了自闭症在多项研究领域的成果，从 DSM-Ⅲ 到 DSM-5，对自闭症成因及表现的探索从未停止，学术界对于自闭症核心特质的研究也越来越清晰。教育工作尽管不需要进行具体的诊断工作，但梳理自闭症儿童诊断标准的变化可以帮助大家明晰自闭症的优势与劣势，以便在教学中更好地对自闭症儿童的学情进行分析。进行自闭症教学设计的主要依据源自于自闭症儿童多样性的学习风格、薄弱的学习动机、先备技能缺乏、维持泛化困难、注意力不集中等学习特点，以及教师在结构化的教学环境、高配比的教师支持、个别化的教学内容方面对自闭症儿童提供的学习支持，从而制订具体的、适合的教育和教学计划，帮助自闭症儿童更有效地进行学习。

思考题

一、单项选择题

1. 目前国际上精神障碍诊断的指导手册是(　　)

A. DSM　　　　　　B. DSN　　　　　　C. DNM　　　　　　D. DQN

2. DSM 最新的一个版本是(　　)

A. DSM-Ⅲ　　　　B. DSM-Ⅳ　　　　C. DSM-Ⅳ-TR　　D. DSM-5

3. 根据 DSM-5，自闭症儿童的核心诊断标准是(　　)

A. 社会交往和感知觉异常

B. 社会交往和智力障碍

C. 社会交往和沟通障碍、刻板的兴趣和行为模式

D. 社会交往和语言障碍

二、简答题

1. DSM-5 中关于自闭症诊断的核心标准是什么？它的出台和使用将会对自闭症领域产生哪些影响？

2. 自闭症儿童的学习特点有哪些？

3. 教师需要为自闭症儿童提供哪些学习支持？在教学时教师需要考量哪些方面？

三、论述题

1. DSM 中自闭症的诊断标准经历了哪些变迁？

2. 自闭症儿童具有哪些学习特点？

延伸阅读

1. 胡晓毅、刘艳虹：《孤独症谱系障碍儿童的教育》，北京，北京师范大学出版社，2016。

2. [美]英格索尔著，郑铮译：《自闭症儿童社交游戏训练：给父母及训练师的指南》，北京，中国轻工业出版社，2012。

3. [英]洛娜·温著，孙敦科译：《孤独症谱系障碍：家长及专业人员指南》，北京，华夏出版社，2013。

4. [美]美国精神医学学会编著，[美]张道龙等译：《精神障碍诊断与统计手册》(第五版)，北京，北京大学出版社，2016。

第二章

自闭症儿童教学环境创设

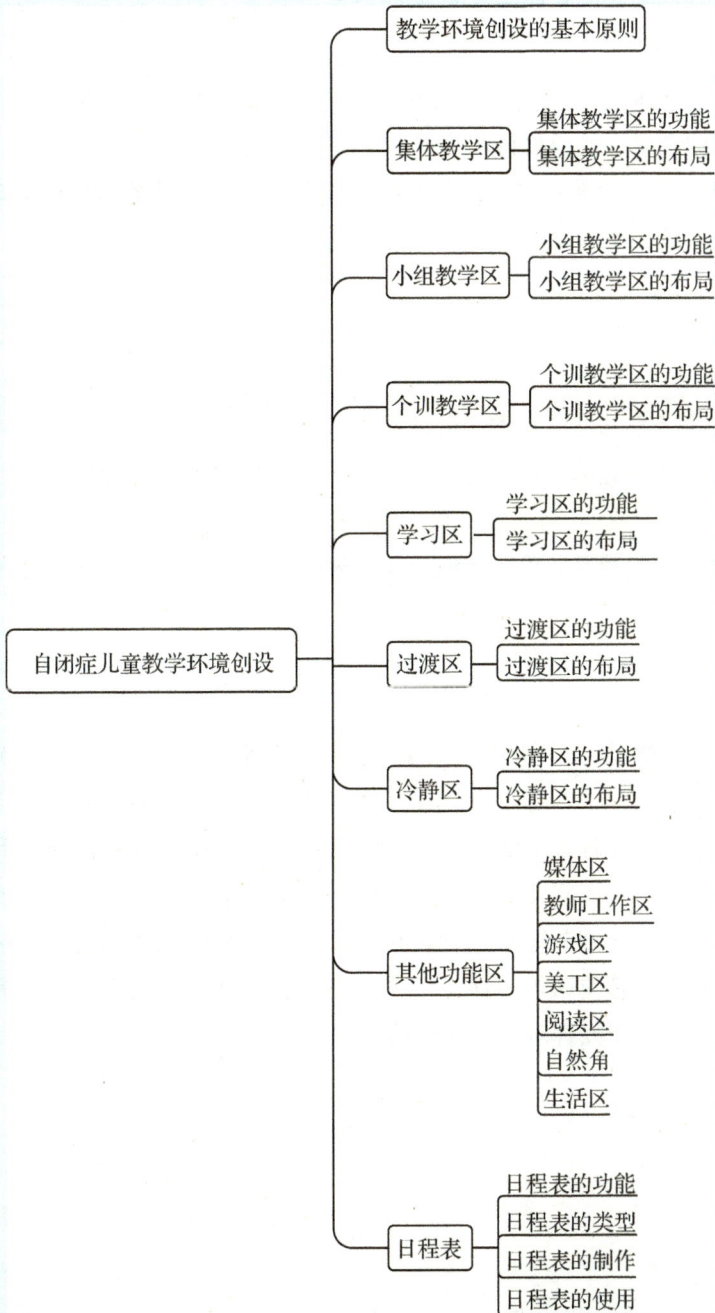

```
                                    ┌─ 教学环境创设的基本原则

                                    ├─ 集体教学区 ─┬─ 集体教学区的功能
                                    │              └─ 集体教学区的布局

                                    ├─ 小组教学区 ─┬─ 小组教学区的功能
                                    │              └─ 小组教学区的布局

                                    ├─ 个训教学区 ─┬─ 个训教学区的功能
                                    │              └─ 个训教学区的布局

                                    ├─ 学习区 ─┬─ 学习区的功能
                                    │          └─ 学习区的布局

  自闭症儿童教学环境创设 ─┤─ 过渡区 ─┬─ 过渡区的功能
                                    │          └─ 过渡区的布局

                                    ├─ 冷静区 ─┬─ 冷静区的功能
                                    │          └─ 冷静区的布局

                                    ├─ 其他功能区 ─┬─ 媒体区
                                    │              ├─ 教师工作区
                                    │              ├─ 游戏区
                                    │              ├─ 美工区
                                    │              ├─ 阅读区
                                    │              ├─ 自然角
                                    │              └─ 生活区

                                    └─ 日程表 ─┬─ 日程表的功能
                                               ├─ 日程表的类型
                                               ├─ 日程表的制作
                                               └─ 日程表的使用
```

本章概要

1. 自闭症儿童教学环境创设的基本原则：确保每个区域对教学有用，将教室区域隔离以保证学生不受周围环境影响，区域之间有清晰的边界，教师对每个教学区域进行监管，教师辅助学生区别同一区域不同时段的功能，教师需注意区域或活动之间移动的人流量。

2. 详细介绍了集体教学区、小组教学区、个训教学区、学习区、过渡区、冷静区和其他功能区的布局、使用材料及管理。

3. 日程表作为一种视觉提示工具，能帮助自闭症儿童理解和参与活动，本章最后一节详细介绍了日程表的类型、制作方法和使用规则等。

🎯 学习目标

1. 掌握为自闭症儿童设置教学区域的基本原则。

2. 能根据对各区域的介绍，为一间教室进行分区设计，并说明每个区的功能、布局和材料的分配。

3. 能根据学生的特点，设计合适的日程表。

导　读

教学环境对学生学习过程中的认知、情感、动机、行为乃至学习成绩等，有着十分重要的影响。在教学中，基于自闭症儿童学习特点，创设能够满足学生需要和兴趣的教学环境，帮助其理解教学活动，减少问题行为，以保证教学活动顺利开展，优化教学效果，是每一个自闭症儿童教育者必须掌握的技能。本章将教学环境分为集体教学区、小组教学区、个训教学区、学习区、过渡区、冷静区和其他功能区，从区域布局、投放材料以及管理使用等方面介绍了自闭症教学环境的创设。日程表作为视觉提示工具，在教学环境中发挥着不可替代的作用。

第一节
教学环境创设的基本原则

环境在个体发展过程中发挥着至关重要的作用,什么样的环境和教育造就什么样的人。"环境"是意大利著名教育家蒙台梭利教育思想中的一个重要概念。她认为,正在"实体化"的儿童是一个精神的胚胎,需要自己特殊的环境。在这个环境里,应该充满着爱和温暖,有着丰富的营养,所有的东西都不会对幼儿有害。这种适宜的环境应该是一个自由发展的环境、有秩序的环境、生气勃勃的环境。在那里,几乎所有的东西都是为幼儿设置的,适合于幼儿的年龄特点和身体发育,对幼儿具有极大的吸引力。对环境的强调以及为儿童发展提供一个适宜的环境,是蒙台梭利整个体系的中心,也是蒙台梭利方法的特点。

我国教育家李秉德教授认为教学环境是一种特殊的环境,是学校教学活动所必需的主客观条件和力量的综合,它是按照人的身心发展这种特殊需要而组织起来的育人环境。李秉德教授将教学环境分为物理环境和心理环境,主要因素包括:空气、温度、光线、声音、颜色、气味,各种教学设施、社会信息、座位的编排方式、班级规模、人际关系、校风班风、课堂教学气氛。

教学环境是课堂教学赖以进行的基本条件之一,教学环境与教学活动诸要素(教学方法的选择、教学手段的运用、教学组织形式的安排等)都发生着密切联系和相互作用。大量的研究还表明,教学环境对学生学习过程中的认知、情感、动机、行为乃至学习成绩等,也有着十分明显的影响。因此,在自闭症儿童的教学中,应该在考虑自闭症儿童学习特点的基础上创设能够满足学生需要和兴趣的教学环境,以保证教学活动顺利开展,帮助自闭症儿童理解教学活动、减少问题行为,从而取得良好的教学效果。

教学环境中所占面积最大的就是教学区,教学区是实施教学活动的最重要区域。教学区的区域布局、投放材料等都会影响教学环境的质量,从而影响教学效果。因此,对教学区进行合理的环境创设是保证教学质量的第一步。卡波特和苏珊提出了如下教学区设计指南:

第一,确保每个区域都对教学有用。如果某一活动需要移动,那么应该发生在较大的空间里,而坐着的活动所需的空间则较少。如果某一活动需要很多材料,要确保附近有足够的存储空间。开展与电有关的活动要靠近插座,需要水的活动或者清洁活动要靠近水源,这类活动包括感觉体验课、科学课等。

第二，隔离教室区域，使学生在完成需要注意力的活动时不会被周围的活动所吸引而分心。举个例子：喧闹的活动，如游戏等，不应该设置在学科教学区附近。相似的，如果学生被电脑吸引，那么不要把电脑放置在教学区附近。

第三，通过清晰的边界确定每个区域。教师在教学区环境创设时可以用墙、家具或间隔物等作为边界。在一个既定区域内，边界处可放置搁架，同时也可作为储存活动必要材料和设备的地方。

第四，教师要对每个教学区域进行监管。基于每个教室分配的教师数量和同时进行的活动数量，用来作为区域边界的搁架、书柜等要足够低，使教师能够清晰地看到每个区域的学生，以便及时制止问题行为和为学生提供辅助。

第五，如果同一区域在不同时间段内发生不同的活动，那么教师要帮助学生区别这一区域在不同时间段内所行使的不同功能。教师可以为学生提供线索使其知道在每段时间内该区域将会发生什么。例如，大桌子在上午可以用来加餐，在下午可以用来画画。在这种情况下，可设置一些线索来使学生能够将加餐时间与画画时间区分开，如教师可以改变区域标签，放置不同的图片以供学生查看(加餐时间可以在该区域放勺子的图片，画画时间可以放蜡笔的图片)，或者用桌布等材料来改变区域外观(加餐时可以在桌子上覆盖桌布，画画时撤下桌布)帮助学生进行区分。

第六，当学生需要在教室两个区域或两种活动之间移动时，教师要注意人流量。如果多组儿童需要在同一时间移动到不同区域，那么需要设置视觉提示(如箭头)使所有儿童以顺时针或逆时针的方式移动，这样学生在移动时不会拥挤，不会造成危险事故。如果有坐轮椅的学生或是移动受限的学生，要确保空间可以使他们安全通过。

根据自闭症儿童功能水平不同，通常会设置三种授课形式：集体教学、小组教学和个训教学。由于这三种授课形式的参与人员数量与所起作用不同，每种授课形式所需要创设的教学环境也不同。相应的教学区可以分为集体教学区、小组教学区和个训教学区三种类型。除了三种教学区之外，还有学习区、过渡区、冷静区和根据具体情况而设置的其他功能区，如阅读区、美工区、游戏区、自然角等。无论是教学区还是其他功能区的创设都必须满足以下共同的要素：将物理空间环境分割成有意义的部分以减少刺激和干扰；创建清晰的界限帮助学生理解他是在什么地方；添加情境线索以使他明白在此处应该做什么。

第二节
集体教学区

集体教学是指教师同时面对所有学生开展教学活动的一种教学组织形式，其特征是在特定时间内教师一对多，把学生限定在相同或相似的活动内。

一、集体教学区的功能

集体教学的重点在于帮助自闭症儿童建立集体学习的意识和规则，增加其与同伴之间的沟通交往。另外，集体教学也要帮助自闭症儿童培养竞争与合作、轮流等待、指令共享等意识。集体教学区就是为开展集体教学而设立的区域。基于集体教学的目的，集体教学区的环境一般要求空间开阔、形式多样、减少无关刺激物的干扰。

二、集体教学区的布局

集体教学区的场地必须开阔，因为集体教学区要能够容纳所有人，甚至是容纳相应数量的桌椅，并且空间尚有富余。教学区内还需要设置存储区域，用来放置玩具和学生的个人物品。教具可以放置在教室前部的材料架上，学生个人物品可以放置在教室后部或者走廊的置物架上。教师和学生在集体教学区内要能够舒适地操作教学材料，不会觉得拥挤，甚至可以移动、做动作等。

集体教学区是所有学生一起参与教学活动的区域，教师会制订一个集体共有的教学目标，但又因为自闭症儿童具有个体差异性，因此集体教学区的设计也应形式多样，主要有桌面式和地毯式两种类型。

桌面式是指学生在桌面上操作教学材料、参与教学活动的一种设计类型。一般包括两种布局方式。其一，是像普通班级一样的桌椅摆放，适合授受式教学。其二，是采用半圆形的桌子，适合参与式教学。使用半圆形桌子的好处是：①所有学生都能看见教师和同伴，有利于学生将注意力集中在教师和同伴身上；②能够保证教师和学生的距离较近，教师可以观察到每一位学生的课堂表现，及时进行强化和帮助每一个需要辅助的学生；③非常适合需要进行沟通和参与的教学活动；④使用半圆形桌子进行教学时，将教学材料放在桌子中间有利于教师和每一位学生都能够轻易拿到材料，减少了传递教学材料所使用的时间。

　　半圆形桌子尺寸的选择应该基于同时使用该桌子的学生数量，以及即将进行的活动类型。要保证桌子足够大，使每个学生都能舒适地参与教学活动，不会拥挤。如果无法获得半圆形的桌子，可以把几张桌子以"V型"或者"U型"拼在一起。对于理解能力较弱的学生，教师可以在桌子上贴上学生的名字，来告诉他们应该坐在哪里。

　　有一些集体教学活动是不需要桌子的，如地毯上讲故事，这种区域设计只需要在一块空地铺上地毯，学生和教师坐于其上，共同进行教学活动。一般来说，地毯式设计需要较开阔的场地，但是仍然需要以玩具架等作为边界来显示结构，以便告诉学生应该站或坐在哪里，注意力应该集中在哪里。学生和教师可以以半圆形席地而坐，也可以围成一个圆圈而坐。

　　由于自闭症儿童具有注意力不集中、随境转移等特点，在参与教学活动时非常容易受教室环境中其他无关刺激物的干扰。因此，集体教学区要尽量减少其他无关刺激物的摆放，使自闭症儿童能够将注意力集中在教学活动上。例如，集体教学区的设计可以是教师背对墙、学生面对墙，这样可以使学生远离无关刺激的干扰，集中于教学活动，提高课堂的有效性。

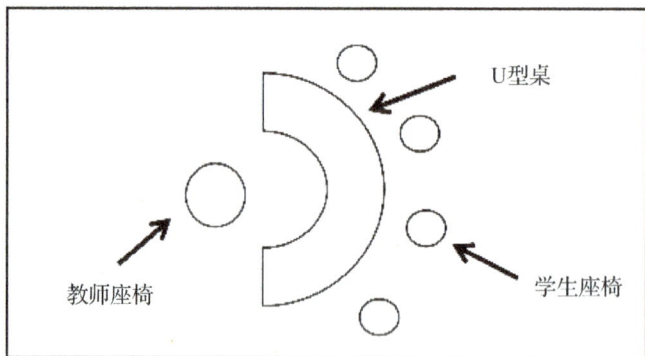

图 2-1　集体教学区设计示意图

第三节
小组教学区

　　小组教学区是为开展小组教学而设置的教学区域。小组教学是教师依据评估结果将班级中发展水平、能力和需要相近的儿童分为一个小组，以学生学习小组为教学组织手段，通过指导小组成员开展合作学习来进行教学的一种教学组织形式。

一、小组教学区的功能

小组教学强调同伴关注和观察、同伴游戏，要求加入轮流、等待、共同听指令、互相参照等的教学，因此需要多样化的教具作为同伴活动中介。这样的教学设置有以下优势：①有利于为不同发展水平的自闭症儿童提供符合他们需要的教学，促进每一名儿童的发展；②社会沟通与交往障碍是自闭症谱系障碍的核心缺陷之一，而小组教学强调"组员合作与竞争"的学习模式，注重同伴沟通，有利于发展自闭症儿童社会交往能力；③一个小组人员以2～6名为宜，人数较少，师生、学生之间的互动性更高，教师对学生的关注度也更高，能够更好、更及时地满足学生的需求。

二、小组教学区的布局

小组教学区可以和集体教学区共用一片区域，只需根据参与小组教学的成员数量摆放适量桌椅即可。小组教学是以小组为学习单位的，所以每一个小组的空间都应该是独立的。相邻小组可以预留出较大空隙作为间隔，使学生对于自己小组的范围和成员有更加明确的了解。可以将组员的桌子拼在一起作为小组教学区，由于每个小组人数较少，所以小组教学区空间较为紧凑。

小组教学非常强调同伴之间的合作，所以要使学生相对而坐，有利于学生将注意力集中在同伴身上，从而使小组成员可以进行直接沟通与对话，更好地进行互动，发展自闭症儿童的社交技能和沟通技能。同伴之间的互动有利于活跃课堂气氛、调动学生参与课堂活动的积极性，有助于小组教学活动顺利开展。

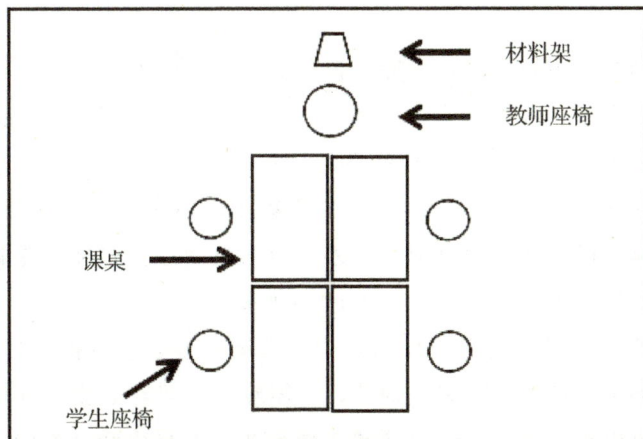

图 2-2　小组教学区设计示意图

在小组教学中可能会用到很多教具和强化物等，教师可以在自己身后侧放置一个材料架，将教学材料和强化物置于其中，这样方便教师拿取与展示教学材料、对学生进行行为强化。同时，由于教师对材料架的遮挡，儿童对教学材料和强化物的关注度也会降低，从而将注意力更好地集中在课堂教学活动上。

第四节
个训教学区

个训教学是指教师对需要进行额外教学和辅导的儿童开展的个别化教学活动，个训教学区便是实施个训教学的区域。

一、个训教学区的功能

这种教学组织形式的特点是一对一教学，具有很强的针对性，很多自闭症儿童都能从个训教学中获益。个训教学区是一个提供高度个别化教学（如回合式教学）和为在其他环境中容易分心的儿童提供教学的场所。学生在这一教学区的主要任务是学习先备技能，如关注教师和跟随指令等，为帮助自闭症儿童参与小组教学和集体教学活动做好准备。

二、个训教学区的布局

个训教学区的布局比较简单，一般来说包括训练区域和储存区域两个部分。训练区域应该包含一张桌子和两把椅子，教师和学生相对而坐，桌椅都应该是适合儿童的尺寸，这样使得成人和儿童的视线能够保持在同一水平上，有利于师生之间的直接对话与沟通。储存区域可以是一个材料架或一个箱子，用来放置教具和强化物等材料，一般在教师身后侧，以方便教师拿取。另外，由于自闭症儿童极易受到外界无关因素的干扰而分心，所以桌子的安排要使学生远离教室其他空间。如果学生无法保持长时间坐在位置上，那么可以使用半圆形的桌子，靠墙放置，学生被卡在桌子与墙之间，无法随意走动。如果经过一段时间的训练，自闭症儿童可在课堂上保持坐在自己位置上的状态，那么可以改变桌子的放置位置，增大儿童的自由活动空间。特别需要注意的是，尽管个训教学区是进行一对一教学的场所，每次使用人数只有教师和学生两个人，但是我们并不提倡将个训教学区与集体、小组教学区完全隔离，设置单独的个训室。相反，我们认为应该将个训教学区设置在教室内的某一角落，用储物架、书柜或其他障碍物等作为边界。我们开展个训课的目的是发展儿童的个体基础技能，为儿童参加小组教学和集体教学活动、融入班级做好准备。若设置单独的个训室就意味着将自闭症儿童和班集体隔离开了，不利于促进其与同伴、班级的融合。个训区的教学组织形式是一对一教学，所以在该区域要投放适合自闭症儿童个体的视觉提示。当儿童理解能力较弱时，可以设置实物类型的视觉提示；当儿童已掌握实物—图片配对技能时，可以设置图片或照片类型的视觉提示；当儿童已掌握识字技能时，可以设置文字类型的视觉提示。另外，个训教学区呈现的视觉提示要多样化、丰富化，既要设置桌面式的，也要设置墙面式的和地面式的。以儿童座位为例，桌面式的视觉提示可以是在桌子上儿童放置手肘的地方贴上不同颜色的贴纸，提示儿童应该把手放在这一区域，使儿童保持良好的姿势；墙面式的视觉提示可以是在儿童位置上方的墙上贴一个箭头，提示儿童应该坐在此处；地面式的视觉提示可以是在儿童坐在位置上时脚踩的地方贴上脚丫图片，提示儿童应该把脚放在此处，不可随意走动。

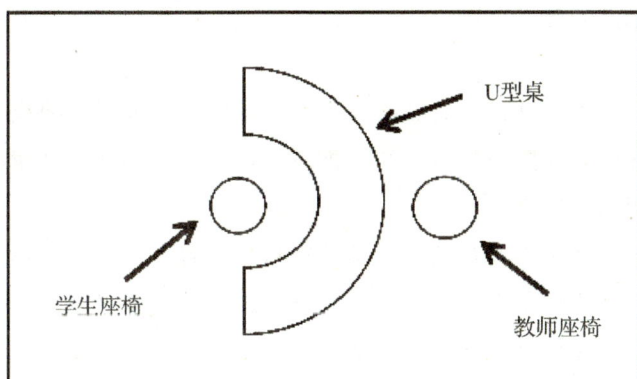

图 2-3　个训教学区设计示意图

第五节
学习区

　　学习区是自闭症儿童在教室中独立学习的区域，又叫个体工作区，在该区域中学生在没有教师额外帮助的情况下，独自练习已掌握的技能。

一、学习区的功能

学习区通常作为自闭症儿童个训教学与集体或小组教学的过渡区域，即儿童在个训教学区学习新技能后，可在学习区独立练习新技能，为参加集体或小组教学进行过渡。这一区域具有视觉化、个别化和组织化的特点。视觉化是指在该区域要投放大量的清晰的视觉线索，来为自闭症儿童独立完成任务提供视觉提示，如在完成区应放置表示完成的图片或者文字作为视觉提示，告诉儿童已完成的任务卡片或者材料应该放置在哪里。个别化是指根据儿童掌握技能和需要的不同，学习区的视觉提示、任务内容、任务呈现形式、任务材料等也会不同，这些都要符合儿童发展水平。组织化是指学习区的设置要有组织、有结构，区域布局、投放的材料以及任务等都是经过精心设计的。

二、学习区的布局

学习区可以在教室中设置一块隔离或半隔离的区域，可用书架或矮柜等障碍物作为边界。在学习区内要放置一张桌子和一把椅子，桌椅必须适合儿童的体型，使儿童坐得舒服，也可用课桌椅代替。

一般来说，学习区至少要包括三个部分：材料放置区、任务操作区和完成区。材料放置区是用来放置儿童完成任务所需要的材料的区域，可以用材料架或矮柜作为材料放置区。任务操作区是儿童操作任务材料、完成任务的区域，一般是指桌面。完成区是指放置儿童已完成任务的成果的区域，任务成果可以是经过操作的材料，也可以是代表该任务的卡片，可以用箱子或者玩具筐来作为完成区。

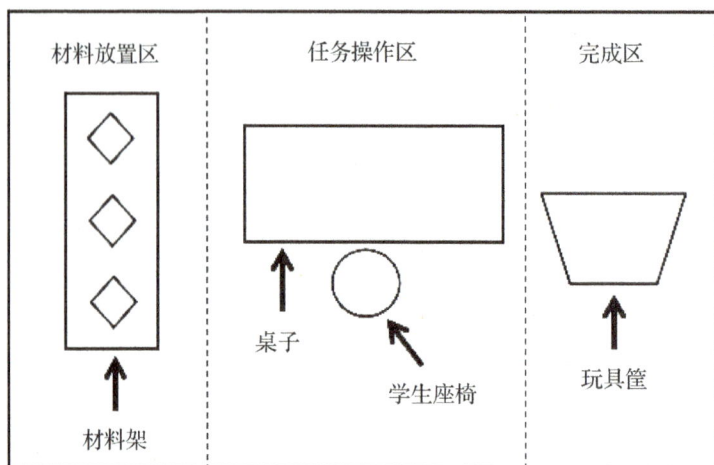

图 2-4　学习区设计示意图

通常，学习区应该包括以下材料：①一个嵌入式的日程表，表明儿童要完成的任务以及完成任务后接下来的活动。日程表可以贴在墙上或者储物柜上，方便儿童查看。②一些明确的材料，用来展示给儿童要做多少工作。材料统一放置在材料放置区。③关于学生应该做什么和什么时候结束的信息。详细的信息有利于自闭症儿童对任务进度进行自我监控，在规定时间内完成任务。④具有可操作性的任务。对任务的各种描述信息要比日程表信息更明晰，使儿童能够理解任务信息，独立完成任务。⑤需要遵守的区域使用规则。学习区要张贴区域使用规则，如不能大喊大叫、不能损坏公物、有问题向教师请求帮助等，来帮助儿童规范在学习区的行为。

任务信息是学习区最重要的部分，必须经过精心设计，需要考虑三个方面：①每项任务开始和结束的标志必须清晰直观，使自闭症儿童能够清楚知道任务开始与结束的标志；②不同任务所需的材料应该放在不同的玩具筐或其他容器中，使儿童能够选择正确、完整的材料；③任务材料和成果形式的选择要经过仔细考虑，任务成果要不容易被毁坏，这样儿童将任务成果放进完成区后可以保持较长时间，使教师能够检查任务完成情况。需要特别指出的是，学习区任务设计还有非常重要的一点，即任务要根据自闭症儿童技能水平的发展而进行不断调整，以适应儿童的能力水平。如果在一段时间的教学训练后，儿童的能力水平上升了，那么可以通过以下几种方式来调整该儿童在学习区的任务：第一，根据儿童任务完成情况，增加任务的数量。如果儿童可以连续完成两项任务，那么在学习区的下次任务数量便可增加为三项。第二，增加完成一项任务所需要的材料，使该项任务变得更复杂。第三，重新设计任务，如设计需要两个人或一个小组合作才能完成的任务，此类任务就是将社会交往和合作技能考虑进了任务设计当中。

学习区是儿童独立进行学习的场所，但是教师在其中也要扮演一些重要角色。第一，在儿童进入学习区之前，教师要首先对该区域进行检查，查看材料放置是否妥当、日程表是否更新、完成区是否清空、是否有危险物品等。第二，当自闭症儿童开始独立学习时，教师不能够站在学习区内，但是应该在较远距离观察儿童的表现。在儿童出现不适当行为时，教师要及时阻止。当儿童需要帮助时，教师也要及时给予辅助并及时撤离。第三，在儿童完成所有任务后，教师要对任务成果进行检查，并根据检查结果对自闭症儿童进行即时的反馈。如果儿童成功完成了任务，那么教师要对儿童进行社会性强化。如果儿童未能按照规则完成任务，那么教师需将儿童重新带回学习区，指出其错误之处并让儿童重新完成该项任务。

第六节
过渡区

过渡区是指儿童从一个场所过渡到另一个场所、从一个活动过渡到另一个活动时进行心理调适的场所。

一、过渡区的功能

由于自闭症儿童的刻板行为和重复性行为以及注意力转移方面的困难，很多自闭症儿童在过渡方面存在问题。自闭症儿童的过渡一般包括：同一区域中不同活动的过渡、教室中不同区域的过渡、教室和其他场所（如午休室、餐厅、操场）之间的过渡。

二、过渡区的布局

过渡区可以是教室门边或角落里的一片连续区域，学生可以在这里查看他们的日程表或者在这里集合等待过渡。日程表可以贴在教室门后的墙上或者角落的墙上，学生可以通过查看日程表来了解接下来应该做什么，这能够缓解学生对于未知行为的焦虑和不安。因为过渡区又有集合等待过渡的作用，所以可在该区域放置几把椅子，供学生休息，使其能够以更好的精神状态投入到接下来的活动当中。过渡区也可设置在走廊上，学生可在此区域存放外套、鞋子等个人物品，这种设置也可以避免教室过于杂乱。

第七节
冷静区

冷静区是自闭症儿童产生情绪问题时，进行情绪调节、情绪管理和情绪控制，使自己冷静下来的区域。

一、冷静区的功能

自闭症儿童具有感觉异常的特点，感觉过载通常会导致儿童的崩溃，从而使其无法专注于课堂活动。而自闭症儿童的社交和语言障碍，也会导致其产生情绪行为问题。当儿童出现情绪问题时，可以进入冷静区进行情绪管理。

二、冷静区的布局

冷静区应该是一个比较封闭的空间，可以暂时将产生情绪行为问题的学生与课堂活动隔离开来。教师可以用帐篷隔离出一个独立空间，也可以在角落里用几个矮柜设置一个半封闭的空间。冷静区里可以放置几个软垫或者铺上地毯，使学生能够舒适地坐在其中。灯光应该是柔和、不强烈的，播放的音乐应该是舒缓的。学生在冷静区里可以玩一些具有冷静效果的玩具，如需要动手操作的玩具或色彩鲜艳的、具有视觉效果的玩具，类似弹簧玩具、万花筒等。

特别需要指出的是，无论冷静区里有什么材料，这一区域都是用来预防问题行为，而不是强化问题行为的。冷静区也不应该兼扮休息区的角色，让学生逃避任务。另外，冷静区也不等于惩罚学生的小黑屋，在冷静区里学生可以自由选择喜欢的活动。

第八节
其他功能区

其他功能区是指设置在教室中，除教学区和学习区之外的区域。有些功能区是每个教室所必需的，有些功能区是根据学生的需要和兴趣而创设的。下面将为大家介绍媒体区、教师工作区、游戏区、美工区、阅读区、自然角、生活区七个功能区的区域布局与材料投放。

一、媒体区

媒体区指的是学生操作各种电子设备进行活动的区域。如今的教室大多数都会配备有一两台电脑，以及其他的媒体设备，如录音机、平板电脑等，这些设备都可以一起归类到媒体区来。在媒体区，学生可以通过操作计算机或者平板电脑上已开发的软件练习已习得的技能和需要维持的技能。

在放置电脑桌时，建议靠近墙或其他障碍物，使学生面对电脑进行操作时，能够背对教室其他区域，防止分心。桌椅要适合学生的体型，使他们坐得舒服。另外，电源线和插座必须收好，预防学生玩电线和插座。录像带、CD 和录音带可以靠近墙放在箱子或篮子里，放置位置要方便在媒体区进行活动的学生拿取。

在设计媒体区时要考虑到计算机等设备需要接近电源插座，而通常来说，教室里的电源有限。因此，电子设备的放置通常是教室设计的第一要素。也就是说，教室里媒体区的位置是要固定的，且优先考虑的。媒体区离电源较近，是教室中危险系数相对较大的区域，因此必须在该区域张贴安全防范标识，如禁止触碰电源、不要玩电线、不要玩插头等。

二、教师工作区

教师工作区是专门供给教师进行办公的区域，教师可以在工作区对学生进行辅助、准备教学活动和上课材料、进行班级管理等。

教师工作区应该设置在教室内，而非独立的办公室，方便对学生进行监管和辅助。工作区应设置在教室前部的两侧而非中心位置，尽量减少对学生造成干扰。教师工作区应配备成人尺寸的桌椅、电脑、各种文件等。教师工作区应该视野开阔，方便教师查看班级情况，及时进行班级管理。教师工作区在上课期间通常作为存储区域，课后可以作为教师的办公区域。另外，在多种情况下，教师中除专职教师外还会有其他专业工作者或家长，在这种情况下，教师工作区也是他们储存个人物品的空间。

设置教师工作区要注意以下几点：①教师工作区空间大小要根据学生在教室需要使用的学习空间来决定。在较小空间的教室中，教师和其他专业工作者可能会共享一张桌子，或者移除办公桌来创造更多的学生学习空间。②教师工作区要注重隐私保护。重要文件必须放在上锁的箱子里。成绩单、个别化教育计划和其他材料不应该放在学生能看见的地方。个人物品，如钱包，也应该放在安全区域。③使用视觉线索提示学生可以接触教师工作区的哪个地方。例如，可以在教师桌上画一个区域，学生可以将作业上交至该区域。这些区域应该要用信号或者其他视觉线索清楚标记，那么学生就会清楚地意识到他们可以碰哪里，不可以碰哪里。

三、游戏区

游戏区是儿童操作游戏材料，进行游戏活动的区域。尽管游戏没有一个精确的定义，但是大多数学者都认同它是一个复杂的、本质上是由动机发起的活动，具有自发性、灵活性和创造性的特点。游戏对于儿童的认知、情感发展、学业成就、积极同伴关系的获得是至关重要的，是儿童日常生活的一部分。儿童游戏充满了想象力、社会交往和言语互动，有助于儿童在游戏中掌握社交技能、社会规则和问题解决能力。因此，游戏区是自闭症儿童教学环境创设中必不可少的一个功能区。

游戏区可以是铺着地毯或者泡沫地板的一块空地，也可以放置桌椅，方便儿童进行桌面活动。游戏区可以将材料架作为边界以确定该区域的范围，架子的高度要适合儿童的身高，方便儿童拿取玩具。游戏区要投放丰富的材料，包括积木、插管等建构材料，动物迷宫、拼图、磁铁、万花筒等益智材料，也可以投放玩具车、布娃娃、手偶、动物模型等角色游戏材料等。

游戏区可以作为学生的休息区，在自由游戏时间开启后学生可以自由进入，也可以作为强化学生某一反应的奖励区。游戏区的规则可贴在墙上，如不能大叫、不能争抢、爱护玩具、放在原位等，使儿童明白在该区域可以做什么，不可以做什么。

四、美工区

美工区是指通过撕、贴、剪、画、捏、做等美术操作表现活动，发展儿童的动手操作能力及欣赏美、表现美和创造美的能力的区域。美工区就是儿童的创作天地，儿童在其中可以表达创作思考，表达个人情感与态度，发泄紧张焦虑的情绪。美工区里的活动，如折纸等，对儿童精细动作发展水平要求较高，儿童在美工区可以充分锻炼动手能力、小肌肉活动能力和手眼协调能力。因此，教师要精心、细心地考虑美工区的设计和布置。

美工区的设置应靠近水台或洗手间，方便学生进行清洗，地面最好能够便于清洗。美工区应提供宽大的操作桌面，使儿童能够在该区域舒适地进行活动。还应设置材料架放置各类材料，由于美工区材料较多，可以分门别类地放置，并使用图片或者文字进行标注，标注也可以提高儿童的实物—文字配对能力。美工区还可提供展示架或者展示墙，让儿童可以随时陈列自己已经完成的作品。美工区投放的材料应是非常丰富的，包括各种纸张、胶水等粘贴固定工具、安全剪刀等剪切工具、黏土等雕塑类材料、粗针等缝制类材料、蜡笔等颜料、碎布等拼贴类材料等。

美工区作为儿童的公共活动区域之一，不仅可以单独使用，而且在没有投入使用时，也可以进行其他功能区的活动，如可以将图书带进来在此区域阅读。美工区也应该有自己的规则，如不能吵闹、爱护材料、小心使用剪刀等。

五、阅读区

阅读区是开展自闭症儿童阅读活动的载体，是儿童发现文字魅力、爱上阅读的区域。阅读是提升儿童语言表达能力和理解能力的重要手段，能够拓展儿童的知识面和眼界。在教室设立阅读区有利于儿童养成爱阅读的好习惯。

阅读区建议设置在冷静区或美工区附近，相对安静的环境有利于儿童专注阅读，不容易分散注意力。阅读区应设置在阳光充足的地方，既能保护儿童视力，强烈的日照也能够为书本杀菌。阅读区内还应放置矮书架、椅子或者沙发等，书架要与儿童身高相仿，方便儿童拿取阅读材料。一般情况下，阅读区的图书、绘本等的数量要按照儿童数量的2~3倍投放，而且要定时更换，保持儿童的新鲜感和乐趣。

要培养儿童良好的阅读习惯，就必须制定阅读区的规则。阅读规则最好以图画的方式呈现，便于自闭症儿童理解和遵守。例如，保持安静、爱护书本、一次只拿一本、看完放回原处等，都是阅读区的基本规则，教师在设计阅读区时可将这些规则以生动的图画方式给予儿童视觉提示。

六、自然角

自然角是指用来饲养小动物、栽培植物、陈列儿童收集来的用品的场地，是教学环境创设的一部分，是儿童认识自然界的一个窗口，是科学教育的重要资源。自然角把大自然引入教室，弥补了儿童室外活动时间和空间的局限，有助于儿童感知周围事物的变化，促使他们更好地对大自然给予关注、探究和思考。

自然角应设置在阳光充足的地方，如阳台、窗台等地，有利于动植物的生长。由于自然角所需材料简单、易备，效果直观、易懂，尤其是对于那些空间比较窄小的区域更为合适，所以教师也可根据教室空间条件与班级的实际情况，利用墙角、柜面等空间在一角或多处设置自然角。自然角可以种植一些小型、易养活、适合在室内环境生长的植物，如绿萝、仙人掌等，也可以饲养一些容易存活、对环境影响较小的小动物，如乌龟、蚕蛹等。自然角陈列的动植物应高度适宜，便于幼儿随时观察、接触、取用。自然角内种植的植物、饲养的动物也应根据季节的变化、班级科学教育内容的变化，以及儿童兴趣点的变化及时进行调整。

自然角是学生公共活动区域里比较特殊的一个功能区，因为需要定时、定量地给植物浇水、给小动物喂食。因此，教师可以制订一张值日表，安排学生在特定的时间给植物浇水、给小动物喂食。自然角对学生全天开放，因此为了避免学生对动植物造成不经意的伤害，有必要在自然角中粘贴区域规则，如爱护小动物、定期浇水、定期打扫等。

七、生活区

生活区是指以包括进餐、洗漱、睡眠、如厕等日常生活活动为主要教学内容的区域。对于儿童来说，生活与教育是密切相关的，教室中生活区的创设要能够帮助儿童解决生理需求，提高生活自理能力，形成良好的生活习惯，也能够配合课堂的各种教育活动，如"节约用水"的主题活动便可在盥洗区进行教学。

由于生活区占地面积较大且较分散，因此接下来主要从进餐、睡眠、洗漱、如厕四个方面来介绍生活区的区域布局与材料投放。

儿童的进餐环境应该是干净、卫生的，条件较好的学校可为儿童准备独立的餐厅，若无单独餐厅，可用课桌椅代替，另要配备筷子、勺子等餐具。进餐时间安排要合理，一般来说，儿童进餐应以半小时为宜，不可过快，也不可过慢。如果有加餐，则要考虑加餐时间，两餐之间的间隔最好不少于 3.5 小时。教师可在餐桌旁或在墙边设置一张矮柜作为饮水区，柜中应放置每个学生的水杯，柜子要符合儿童的身高特点，方便学生拿取。

睡眠直接关系到儿童的健康成长，因此儿童每天进行午休是必不可少的。有条件的学校可为儿童提供单独的午休室，条件不够的学校可充分利用活动室等资源，为学生提供午休地点。儿童的睡眠环境应保持安静，注意遮光，经常开窗通风，保持空气流通，并根据季节及气温变化调节被褥的厚薄。儿童的午睡时间宜在 1～2 小时。在儿童入睡和起床时，教师可播放一些轻音乐。

洗漱区应与厕所相邻或者在同一片区域里。洗漱池和便池都要做到干净卫生，高矮、宽窄要考虑学生的身材。洗漱区应配备每位学生的牙刷、牙膏、牙杯、毛巾、洗手液/肥皂等，厕所应配备纸巾。也可在周围环境张贴洗手、刷牙等清洁活动的趣味分步图示，引导儿童掌握洗漱和如厕的顺序和方法。

在生活区学生所有的私人用品，如毛巾、水杯、牙杯、牙膏等，都应写上名字或者贴上照片作为标记，帮助儿童认识自己的物品，避免拿错。

第九节
日程表

自闭症儿童具有明显的视觉优势，但往往存在信息理解困难、组织能力薄弱、对抽象概念理解困难的问题，因此在自闭症儿童的教学环境设计中会用到大量的视觉支持策略。研究表明，视觉支持工具能够有效地提高自闭症儿童的词汇量、语言表达能力和社交技能等，还能有效减少其攻击性行为。日程表便是视觉支持工具的一种，通常以图片、文字符号或两者相结合的方式呈现儿童一段时间内要完成的活动或活动流程，能够帮助儿童度过两个活动之间的过渡期，使其理解和参与接下来的活动，提高对活动的预期并减少焦虑。日程表会罗列出一段时间内要做的活动事件，需要根据儿童的实际需求制订。

一、日程表的功能

日程表会告诉儿童将要发生什么事情和事件的顺序，尽管有些儿童可以记住任务的顺序，但问题是（特别是随着年龄的增长）生活中的大多数事情并不是每天都以相同的顺序或在同一时间发生。当意外发生时，就很有可能会导致自闭症儿童的行为问题。为自闭症儿童提供日程表，能够减少自闭症儿童的问题行为。Shelley Clarke 等人的研究表明，使用日程表对自闭症儿童早晨生活常规的干预，包括起床、洗漱等活动内容，最终呈现出了积极的干预效果，被试者可以通过日程表的提示独立完成起床等早晨事宜。使用日程表还可以帮助儿童养成积极寻找信息的习惯，从而增加儿童灵活性和应付未来生活起伏的能力。使用日程表还有一个积极方面就是它可以增加自闭症儿童的独立性。儿童可以通过使用日程表自己学会从一项活动转换到另一项活动，而不是依靠别人来引导他们。另外，也有很多其他的研究表明自闭症儿童使用日程表具有其他明显的好处，如提高任务参与度、提升社交与沟通能力等。有研究者将自闭症儿童使用日程表的好处归纳为几下几点：

• 充分利用自闭症儿童的视觉优势，为其提供一个可接受的沟通系统，增强儿童对任务的理解程度；

• 有利于自闭症儿童学习新事物，扩展兴趣；

• 为自闭症儿童能够在不同环境中泛化已习得的技能提供了工具；

• 可以提高自闭症儿童转换任务的灵活性；

• 有助于自闭症儿童保持冷静，减少问题行为和不适当行为；

• 能够帮助自闭症儿童发展独立性，从而产生自尊。

综上可知，日程表对自闭症儿童具有重要的作用。自闭症儿童在处理非结构化时间上比普通人存在更大的困难，日程表的使用能够提高其生活的结构化。在设计日程表之前，首先要根据儿童的年龄特点和技能水平，决定采用哪种类型的日程表，然后确定采用哪种呈现形式，一定要确保设计出来的日程表符合儿童能力发展水平，能够为儿童所理解。

二、日程表的类型

(一)依据日程表的作用分类

根据日程表服务主体及所起作用的不同，可以分为班级日程表、个体日程表、活动日程表三种类型。

班级日程表是根据班级的整体水平与需要设计的日程表，主要罗列的内容是班级的教学活动和日常活动，它的服务对象是整个班级群体。在创建班级日程表时，要注意把班级一整天的活动都罗列出来，可以在活动旁边标上简单的文字，使儿童能够理解该活动所代表的含义；在活动数量上不可过多，要结合班级的实际情况进行合理设计，包括班集体的能力水平和班级物理空间的限制；活动的内容应该多样化，不仅仅包括语文、数学等教学活动，还应设计加餐、自由游戏、休息等日常活动。

个体日程表是以自闭症儿童个体为服务对象，根据每个儿童现有的能力水平和需要而设计的个别化日程表，主要内容是儿童日常活动。在设计个体日程表时，要充分考虑儿童的特点和技能水平，设计出真正符合儿童个体需要的、儿童能看得懂的日程表。如果某一儿童生病了，需要吃药，那么教师在设计个体日程表时，就要根据这一需要把吃药的活动设计在日程表中，而吃药这一活动在其他健康儿童的个体日程表中是不会出现的。再如，有一儿童对剪纸比对画画更有兴趣，那么在日程表上，可以将该儿童的画画活动改为剪纸活动，其他儿童的日程表则仍呈现画画活动。

活动日程表的作用在于分解一项任务或活动，向儿童呈现该任务或活动的每一个操作步骤，使儿童能够凭借日程表独立完成这一任务或活动。设计活动日程表时，要根据儿童的能力水平来选择呈现方式，如果儿童未掌握识字技能，那么尽量要选用比较直观的照片或图片来向儿童展示任务分解步骤，以有助于儿童理解。如果儿童已具备识字的能力，那么可以"示意图＋文字"的形式向儿童呈现任务分解步骤，以有利于儿童将活动与文字配对。另外，自闭症儿童在经过几次任务练习之后，对任务的熟悉度可能会增加，那么日程表就可以根据儿童对任务熟悉度的增加逐渐减少日程表上提示的步骤，来发展儿童的独立性，最终使儿童能够在没有日程表提示的情况下独立完成任务。

(二)依据日程表呈现形式分类

日程表的呈现形式可以分为四种类型：文件夹式日程表、粘贴式日程表、表格式日程表、电子日程表。

文件夹式日程表是指将需要儿童完成的活动以文件夹的形式呈现出来的日程表，它的特点是像文件夹那样轻便灵活、方便携带，儿童可以随时进行任务转换。当儿童完成一项活动以后，就可以把该项活动的卡片翻面放在上面的纸质口袋里，进行下一个活动。这种日程表适合独立性较差、不能独立使用日程表的自闭症儿童。

粘贴式日程表是指将表示一系列活动的文字或图片卡片粘贴在墙上所组成的日程表。可以用尼龙扣或磁铁，将卡片粘贴或吸附在墙上。这种日程表形式适合使用日程表逐渐熟练、可以独立来到教室某处查看日程信息并独立进行任务转换的自闭症儿童。

表格式日程表是指将日程表绘制成单张的表格，用打勾、写字、贴贴纸等方式，来表示一个活动的完成。这种日程表适合独立性较好、能力较强的自闭症儿童，可以让他们练习自行检核进度，学习自我管理。

电子日程表是指在电子媒体设备上制作的日程表，能使用电子设备进行呈现、标记和管理。这种日程表适合已掌握一定计算机知识和操作技能的自闭症儿童。

(三)依据日程表表现方式分类

根据日程表表现方式的不同，可以将其分为三种类型：实物日程表、图片日程表、文字日程表。

实物日程表是以实物为呈现内容的日程表，是最简单、最直观的形式，适合于语言能力较低或无语言能力的自闭症儿童。使用实物日程表的方法非常简单：在儿童即将开始下一项活动之前，教师将接下来要进行的相关活动的实物递给儿童，作为视觉提示。实物有两种选择，一种是可以选择在接下来的活动中即将要使用的物体，如使用儿童自己的水杯代表喝水、使用卫生纸代表如厕等；另一种是可以选择与活动相关的物体，如使用勺子模型代表午饭、使用积木蛋糕代表加餐等。使用实物日程表要考虑的主要问题是要列出用来代表每个活动的实物，并且告诉儿童该实物所代表的活动，如：

表 2-1　活动名称及符号类型

活动名称	符号类型
室外游戏	蓝色小球
室内游戏	红色小汽车
午餐	汤匙
喝水	杯子
加餐	红盘子
如厕	纸巾
看录像	录像带
加餐	积木蛋糕
画画	水彩笔

图片日程表是以图片为主要呈现内容的日程表。图片日程表适合已经掌握实物与图片配对技能的自闭症儿童。选择何种类型的图片作为呈现物，取决于儿童的能力偏向，有些儿童更容易识别照片，而有些儿童则可能对于线条更加敏感。图片可以是教师自己画的，也可以是通过网络找到而打印的。

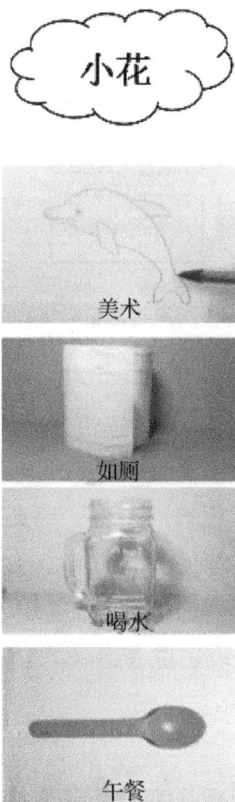

图 2-5　图片日程表示意图

文字日程表是以文字为主要呈现内容的日程表，适合已经掌握识字技能的自闭症儿童。如果儿童刚刚开始识字，那么教师可以先在日程表上写单字或词语，如"扫地""吃饭"等，方便儿童理解任务，儿童每完成一项任务在日程表上画掉这一项内容即可。对于能力较高的自闭症儿童，可以采用更复杂的文字日程表形式，如活动名称较长、设计有"完成"栏的文字日程表，学生每完成一项活动，则要把该项日程活动移到"完成"栏下。

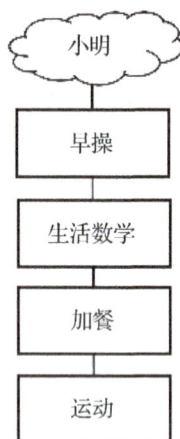

图 2-6　文字日程表示意图

三、日程表的制作

儿童的现有能力水平是制作日程表的基础，因此，对自闭症儿童进行评估是制作日程表首先要考虑的步骤，本书推荐使用北京师范大学教育学部自闭症儿童教育研究中心胡晓毅和刘艳虹合作开发的《学龄自闭症儿童教育评估系统》对儿童进行评估。在儿童评估信息的基础上，制作日程表还应考虑以下五要素。

（一）日程表的表现方式

日程表的表现方式要根据自闭症儿童已掌握的技能来决定。如果儿童语言能力较低或无语言能力，那么该儿童的日程表应选择实物日程表。如果儿童具备实物与图片配对技能，那么该儿童的日程表可选择图片日程表。如果自闭症儿童已经掌握识字技能，那么该儿童的日程表可选择文字日程表。

（二）日程表的长度

日程表的长度是指日程表中呈现的信息量，这主要取决于儿童能够理解的信息序列的长短，也就是儿童一次能够接收的信息量。有些理解能力较好的儿童能够在某一时间接收到众多信息，或许能够使用全天的日程表，而有些儿童则可能会被大量的信息淹没，同一时间只能看一到两个活动项目。对于信息接纳程度较差的儿童，教师可以先设计最简单的、只包含两项活动的"首先—然后"日程表，然后逐渐过渡到半天日程表、全天日程表。

(三)日程表的放置位置

日程表的放置位置要根据儿童的能力水平来决定。如果儿童无法独立使用日程表，那么就可以把日程表放置在儿童桌边，方便儿童查看，或者制作成便携式日程表，儿童可以随身携带、随时查看。当儿童经过一段时间的训练，独立性变强时，就可以把日程表固定在教室的某一区域，如过渡区的墙上或者教室后面的墙上。

(四)提醒儿童查看日程表所使用的线索

因为言语指导和暗示并不是自闭症儿童学习最有效的方法，所以教师应该以一种直观的方式告诉学生"你该检查日程表了"，这是非常有用的。教师可以直接把日程表呈现给学生使其查看日程内容，也可以通过视觉线索提示儿童查看日程表。

如果学生使用的是实物日程表，那么当教师把实物递给儿童时，教师和实物就成了视觉线索；如果学生使用的是图片日程表，那么教师可以用一张学生正在检查日程表的图片作为视觉线索，提醒儿童查看日程表；如果学生使用的是文字日程表，那么教师可以用写着"检查日程表"文字的卡片提醒学生主动查看日程表。

(五)日程表管理方式

日程表管理方式是指儿童完成一项任务时，对代表该任务的卡片或文字进行管理的方式，主要有移除、做标记等方式。粘贴式日程表的管理方式一般是移除，完成一项任务后，儿童可以把代表该任务的卡片摘下，放到专门存放任务卡片的篮子或盒子里；如果是有"完成"栏的日程表，那么在完成任务后要将该卡片移到"完成"栏下。表格式日程表的管理方式一般是做标记，自闭症儿童可以通过在表格上某一任务后方贴贴纸、打勾、写"完成"汉字等方式来表示该项任务的完成；对于能力较差的自闭症儿童，可以先要求他们在完成任务后，用笔画掉该项任务。

四、日程表的使用

(一)教授学生日程表的使用方法

日程表就像其他的新概念一样，需要教师进行教学。如果儿童的语言理解能力比较低，那么教师可以把日程表放在他们手中，然后从背后轻轻地推着他们走到下一个活动区域。如果教师在前方领着儿童，会使儿童过于依赖教师，不利于其理解日程表。对于语言能力比较好的儿童，教师可以向其简短解释日程表的概念，也可以向学生展示其他人使用日程表的照片对他们进行解释，来增加其使用日程表的兴趣。

(二)监管学生使用日程表

当学生使用日程表的时候,教师要注意观察学生是否是独立使用的。学生独立使用日程表的行为包括:当教师向学生呈现"查看日程表"的视觉线索时,学生可以独立查看;查看完日程表后学生可以独立进行下一个日程活动。

(三)根据需要调整日程表

日程表要根据学生当下能力进行适当的调整。如果学生在几周的日程表教学之后,独立性方面没有任何进步,那么教师可能需要调整目前的日程表,减少项目或者更改呈现形式,如从文字日程表改为图片日程表。如果学生在几周的学习之后,需要和能力都已超出现有日程表,那么教师可以设计一个更复杂的日程表,如将半天日程表改为全天日程表。

日程表呈现形式:文字日程表

日程表长度:全天

日程表放置位置:与其他同学的日程表一起固定在教室过渡区的墙上

提示学生查看日程表的线索:语言提示＋图片提示

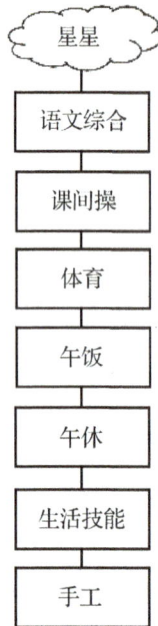

图 2-7　个体日程表示意图

小结

　　创设一个适合自闭症儿童特点、能够满足儿童需要的教学环境，对于课堂教学具有事半功倍的作用。集体教学区的创设具有空间开阔、形式多样、避免无关刺激物的干扰等特点。小组教学区要注意使空间独立紧凑、学生相对而坐来促进同伴之间的交往、合作与学习。个训教学区的创设最重要的一点是不能将接受个训的学生与班集体隔离开来，应在教室某个区域设置个训区，而非单独的个训室。除此之外，教学环境还应包括供学生独立学习的学习区、帮助学生在过渡时进行心理调适的过渡区、帮助学生管理负面情绪的冷静区和其他功能区。值得关注的是，视觉提示在自闭症儿童教育中的应用应该贯串在教学环境设计的理念中。日程表作为视觉提示工具的一种，能够帮助儿童度过两个活动之间的过渡期，使其理解和参与接下来的活动，提高对活动的预期并减少焦虑。教师在设计日程表时要考虑学生的能力水平和需要，来选择日程表的类型，并且要根据儿童的发展情况对日程表做出适当调整和改变。

思考题

一、单项选择题

1. 以下哪一项不是适用于自闭症儿童的教学形式？（　　）

A. 个训课　　　　　　　　　　B. 集体课

C. 小组课　　　　　　　　　　D. 100 人以上的大型讲座

2. 以下哪一项不是日程表的表现方式？（　　）

A. 图片　　　　B. 文字　　　　C. 表格　　　　D. 希腊字母

二、简答题

1. 请简述集体课环境创设的注意事项。

2. 请简述小组课环境创设的注意事项。

3. 请简述个训课环境创设的注意事项。

三、论述题

请你结合一个自闭症儿童个案的特点，设计一个合适的个体日程表。

延伸阅读

1. 田惠生:《教学环境论》,南昌,江西教育出版社,1996.

2.〔美〕Bernard-Opitz & Häußler, *Visual Support for Children with Autism Spectrum Disorders*, AAPC Publishing, 2011.

3.〔美〕R. Christine & S. Kabot, *Building Independence : How to Created and Use Structured Work System*, AAPC Publishing, 2012.

4.〔美〕R. Christine & S. Kabot, *Setting up Classroom Spaces that Supports Students with Autism Spectrum Disorders*, AAPC Publishing, 2010.

第三章

自闭症儿童的教学设计

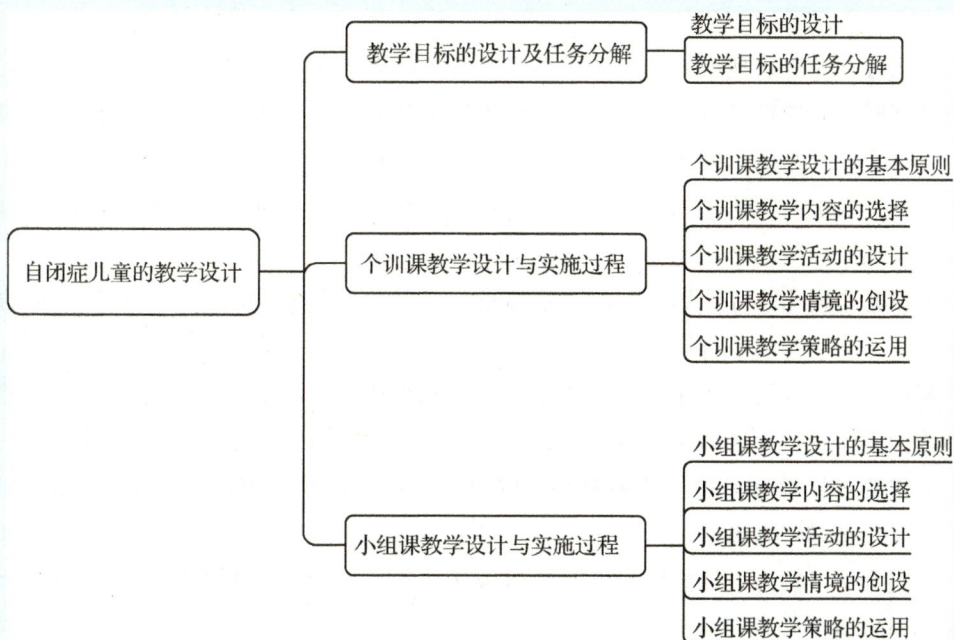

```
                                           ┌─ 教学目标的设计
                      ┌─ 教学目标的设计及任务分解 ─┤
                      │                    └─ 教学目标的任务分解
                      │
                      │                    ┌─ 个训课教学设计的基本原则
                      │                    ├─ 个训课教学内容的选择
 自闭症儿童的教学设计 ─┼─ 个训课教学设计与实施过程 ─┼─ 个训课教学活动的设计
                      │                    ├─ 个训课教学情境的创设
                      │                    └─ 个训课教学策略的运用
                      │
                      │                    ┌─ 小组课教学设计的基本原则
                      │                    ├─ 小组课教学内容的选择
                      └─ 小组课教学设计与实施过程 ─┼─ 小组课教学活动的设计
                                           ├─ 小组课教学情境的创设
                                           └─ 小组课教学策略的运用
```

1. 自闭症儿童教学目标的设计原则：设定适当目标、均衡组合目标、合理选择目标、清晰表达目标。

2. 如何对自闭症儿童教学目标的任务进行分解。

3. 从教学设计的基本原则、教学内容的选择、教学活动的设计、教学情境的创设、教学策略的运用等角度出发，分别对个训课和小组课进行详细讨论。

学习目标

1. 详细了解自闭症儿童教学目标的设计原则与如何进行任务分解。

2. 了解个训课与小组课教学设计与实施过程。

3. 根据本章内容，能结合学生特点为学生制订完整的教学目标与个训和小组课教学设计。

导　读

自闭症儿童所表现出的高度异质性给教育工作者带来极大的挑战。在制订和实施教育计划时，必须针对个体的差异，采用不同的教育方法，将个别化教育计划落到实处。本章主要介绍了如何针对自闭症儿童的特点制订合理的学习目标；从教学设计的基本原则、教学内容的选择、教学活动的设计、教学情境的创设和教学策略的运用几个方面阐述了如何在个训课和小组课上开展有效教学。

在撰写个别化教育计划时，教学目标设计是其中至关重要的内容。教学目标的设计得当与否直接影响了后续教学实施、教学效果评价以及教学调整等多个程序。自闭症儿童的技能缺失是广泛性的，如何在众多技能中选取自闭症儿童最为缺失的关键性技能作为教学目标并准确地进行表述是教学工作的重要环节。在确定教学目标后，教师通常需要对教学目标进行任务分解，以便找到教学的切入点，进行小步子的教学。教学目标的选择与自闭症儿童的进步密不可分，适当的合理的教学目标可以帮助自闭症儿童克服学习能力不足的障碍，帮助教师达成教学效果，把握自闭症儿童的教学时间和干预时间。

第一节
教学目标的设计及任务分解

　　教学目标是关于教学将使学生发生何种变化的明确表述，是指在教学活动中所期待得到的学生的学习结果。在教学过程中，所有的教学活动均以教学目标为导向，且始终围绕实现教学目标而进行，教学目标领航着所有的教学过程。在制订教学目标时，教师需要考量教学目标的数量、目标领域的发展是否均衡、目标内容的安排以及表述和撰写等多方面的要素。

一、教学目标的设计

(一)设定适当目标

　　由于自闭症儿童个体之间具有较大的差异性，所以在教学目标的数量选择上并没有标准尺度，需要根据学生特点因人而异。对于已经具备基本的学习技能的自闭症儿童来说，他们的学习速度可能会更快，在学习时各技能之间的泛化和转化效果也会更佳，因此可以将目标数量设定得多一些，帮助他们更有效率地进行学习。对于那些尚未建立起基本学习技能的儿童来说，教学目标的数量不宜设定得过多，针对这些儿童的教学还需对一些大目标进行分解，把大目标拆分成更为简单和细小的目标，帮助他们更扎实地进行学习。

(二)均衡组合目标

　　在对教学目标进行考量时，教师需要依据教育评估结果对自闭症儿童的能力进行全面的分析，一方面要挖掘自闭症儿童能力发展的优势，另一方面还要关注自闭症儿童能力发展的弱势和短板。如果仅仅关注优势能力而忽视弱势能力，自闭症儿童的发展将更加受限，错过核心技能干预的关键期。如果仅仅关注弱势能力，教学的进程将会很慢并且使人受挫。所以在教学目标的选择上要均衡组合各领域的目标技能，不可过于聚焦于一项技能的教学，也不能随意搭配而缺乏对儿童的整体技能发展的考量。兼顾优势和弱势技能既能够帮助自闭症儿童获得更为均衡和稳定的发展，也能够激发自闭症儿童学习的参与性和积极性。

(三)合理选择目标

在设定教学目标的数量及目标领域后，需要在各个领域中选取适合的教学目标内容，进一步将教学目标聚焦于焦点行为。在制订教学目标时，通常会以 6 个月左右的时间作为教学目标的初步达成时间。教师在选择教学内容时需依据儿童已有的能力储备，并且在最近发展区内设置合理的儿童可以在 6 个月达成的具体内容。在教育评估中，那些介于已达成和未达成里程碑能力之间的内容通常被认为是儿童潜在的可达成的目标内容，这些也是教师在进行教学目标的内容设定时被优先考量的技能。此外，在儿童发展的能力基础上，进一步提升教学目标的难度也是选择教学目标内容时必须要考量的要素之一。例如，一个自闭症儿童目前已经可以命名 20 种常见的生活用品，命名更多的常见物品将是需要拓展的教学目标内容之一，此外还需提升目标的难度，如扩充目标至命名 20 种常见的动作或活动。

(四)清晰表述目标

通常来说，为自闭症儿童服务的教学团队是由多个人员组成的。如何将既定的目标通过文字清晰具体地表述出来，使得团队成员对自闭症儿童的教学目标达成一致的理解并进行教学是一项非常关键的工作。相较于普通教育系统，针对特殊儿童的教学目标的表述更适合以行为定义的方式进行操作化，并包括前事刺激(教师的指令/材料的呈现/辅助的提供)、目标行为的形态(具体的、可测量的)、后果(教师提供的反馈)、目标行为的达成标准、泛化表现的标准。

教学目标的撰写要考量自闭症儿童需提升的不同领域的技能，要根据儿童的特点及教授内容的特点。下面将从教学依从、提要求、命名、听者反应、模仿、游戏、社交等方面呈现教学目标撰写的范例，具体见表 3-1。

表 3-1　教学目标撰写范例

技能领域	前事刺激	目标行为	后果	行为通过标准	泛化要求
教学依从	教师与小 A 距离 1 米远，教师发出指令"回来"。	小 A 在 3 秒之内走到教师身边。	实物强化配合社会性口头强化。	小 A 连续 3 天每天在首次探测中均独立通过。	3 位不同的教师，3 个不同的场景。
	在一对一教学情境下，教师发出"坐下"的指令。	小 A 在 3 秒之内安坐。	实物强化配合社会性口头强化。	小 A 连续 3 天每天在首次探测中均独立通过。	3 位不同的教师，3 个不同的场景。

续表

技能领域	前事刺激	目标行为	后果	行为通过标准	泛化要求
教学依从	在一对一教学情境下，教师发出"跟我走"的指令。	小 A 在 3 秒之内跟随教师移步。	实物强化配合社会性口头强化。	小 A 连续 3 天每天在首次探测中均独立通过。	3 位不同的教师，3 个不同的场景。
	在一对一教学情境下，教师与小 A 进行桌面授课。	小 A 安坐在座位上 2 分钟。	实物强化配合社会性口头强化。	小 A 连续 3 天每天在首次探测中均独立通过。	3 位不同的教师，3 个不同的场景。
提要求	当想要的物品呈现在眼前时，教师激发学生的要求动机，提问"你想要什么"。	小 A 在 3 秒之内独立说出想要的物品名称，共计 20 种物品。	给予小 A 当下提要求的物品。	小 A 连续 5 天每天在首次探测中均独立通过。	3 位不同的教师，3 个不同的场景。
	当想要的物品不在眼前时，教师激发学生的要求动机。	小 A 在 3 秒之内独立说出想要的物品名称，共计 20 种物品。	给予小 A 当下提要求的物品。	小 A 连续 5 天每天在首次探测中均独立通过。	3 位不同的教师，3 个不同的场景。
	教师激发学生的要求动机。	小 A 在 3 秒之内提出关于动作的要求，共计 20 个动作。	达成小 A 当下想要进行的动作。	小 A 连续 5 天每天在首次探测中均独立通过。	3 位不同的教师，3 个不同的场景。
命名	当实物呈现在眼前时，教师提问"这是什么"。	小 A 在 3 秒之内命名常见物品，共计 50 种物品。	命名内容之外的实物强化配合社会性口头强化。	小 A 连续 3 天每天在首次探测中均独立通过。	每种物品有 3 种不同的范例。
	教师使用 iPad 向小 A 播放活动视频，并提问"他在做什么"。	小 A 在 3 秒之内命名常见活动，共计 50 种活动。	命名内容之外的实物强化配合社会性口头强化。	小 A 连续 3 天每天在首次探测中均独立通过。	每种活动视频有 3 种不同的范例。
	教师向小 A 播放音频，并提问"你听见了什么"。	小 A 在 3 秒之内命名听觉刺激，共计 20 种听觉刺激。	命名内容之外的实物强化配合社会性口头强化。	小 A 连续 3 天每天在首次探测中均独立通过。	每种听觉刺激有 3 种不同的范例。
听者反应	教师将物品以两两一组呈现，发出指令"指一指××（目标物）"。	小 A 在 3 秒之内根据物品名称的指令区辨物品，共计 50 种常见物品。	实物强化配合社会性口头强化。	小 A 连续 3 天每天在首次探测中均独立通过。	每种物品有 3 种不同的范例。

续表

技能领域	前事刺激	目标行为	后果	行为通过标准	泛化要求
听者反应	教师将物品以四个一组的方式呈现，发出指令"指一指××（目标物）"。	小Ａ在3秒之内根据物品名称的指令区辨物品，共计50种常见物品。	实物强化配合社会性口头强化。	小Ａ连续3天每天在首次探测中均独立通过。	每种物品有3种不同的范例。
动作模仿	教师与小Ａ面对面站立/坐时，教师示范一步大动作，并说"跟我做"。	小Ａ在3秒之内模仿教师示范的一步大动作，共计30种大动作。	实物强化配合社会性口头强化。	小Ａ连续3天每天在首次探测中均独立通过。	3位不同的教师，3个不同的场景。
	教师与小Ａ面对面站立/坐时，教师示范一步物品操作，并说"跟我做"。	小Ａ在3秒之内模仿教师示范的一步物品操作，共计30种物品操作。	实物强化配合社会性口头强化。	小Ａ连续3天每天在首次探测中均独立通过。	3位不同的教师，3个不同的场景，3种不同范例的物品材料。
独立游戏	教师呈现玩具，并说"请你玩一下"。	小Ａ在5秒之内使用功能性的玩法玩玩具，共计20种单一玩具。	社会性口头强化。	小Ａ连续3天每天在首次探测中均独立通过。	每类玩具有3种范例。
	教师呈现玩具，并说"请你玩一下"。	小Ａ在5秒之内使用功能性的玩法玩玩具，共计20种组合性的玩具（部件在3至5个之间）。	社会性口头强化。	小Ａ连续3天每天在首次探测中均独立通过。	每类玩具有3种范例。
同伴社交	教师呈现材料或播放音乐，并说"你们一起来玩……（目标活动）"。	小Ａ与同伴玩肢体互动游戏，共计10种肢体互动游戏。	社会性口头强化。	小Ａ连续3天每天在首次探测中均独立通过。	3个不同的同伴。

二、教学目标的任务分解

由于教学目标的制订及表述往往需要参照半年的教学时间，教师在进行具体教学时会觉得无从下手，不容易找到教学的切入点。因而，教师在个别化教育计划中拟定年度目标和短期目标后，还需对大目标进行具体的任务分解，可以将年度目标分解为季度目标、月目标、周目标，以便教师有计划有步骤地实现教学目标。

(一)教学目标分解的目的

在教学之前，如果我们要思考让自闭症儿童学会哪些技能，那么我们必须对儿童的总目标进行目标分解，通常我们会采用任务分析的方法来完成。任务分析是一种分析学生要学什么以及怎样帮助学生逐步达成学习目标的过程。进行教学目标的分解可以帮助我们厘清一些教学的重要问题：

①学习的总目标和分目标是什么？

②学生应该如何学习以达成这些目标？

③一项目标的达成需要哪些前提条件？

④哪些目标是最重要的而且需最先学习的？

⑤目标的教授顺序是什么？

⑥如何组织教学活动，运用教学策略，借助教学技术？

⑦如何选择适宜的教学中介和学习环境？

学习目标的模棱两可及无组织无计划可能会延缓目标的达成，甚至将教学带偏，而目标分解可以帮助教师分析这些重要的问题，以便后续教学程序的顺利推进，还可帮助学生确定学习方向和学习节奏。

(二)目标分解的步骤

目标分解是将一些大目标分为细小的目标，以便教师有针对性地开展教学并监控教学进展。一旦完成目标分解，那些相较而言具有挑战性的目标便可以划分为一个个更易操作和达成的细小目标。目标分解还可以配合回合式教学、视频示范教学等一同使用，并且可以帮助自闭症儿童更快更好地塑造新的技能。在对目标进行分解时，需要遵循以下步骤。

1. 确定需要分解的教学目标

教学目标的选择主要依据自闭症儿童的个别化教育计划进行，而不是由教师主观决定的。教师需要分析学生需具备哪些技能，然后从中找到需要分解的目标。那些有明确的教学阶段或者有既定的流程的行为目标更适合使用分解的方式，一些单一的具体的技能并不需要目标分解，那些可能会包括多种变量的技能也不适合进行分解。

2. 确定每一个目标所需的先备技能以及任务材料

教师需要根据学生以前的教学数据记录或者个别化教育计划来评估当下这项技能所需的先备技能。如果确定了先备技能，教师需要决定目标分析细致到哪一步。例如，如果学生学习点钞票，那么教师需要评估学生能否区辨钞票以及它们的面值，能否会加减法运算。如果先备技能还没有掌握，那需要在目标分解中说明。如果需要太多的先备技能，那可能意味着这个目标还不适合当下教学。然后教师需要把这些先备技能分解，以便学生能够一步步进行学习。

3. 确定每个目标的组成成分

在明确了需要进行分解的目标及学生已具备相应的先备技能后，教师需要对目标进行具体的拆分，明确每一个目标的组成部分。教师可以请他人或自己独立演示和完成该目标行为，并对目标行为的每一步进行详细和具体的记录，明确每一步只包含一项具体的行为操作。

表 3-2　教学目标分解实例

教学目标分解实例1：刷牙	教学目标分解实例2：和同伴玩火车玩具
①拿起牙具	①要求同伴一起玩
②拧开牙膏盖	②告诉同伴："我们一起来玩火车吧。"
③把牙膏挤在牙刷上	③给同伴多个轨道
④盖上牙膏盖子	④告诉同伴："我们一起来做火车。"
⑤沾湿牙刷	⑤向同伴要火车部件
⑥刷牙	⑥把自己的火车部件和同伴的火车部件放在一起
⑦漱口	⑦向同伴要小动物，把小动物放在火车上
⑧洗嘴巴和手	⑧开火车
⑨收拾牙具	⑨告诉同伴："轮到你玩了。"

4. 确定目标完成情况

教师需要进一步确认目标技能的每一个具体步骤是否都进行了如实和准确的描述，可邀请其他成人按照目标分解的步骤再将该行为演练一遍，并与文字表述进行对照。如果需要补充或调整，教师需要再次更改教学目标的分解表。

5. 判断怎样教授这项技能

在明确了教什么之后，教师需要进一步确定如何教，选择适合的教学方法达成教学目标。对于一些步骤，在教学中可能会使用到行为链接策略，如前链接、后链接或全部链接，将一个个具体的行为串联起来。具体使用何种链接方法需要依据学生的已有技能、强化物的等待时间、个体反应的延宕时间等进行参照。

第二节
个训课教学设计与实施过程

在自闭症儿童学习的过程中，师生一对一的专业化和规范化的操作体系往往是教学形式之一，这种形式也是我们常说的"个训课"。我们不能简单地从形式上来判断一种教学模式是否属于个别化教学，而是要观察其是否真正体现了个别化教育的思想内涵和专业化规范化的教学要求。

一、个训课教学设计的基本原则

（一）以儿童的切实需求为依据

针对自闭症儿童开展的个训课是自闭症儿童实现个别化教育的实际需求，不以教师的个人意愿或学校的教学安排为转移。换言之，个训课是为儿童提升技能设计的，而不是儿童入学的必备课程或必经程序。在个训课的实际开展中，有些教师或学校往往将个训课设计为学生的第一阶段课程，完成一定时数的个训课后方可进行小组课或集体课的教学。这种对个训课片面的错误的理解往往将个训课狭义地定义为低阶课程，将在个训课中进行学习的自闭症儿童错误地理解为功能水平较低的学生，误以为高功能水平的儿童不需要个训课，而忽略了个训课对学生整体技能的提升。在实际的教学过程中，还需明确个训课的学习是出于完成学生个别化教育计划的选择，而不是学校或教师的统一安排，这种标准式的学习过程不符合学生个别化的学习特点，也不利于把握学生差异化的学习风格。

（二）个训课不等于"隔离课"

个训课的教学强调的是对于学生提供一对一的支持和辅助，以帮助学生更快更好地达成学习目标。个训课的环境设置并不局限于一个单独的空间或者相对独立的区域，这种隔离式的教学通常表现为将教学空间分隔成一个个单独的小房间或者个训室，这种隔离式的环境不利于学生对真实的学习情境的适应，也不利于教师利用环境和情境对学生的技能进行泛化和拓展。在学习初期，相对独立的空间可以帮助教师对学生建立教学依从，以便更好地进行学习，也可以帮助那些具有严重的情绪和行为问题的学生进行行为管理，以减少对集体和同伴的干扰，但是在儿童完成教学初期的过渡和适应后，应立即将儿童从"真空"中抽离，将其安置到集体学习空间的个训区域。

(三)侧重于儿童的基本技能

通常来说，在评估中表现出基本学习技能缺乏的自闭症儿童所需个训课的密集度会更高些，也意味着针对这些儿童的个训课可提供更为紧凑和高效的基本技能训练，如动作模仿、基本指令的听从、基本的口语技能开发等。个训课在诸如这些密集技能的干预中表现出更大的优势，可以帮助自闭症儿童在短时间内跟随教师的引导更专注地进行学习，也可以帮助那些需要高辅助水平的儿童获得即刻的有针对性的支持，因此，个训课可以为那些有基本技能教学需求的儿童提供更适宜的教学条件。

(四)保持松弛有度的教学节奏

个训课的教学并不会一味地增加任务难度，而是会采用难易结合的任务、松弛有度的节奏来增强学生的动机。任务通常被分为两类，一类为保持性任务，即学生已经掌握的且能够轻松完成的任务；另一类为习得性任务，即对学生来说一直是很难的或者新的任务。尽管没有明确的规定，但我们一般使用约 80％的时间在个训课中进行保持性任务的训练。这点将依据学生(学习动机高的学生可能会在习得性任务中获益更多，而疲倦或受挫的学生可能需要做更多的保持性任务)或环境(当教室里有很多可能让人分心的事物时，学生可能需要更简单的指令)而有所改变。分散地使用保持性技能和习得性技能可以帮助提高学生的自发性。教授新的、困难的技能需要更多的支持或提示，而学生在完成保持性技能时获得的自信有助于他们在教师帮助下更自然地习得新技能。

二、个训课教学内容的选择

(一)选择适宜密集教学的教学内容

个训课的教学内容通常以适宜密集教学的内容为主，即可以在短时间内通过教师的设计进行高频率的反复练习的技能。例如，练习自闭症儿童的听觉区辨、视觉区辨、动作模仿便是可进行密集教学的技能。这些技能的前事刺激通常是教师的指令或者学习材料的呈现，教师可快速地变化教学指令或者教学材料的呈现方式，给予学生充足的学习机会以达成练习效应，帮助学生快速高效地习得这些技能。以下便是教师在个训课中对学生进行密集教学的样例。

教师："我们来到了动物园，请你找出老虎。"(翻开动物园的大绘本)

学生：用手指一指绘本上的老虎。(听觉区辨)

教师："好厉害呀，看长颈鹿在伸脖子，快帮我找到它吧！"

学生：在长颈鹿脑袋上画圈圈。（听觉区辨）

教师："找对啦！帮我找出跟它一样的动物吧。"（教师手里拿着一只熊猫玩偶）

学生：在绘本上指出正在吃竹子的熊猫。（视觉区辨）

教师："你的小眼睛可真厉害，跟我一起学。"（教师扮演成熊猫假装在啃竹子）

学生：跟教师一样做出啃竹子的动作。（动作模仿）

教师可在个训课上对这些需密集教学的内容进行穿插教授，并且不断变化技能的练习，以防学生感觉枯燥，从而降低学习参与的兴趣。

（二）选择适宜由教师主导的教学内容

个训课的教学内容适宜由教师进行主导和设计，这样，教学可减少等待学生发起的时间，以高效地追赶学生的落后步伐。教师主导的教学内容即通过教师呈现区辨刺激，不需要通过同伴或者自闭症儿童本人激发行为。相较而言，如同伴发起、同伴合作性游戏、教室常规和集体指令的练习则不适宜在个训课中进行，它们需要更为复杂的教学环境方可激发学生的目标行为。所以在个训课中，教师在制订教学计划时，需要考量到一个技能形成的前事刺激及行为的强化物，如这些刺激的提供已超出个训课的环境范畴，则不适宜在个训课中进行练习。

（三）选择适宜高辅助水平的教学内容

由于教师在个训课中可为学生提供一对一的学习支持，对于那些新技能或者基础尚未夯实的技能，个训课可提供最大化的辅助。有些新技能的学习需从最高辅助逐渐过渡到最低辅助。在教学初期，教师可针对这些技能的练习提供肢体辅助或者完全的仿说辅助，以帮助学生在技能学习的开始就积累足够的成果经验，减少其犯错误的可能性。例如，一位教师在个训课中教授学生模仿举手的动作。

教师："跟我学。"（教师做出举手动作）

学生：举手。（教师全肢体辅助，手把着学生的右手举起来）

学生举手。（教师部分肢体辅助，手拖一下学生的肘关节）

学生举手。（教师仅指一指学生的右手）

学生举手。（教师仅提供示范）

三、个训课教学活动的设计

(一)将目标技能嵌入主题活动

尽管在个训课中多采用程式化的回合式教学策略，但是我们仍然可以通过教学活动设计使得教学的过程更具有趣味性，主题式教学便是一项有效的多技能教学策略。主题式教学活动的设计可以帮助学生根据同一主题形成不同的技能，而不同的技能又得以在同一主题下进行泛化。以下便是主题式教学活动的案例。

教学主题：五官真奇妙

教学活动：①"我的鼻子不见了"

②"大家的耳朵各不同"

③"多变的眼睛"

教学内容：①"我的鼻子不见了"

活动简介：小动物们清晨醒来，发现鼻子们淘气地不见了。狮子、小狗、大象、小猪都纷纷跑到森林里去找鼻子了，原来鼻子们都趴在花儿上闻花香了。教师准备好动物的脸(没有鼻子)以及鼻子部分的图片。

技能练习：配对动物的脸和鼻子。

②"大家的耳朵各不同"

活动简介：小动物们的耳朵都奇形怪状，各不相同，现在我们一起仔细观察动物们的耳朵。教师准备好不同的动物的图片，然后提问学生："谁的耳朵长？"(驴)；"谁的耳朵短？"(马)；"谁的耳朵遮着脸？"(大象)；"谁的耳朵尖？"(猫)；"谁的耳朵圆？"(猴)；"谁的耳朵听得远？"(狗)。

技能练习：对话技能练习。

③"多变的眼睛"

活动简介：眼睛是心灵的窗户，当我们心情变化时，眼睛也会跟着变化。教师准备不同的眼睛的图片，以配对情绪。教师可提问学生："当我们的眼睛弯弯的时候，我们的心情是怎样的？"(开心)；"当我们的眼睛瞪得大大的，我们的心情是怎样的？"(惊讶)；"当有眼泪在我们的眼睛里打转时，我们的心情是怎样的？"(伤心)。

技能练习：对话、情绪识别

(二)桌面式活动与地毯式活动结合

桌面式的授课活动有诸多的优点，如便于教师组织教学材料，建立教学依从，可以让学生在学习过程中保持专注和高效配合，但是如果长时间地进行桌面活动，学生可能会觉得单调疲乏，而且部分技能的练习需要调动或者等待学生参与和发起的动机，需要更为灵活和松散的教学环境。个训课的练习可将桌面式的活动与地毯式的活动进行结合，转换教学环境，以便使学生探索和发现更多的学习素材。在地毯式活动中，可进行音乐律动、身体游戏、社交游戏等活动，在活动中要让学生保持更高的兴趣和参与性，并且在各类活动线索中练习目标技能，并对桌面式教学活动内容进行复习和泛化。

(三)自然转换和过渡活动

教学活动的转换和过渡是个训课教学的重要环节。自然顺畅的活动转向和过渡可帮助教师更好地把握教学节奏，将学生的专注力和参与度延续到下一个活动中，并且在活动和活动之间建立关联点。在活动转换和过渡时需优化过渡环节的组织与管理，避免学生被动等待和教师消极控制，使得有限的学习时间被消耗在课堂管理上，同时要注意过渡活动的"教育性"，将每一次的过渡活动均视为一个教育契机，潜移默化地教授学生一些和主题教学相关的基本技能。

四、个训课教学情境的创设

个训课要创设适宜的环境以满足自闭症儿童安全和求知的需要，促进儿童主动探索和学习。

(一)激发学生参与的动机

相较于小组课和集体课的教学，调动学生在个训课学习动机的素材更为有限，更需要教师的智慧。教师要提供新奇的、生动鲜明而又多变的刺激物来激发自闭症儿童学习的兴趣；要开展丰富有趣的游戏活动和间歇活动，呈现多样化的教学方式，让学生提升学习的动机。当发现自闭症儿童对某物品感兴趣时，教师要学会抓住教学机会，借助该物品及学生的兴趣展开适当的教学。

(二)对强化物进行有效管理

教学动机的调动不仅需要从教学内容和教学方式上进行设计，当自闭症儿童内在动机不足时，教师可以通过给予强化物来调动学生学习参与的积极性。个训课的强化物并不局限于食物，也包括玩具或活动。教师可提前准备强化物箱，将食物、玩具和活动材料都装进强化物箱，箱子放在教师斜后侧，这样既可以便于教师选择和拿取强化物，也便于对强化物进行控制，减少学生直接拿走强化物或者在任务操作过程中的分心现象。在个训课中，由于项目练习的密集性，强化物需根据学生的动机灵活变化，食物、玩具和活动强化穿插进行，以免学生感到饱足，并且需在学生的正确反应后迅速给予。对强化物的有效管理是个训课项目练习的关键，无强化物则无教学，找准学生的强化物可以让教学变得事半功倍。

(三)设计和自制多样化的教具

个训课的教学内容更多的是由教师引导，因此需要大量的教具以发展学生各类丰富的技能。在众多教具中，图片是个训课广为使用的一类教具素材。图片素材便于呈现和回收，而且可用于学生命名技能、听者反应技能、视觉感知和配对技能、游戏技能、对话技能的练习。图片教具的素材和种类要多样而丰富，教师可根据学生的项目练习需求进行自制，以便能使学生进行多重范例学习。视频和动画也是学生在个训课练习动作命名、活动命名、互动对话的重要素材，教师可通过网络下载，也可以邀请多位教师和家长自制视频。通常自闭症儿童对视频都有所偏好，并且非常关注自己和熟悉的人的视频内容。此外，大量的玩具也是教具的重要形式。教师在个训课中教授学生物品操作模仿、功能性游戏、想象性游戏技能时均需使用玩具作为教学的中介和载体，因此在课前教师也需备好充裕的玩具以调动学生学习参与的兴趣和动机。

五、个训课教学策略的运用

(一)回合式教学策略

回合式教学是由加州大学洛杉矶分校洛瓦斯（Lovaas）教授发展起来的一套教导自闭症儿童基本概念的策略，包括三个基本成分：前事刺激（发出教学指令或提供材料）、学习者的反应（学生做出的正确或错误的反应以及无反应）、反应后的直接后果（教师的强化以及错误纠正等），教师的辅助有时也会作为另一个前事刺激以增加儿童正确反应的可能性。回合式教学非常强调教学的密集性和效能性，一个回合结束后经过短暂的停顿教师便重新开始下一个回合，其授课形式也不局限于结构化的桌面教学，还可用于自然情境，因此回合式教学通常被视为教导自闭症儿童基本概念的最为主要和广泛使用的教学策略。

(二)零错误教学策略

零错误教学主要用以预防自闭症儿童错误反应的出现，以此帮助其形成正确的新概念，其中最具代表性的教学内容是在多项刺激物的区辨中采用零错误教学程序，教导自闭症儿童生成关于词汇、颜色、数字、形状、类别或特征的概念。这种教学策略可在学生学习的初始就帮助其形成正确的概念，避免因为产生错误反应而积累错误经验。刺激物的呈现、辅助以及强化的使用和撤销是零错误教学中至关重要的程序。所有的教学指令、材料的呈现位置、使用的辅助手段均需确保学生能够最大可能地做出正确反应。在教学的初始阶段，往往在教学指令之后，教师会立即伴随肢体辅助或者示范程序，自闭症儿童只需花费较少的努力便可做出正确反应，零错误教学往往是在教学初始阶段使用的最重要的策略。零错误教学可以帮助教师做到对学生的教学控制，帮助学生建立依从教学的概念，逐渐减少对环境的不适感和焦虑感，提升学生参与行为、师生合作的水平和教学的质量，使教学更为高效，而且零错误教学不仅能够被用于教授自闭症儿童基本概念的生成，而且在灵活的高阶技能教授上也具有优势。零错误教学能够帮助自闭症儿童实时收到教师的辅助和强化，这种体验能够让学生保持更积极的状态，以更佳的情绪投入学习。

(三)动机操作策略

动机操作是一种创造情境以调动学生参与或发起动机的一种策略。当学生的动机提升后，强化物对学生的价值将增加，如果学生无动机或者正在减弱动机，那么强化活动对学生的吸引力就会变小，教师教授的目标行为也会减少。教师在个训课中要时常使用动机操作策略以激发学生练习某项技能的行为。例如，当在练习"学生可提出不在眼前的物品的要求"项目时，教师设置了一个大象鼻子的拼拼板活动。教师给予学生8块拼板，剩余1块藏在学生背后或者角落里，当学生拼完8块拼板后教师引导学生提要求"还有一块拼板在哪里""我还差一块拼板，帮我找一找"。在这样的案例中，教师便通过动机操作策略激发了学生寻找缺失拼板的行为。动机操作在个训课中教授提要求、互动对话、游戏等技能时最为常用，这些需要学生发起的技能离不开动机，因此教师要善于利用学习环境以引导学生。

(四)渐退/渐进的辅助策略

由于个训课项目练习中有诸多新技能项目的教授，因此教师会使用大量辅助。辅助策略通常包括两种，一种是渐退辅助，即辅助的水平由高到低，在练习新项目时，可先进行全辅助(如全肢体辅助、完全的口语示范辅助)，再进行半辅助(如手势提示、部分口语提示、命名辅助)，最后直至学生独立，这种辅助可比较快速地塑造学生新的目标行为，减少学生出错的可能性；另一种是渐进辅助，即辅助的水平由低到高，一开始给予学生较低水平的辅助，然后根据学生的表现和需求逐步提升辅助水平，这种辅助可以尽可能地减少学生对辅助的依赖性。两种策略可根据学生的项目练习特点及技能掌握程度进行选择。个训课的辅助练习需注意辅助进入和撤出的及时性，学生是否需要辅助，教师需要进行迅速判断并做出反应。此外，个训课的教学有时也需另一名教师进行辅助，以及时帮助学生做出正确反应，如人称代词的教学便不适合主教教师辅助，此时可邀请另外的辅教教师坐在学生身后进行辅助。

第三节
小组课教学设计与实施过程

　　社会交往和沟通障碍是自闭症儿童的核心障碍，很多自闭症儿童在个训课表现惊人，但在集体活动下却不尽人意。区别于个训课的教学，小组课的教学加入了同伴。同伴的参与意味着自闭症儿童的互动和学习对象不仅局限于教师，还包括同伴，可给予自闭症儿童更多的同伴互动体验，因此，小组课教学也是自闭症儿童教学的基本形式。

一、小组课教学设计的基本原则

(一)需进行先备技能的构建

　　自闭症儿童必须经过个训课的练习才能进入小组课进行学习的错误认识在我国一些学校非常普遍。不过，选择小组课的学习方式确实首先需要儿童具备一些基本的先备技能，如有一定的专注力和语言技能，具备基本的听觉区辨技能，能够玩一些功能性游戏和假装游戏，已经具备观察和模仿意识，这些技能可帮助儿童在小组课的学习中减少辅助依赖，更好地泛化基础技能，同时学习高阶技能。其次，自闭症儿童的问题行为，如破坏性行为、自伤行为、供给行为，也是其进入小组学习的绊脚石，在进入小组学习之前，也需要先对自闭症儿童一些严重性的行为问题进行干预，然后再考虑进入小组学习。

(二)组建适宜的小组同伴

　　小组课的学习并不是无组织无计划的，首先需要确保进入小组学习的自闭症儿童确实在个别化教育计划中体现了小组学习的目标或教学形式。其次，教师应该为适宜的同伴建立小组，如同伴的学习目标相趋近或者互补，同伴的学习风格相类似。适宜的小组同伴可便于教师组织教学活动，准备教学材料，帮助自闭症儿童更好地进行同伴模仿和学习。通常，对自闭症儿童进行小组教学时学生数量是 2～3 人，这样的小组规模既可以帮助自闭症儿童有针对性地泛化个训课的学习内容，又为其提供了进行同伴社交活动的初步尝试，也便于自闭症儿童由一对一的支持学习向集体课学习形式的过渡。

(三)建立积极的正向的同伴关系

在小组教学中，由于自闭症儿童缺乏社会观察和交往的动机，往往更难从同伴处获得正向的愉悦体验，因此在小组教学活动中，教师需将建立积极正向的同伴关系纳入主要的教学目标。教师可将同伴与强化物进行匹配，如自闭症儿童的强化物可经由同伴提供或者在儿童需要帮助时由同伴进行辅助。以下便是将同伴与强化物进行配对的案例。

教师："琪琪，请你找出红色的水果。"

琪琪：找出了红色的水果。

教师："东东，琪琪找对了吗?"

东东："琪琪找对了，奖励琪琪牛奶糖。"

教师："两个小朋友都很棒!"

二、小组课教学内容的选择

(一)对个人技能进行同伴泛化

在小组课中自闭症儿童将面临新的教学环境，个训课也因此成为儿童个人技能泛化的试验场，自闭症儿童在个训课中习得的能力可在小组课中进行泛化，包括人物的泛化、指令的泛化、环境的泛化、材料的泛化等。例如，自闭症儿童在个训课中习得向教师提出关于汽车玩具的要求，教师便可辅助自闭症儿童在小组课中向小组课教师和同伴提出关于汽车玩具的要求。在小组活动中，也可以准备多种多样的汽车玩具，以检验学生是否能使用不同的材料提要求。

(二)建立同伴观察和模仿的技能

在个训课的学习中，自闭症儿童缺乏与同伴共同学习的体验和机会，更多的是夯实个人能力。同伴观察和模仿是自闭症儿童发展的重要里程碑，学会同伴观察和模仿意味着自闭症儿童在无成人示范和监督下也可以进行自发学习，并且能够在与同伴的自然互动过程中习得更多的正向技能。在教授同伴观察和模仿之前，需要为自闭症儿童寻找一个稳定的学习同伴，短时的和偶发的同伴学习不利于前期自闭症儿童同伴觉察意识的建立，因此需在每天的教学中设计 30～60 分钟的同伴学习时间，并持续 2～6 个月时间。在起初，可以通过与强化物配对的方式帮助自闭症儿童建立与同伴的关系，后续可在教学中加入同伴指认、同伴观察和同伴模仿游戏，帮助自闭症儿童在教师的引导下自发地观察同伴。以下是小组课中，教师组织的同伴观察游戏示例。

教师："下面我们来玩'找一找'的游戏。请东东跟甜甜面对面坐好。"(教师可肢体辅助)

学生：东东和甜甜分别坐好。

教师："东东，甜甜今天穿的衣服是红色的还是黄色的？"

东东："黄色的。"(看甜甜)

教师："东东看得好认真！漂亮的黄色衣服。甜甜请回答老师，东东今天穿的是什么鞋子？"

甜甜："小皮鞋。"(看东东)

教师："甜甜看东东了，说对啦！是双亮亮的小皮鞋。"

(三)发展基本的同伴互动技能

在小组教学中，教师需渗透一些基本的同伴互动技能，如身体互动游戏、基本的社会规则和礼仪。自闭症儿童往往可以与成人发展出有意义的社交行为，但是当面对同伴时，他们往往缺乏行为泛化的技能，因此需要进行特别的教学设计和练习。小组课的同伴互动是自闭症儿童社交技能发展的基础，在小组教学中，教师可通过音乐律动帮助自闭症儿童两两进行身体互动游戏。例如，在"拔萝卜""拉大锯"等活动中，儿童不需要进行语言交流，仅要求在律动的提示下进行手拉手、背靠背等身体互动游戏。在这个过程中，儿童与同伴之间有面对面观察和模仿的机会，同时会在同伴的带动和影响下感受游戏的欢快氛围，从而建立最基本的肢体互动技能。一些集体性的社交技能也可以在小组中进行练习，如轮流、等待、分享，这些是儿童进入小组或集体学习的基本规则和礼仪，教师可以在玩玩具、吃餐点、等待领取手工材料等活动中进行练习。在练习时，教师需要提供多样化的场景和素材以帮助学生在不同的情境下展现出对这类社会规则理解和执行的技能。

三、小组课教学活动的设计

(一)给予学生活动的选择权

由于小组课面向的是差异化的自闭症儿童，因此在教学活动的设计上需要考量该小组儿童的优弱势项目，并且通过活动中介对不同儿童的不同技能进行练习。在小组教学中，尽管教学目标和主题教师已经既定好，但是在活动的呈现时，教师需要为儿童提供活动的选择权，以调动儿童活动参与的动机和兴趣。教师可就活动的类型、活动完成的先后顺序、活动的材料、活动的场地、活动的方式等为自闭症儿童提供大量的选择机会，选择可以大大地增加自闭症儿童教学活动的参与感和积极性，减少自闭症儿童逃避和回避行为的发生，并且可以帮助教师更好地探索和理解自闭症儿童偏好的活动类型及方式，以便于为后续的教学做准备。

(二)变换多种活动类型

相较于一对一式的密集回合式教学，小组课的教学更强调自然式和活动式，因此，教师需围绕教学目标和儿童的特点预备多样化的活动类型。一些自闭症儿童的动机非常薄弱，活动和项目的参与度较低，维持的注意力时间也较短，大大影响了其学习的效能和质量，因此，教师在练习目标技能时，可变换多种活动类型，在不同的活动中捕捉学生的动机和教学的机会。通常来说，在小组教学中，对同一目标的教学教师可设置和创编不同的情境激发学生分享的动机。例如，当面对面进行身体游戏时，如同伴打喷嚏或流鼻涕，教师可激发学生分享纸巾的行为；在进行美工活动时，教师可激发学生分享笔和纸巾的行为；在进行玩玩具活动时，教师可激发学生分享玩具的行为。由此在变换的活动中，学生的分享技能得到了自然的教学和泛化。

(三)穿插同伴强化活动

在个训课中，学生的强化物主要来源于教师的口头奖励和实物强化，较少有其他的强化源。小组的教学除了练习基本的社交技能，还包括将同伴与强化物进行刺激物和刺激物的配对练习。高阶的社交技能如同伴观察、同伴模仿始于自闭症儿童对同伴的兴趣和交往动机，但往往同伴起初并不会成为自闭症儿童的强化物，因此需要进行针对性的教学设计将同伴与强化物关联在一起，其中最自然的策略便是由同伴给予强化物。在自闭症儿童成功完成一项活动或者做好行为时，由同伴替代教师立即给予强化，教师可以辅助同伴完成强化活动。这个关联周期需要一定的配对次数和时间的累积，小组课教师应尽可能地为自闭症儿童穿插这些同伴强化活动，以增加儿童对同伴的关注和偏好，从而增强社交互动的发起动机和行为。

(四)设置代币兑换活动

教师在小组课的教学中通常需面向二至三个学生，较难做到1∶1的强化，因此需要将自闭症儿童的强化频次由连续强化过渡到间歇强化。除了使用不固定比率强化策略，代币也是小组教学中的常用强化策略。代币制度既可以延长自闭症儿童消费强化物的间隔时间，也可以减少自闭症儿童在等待强化时的不良情绪。教师可在小组教学中为儿童制作代币板，并通过视觉的方式呈现代币获得的进程和兑换机制。对于功能水平较高的儿童，这种方式既有利于实时调动自闭症儿童的配合和学习的动机，也利于自闭症儿童与同伴发展竞技技能，争先得到代币强化。

四、小组课教学情境的创设

(一)以视觉化的方式呈现规则

小组教学情境是自闭症儿童进行社交学习和练习的试验场。自闭症儿童在与教师或者同伴互动过程中均存在一定的社会规则,由于自闭症儿童对于抽象概念和事物的理解存在困难,教师需寻求视觉化的方式帮助儿童明晰地列举规则,以帮助其有直观性的理解。例如,在上课前自闭症儿童需与教师或同伴打招呼或问好,自闭症儿童可能并不能理解这个仪式的重要性及意义,所以教师可以通过制作提示板的方式标注上课的第一个项目是向教师和同伴问好(文字/图片提示)。在课间活动转换的时候,如果设计有排队的流程,则可以准备排队的视觉提示卡,通过预告和视觉辅助的形式帮助自闭症儿童顺利完成小组活动的过渡,减少活动转换的焦虑感和不适感,避免引发自闭症儿童的情绪和问题行为。

(二)建立主题式区角

相较于家庭和社区环境,教室环境更为单一,因此在教室环境的创设和布置上,教师需为小组课提供更为丰富的活动情境。由于游戏是自闭症儿童进行同伴互动和社交教学的重要载体,因此主题式区角是早期幼儿环境创设的重要策略。在不同的区角设置不同的游戏主题,以便开展有针对性的游戏技能训练,也可以帮助自闭症儿童创设更为丰富的活动类型,进行活动转换,使儿童保持高度的兴趣和参与性。通常主题式区角主要包括以下几类:一、建构游戏区,主要配备的教学材料有积木、拼板、轨道、精细活动材料等,这个区角可以帮助自闭症儿童与同伴共同完成建构性的作品,以发展更为立体和抽象的空间视觉技能;二、假想游戏区,主要配备的教学材料有娃娃家、看医生玩具、房子及家居套装、人物和动物玩偶等,这些材料可以用于自闭症儿童与同伴的假想游戏的教学,帮助其进行更为高阶的社交技能训练;三、运动游戏区,如木马、小型蹦床、小型滑梯、大龙球、沙包袋等,这个区角主要用于自闭症儿童运动和竞技游戏的练习;四、身体游戏区,身体游戏区的玩具配置比较少,主要用于同伴观察和肢体互动的教学,通常教师会在该区域放置音乐播放器,在音乐律动的帮助下组织身体游戏。在自闭症儿童的小组课教室中,往往还会设置冷静区,以应对自闭症儿童不良的情绪反应,或者在该区域教师对儿童情绪进行安抚,待儿童情绪冷静后再回到各游戏区角继续游戏和活动。

五、小组课教学策略的运用

(一)观察性学习策略

在小组教学中，教师需强调学生技能的泛化，进行多重范例教学，强调通过提供不同的材料、指令、场景等来进行概念泛化，但学生往往受限于他人的控制。如果自闭症学生可以通过观察他人来学习，也就是通过观察性学习而融会贯通，而非教师手把手进行目标技能的教导，将会极大提升其概念泛化的能力，还能随时随地获得诸多丰富的学习机会，避免很多试错反应以及更高效快速地掌握技能。近年来，国外学者非常强调教导自闭症儿童观察性学习的能力。例如，在小组活动时可为自闭症儿童提供同伴模仿的机会，教师可以选派一个同伴作为被观察者，并为其提供充分的玩具，在被观察者玩玩具的同时，教师不发出口头指令，但是在桌前为其他学生提供一个写着"跟着同伴做"的视觉提示牌。如果学生去模仿被观察者的行为，教师则进行口头表扬，如果没有做出该行为，则采用由少到多的辅助提示自闭症儿童观察被观察者。另一种对同伴的观察性学习则更为间接，教师不对自闭症儿童进行直接教学，而是对同伴进行教学，自闭症儿童充当观众的角色，需要监督同伴的反应并且报告给教师。如果报告正确，则给予社会性游戏强化；如果报告错误，教师再对同伴进行一次教学，请自闭症儿童进行观察和记录。观察性学习是衡量自闭症儿童学习能力的一项重要里程碑，也是教育研究者和一线教学工作者共同关注的教学策略，关于观察性学习的研究和实践还在不断深入和发展。

(二)同伴介入策略

同伴介入是近年来受到众多研究者关注的社交能力的重要干预方法，需由教师先对普通儿童进行训练，通过指导他们与自闭症儿童建立适当的社交模式，以强化自闭症儿童的社交行为表现。为自闭症儿童及同伴提供互动机会是最为简单的同伴介入方法。在互动的过程中，使用同伴辅导策略，引导普通儿童主动发起并与自闭症儿童发展出目标性的互动技能，如在游戏过程中帮助、引导、带动自闭症儿童参与游戏，采用表扬、奖励等方式对自闭症儿童的正向行为进行强化。同伴介入策略主要用于我国融合幼儿园环境下，可以在普通幼儿园的教室进行，也可以在学校的游戏场或者个训教室进行。更为常见的是，在一些自闭症儿童的家庭中，有普通发展的兄弟姐妹的自闭症儿童往往是使用同伴介入策略获益最多的群体，由于长时间的伴有稳定同伴并且得到高频的同伴示范、辅助和强化，自闭症儿童的社交能力更易被激发。

小结

　　自闭症在教学上主要有个训课和小组课两种授课形式，在进行教学设计时，教师首先需要制订关于自闭症儿童学习目标的个别化教育计划方案，并对学习目标进行分析和分解。在进行教学设计时，教师需要根据教学目标制订适合的教学内容，组织趣味性的教学活动，创设有利的教学情境，激发学生的学习动机，选取有针对性的教学策略。在教学中，整合多项考量往往并不是一件易事，需要教师在教学中不断进行摸索和调整。

思考题

一、单项选择题

教学设计要注重（　　）

A. 设定难一点的目标　　　　　　B. 侧重社交练习多一些

C. 制订近两年完成的目标　　　　D. 清晰表述目标

二、简答题

1. 请简述个训课教学设计的注意事项。

2. 请简述小组课教学设计的注意事项。

三、论述题

　　如果一个自闭症儿童基本技能较好，但严重缺乏同伴观察和学习能力，你该如何帮助他进行教学设计？

延伸阅读

　　1. 刘昊：《孤独症儿童的行为教学》，北京，华夏出版社，2010.

　　2. 协康会编著：《孤独症儿童训练指南：全新版·教学策略》，广州，广东海燕电子音像出版社，2016.

　　3. 王梅等：《孤独症儿童课程与教学设计：兼论特殊教育的课程》，北京，北京大学出版社，2014.

　　4. 于素红：《特殊教育教学设计》，上海，华东师范大学出版社，2016.

第四章

自闭症儿童的教学程序与行为管理

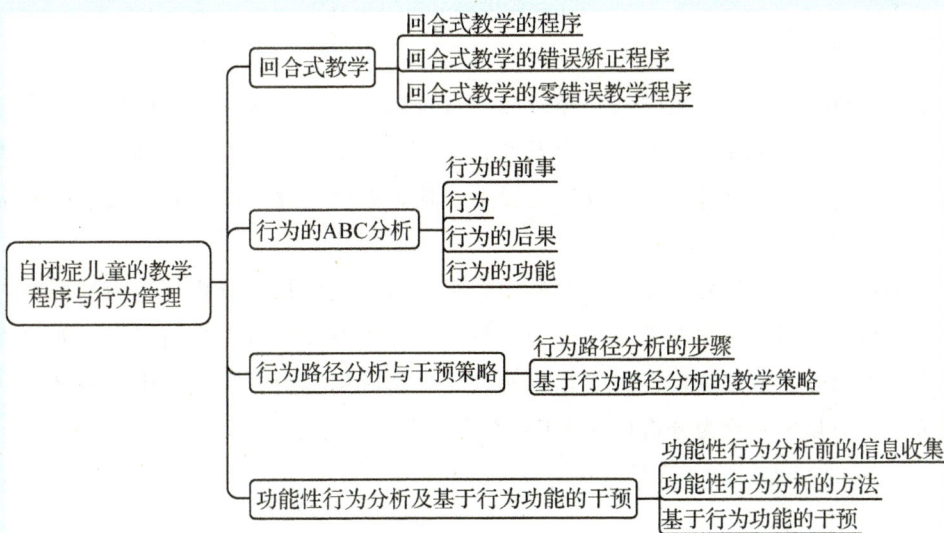

```
                                    ┌─ 回合式教学的程序
                          回合式教学 ┼─ 回合式教学的错误矫正程序
                                    └─ 回合式教学的零错误教学程序

                                    ┌─ 行为的前事
                          行为的ABC分析┼─ 行为
                                    ├─ 行为的后果
                                    └─ 行为的功能
自闭症儿童的教学
程序与行为管理
                          行为路径分析与干预策略 ┬─ 行为路径分析的步骤
                                            └─ 基于行为路径分析的教学策略

                                    ┌─ 功能性行为分析前的信息收集
                          功能性行为分析及基于行为功能的干预┼─ 功能性行为分析的方法
                                    └─ 基于行为功能的干预
```

本章概要

1. 什么是回合式教学程序，并详细介绍了回合式教学中的错误矫正程序和零错误教学程序。

2. 如何进行行为的 ABC 分析。

3. 如何使用行为路径分析对自闭症儿童的问题行为进行分析与干预。

4. 功能性行为分析在自闭症儿童问题行为的干预中的应用。

学习目标

1. 了解回合式教学流程，能根据目标设计教学计划，需要用到错误矫正程序和零错误教学程序。

2. 能根据某个学生的一个问题行为，分析该行为的 ABC，并尝试对该行为进行功能性分析，如可能，对该问题行为进行实验性功能分析的设计。

3. 能结合某问题行为的功能，制订相应的行为干预策略。

导　　读

前文提到了自闭症儿童的核心障碍和学习特征，并提出通过教育评估的方式能够有效评量自闭症儿童在各领域的能力发展状况。在了解儿童已有能力和不足时，就要有针对性地为儿童提供教学，在教学过程中，教师需要通过实施不同的教学策略帮助儿童习得技能。

目前，针对自闭症儿童的教学策略中，很多是以应用行为分析理论为基础的。应用行为分析是一门研究和提升人类行为的科学，它主要涉及行为如何习得，如何通过控制改变行为等多个领域，自闭症儿童的教学只是应用行为分析领域中的一部分。本章将介绍部分以应用行为分析理论为基础的教学程序。

第一节
回合式教学

回合式教学(Discrete Trial Teaching，简称 DTT)又称离散式教学、具体单元教学，是基于应用行为分析理论形成的一套教学程序，通过高度建构程序的教学方式，为自闭症儿童提供更多的学习机会，目前这种教学方法经过实证的研究表明能够有效地应用于自闭症儿童的教学。一个回合包含三个部分：教师向学生发出一个指令，学生表现出一个反应，教师发出一个反馈。回合式教学的目的是帮助个体学习不能自发出现或者在一般的学习中不能获得的技能，回合式教学的高度结构化的设计能够帮助它适用于任何年龄段的教学、干预。

回合式教学采用一对一教学，一名教师每次教授一名儿童，因此其特点是个别化、简洁以及建构性强，能够帮助儿童最大化提升学习效率。回合式教学在应用过程中有以下几个原则：第一，教学目标难度应当和自闭症儿童现有功能水平匹配。教学目标的选择能够在操作层面上决定儿童的完成度和完成效果。当儿童完成某一目标后，还应根据已掌握的技能泛化出更多的相关技能或者更加复杂的技能。第二，使用提示。提示能够帮助教师引导儿童建立目标行为或发出目标语言，它可以是任何形式的引导方式，如握住儿童的手帮助他们完成拍手的动作，用口型提醒儿童文字答案等。当儿童能够完成目标行为之后，教师应当逐渐减弱提示程度、减少提示数量，让儿童真正做到自发完成目标行为。第三，回合式教学包括对行为结果的系统反馈以及系统训练方式，直到确保儿童掌握目标行为。例如，当儿童出现正确行为后应当给予儿童表扬、玩具、食物、游戏等儿童喜爱的东西，作为正强化。

回合式教学有六个要素组成。第一个是回合（Trial），回合式教学由一系列的教学回合组成。每个回合以教师向儿童布置任务（前事刺激）为开始，如果儿童表现出正确的行为，教师对儿童进行强化，回合结束；如果儿童表现出错误行为，则进入纠错环节，直到儿童完成目标行为。第二个是任务（前事刺激），每一个回合都是以前因事件的出现作为开始的，可以是教师的指令，也可以是任务的一部分等。例如，教师向儿童提问"哪张图片是正方形"可以作为一个回合的开始，它能够在接下来唤起儿童回答问题的行为。对于每一个回合来说，前因事件应当是被确定的、一致的，应当明确地被写入儿童的项目计划中。第三个是提示，提示应当在前事刺激出现之后出现，并且应当通过尽可能自然的方式进行提示，这样能够帮助儿童产生正确目标。需要注意的是所有的提示在干预中要逐渐消退，确保儿童能够独立完成目标行为，这种提示的消退也是完成回合式教学的过程之一。第四个是回应，即应用行为分析的行为部分，回应应当和特定的前因事件相匹配，在研究设计的过程中应当写清楚正确反应的标准。回合式教学中，被试者可能出现独立完成正确回应、在提示下出现正确回应、错误回应和无回应四种反应。第五个是强化（即结果）。为了增加儿童出现目标行为的可能性，不同的反应要采用不同的强化，当儿童表现出正确的行为时应当及时给予强化。强化要根据儿童的兴趣和偏好来选择，它可以是任何形式，如表扬、实物、游戏等。第六个是泛化，它指的是当儿童学会一个特定的技能后，儿童将新学会的技能运用到未教授的情境中，可以是对不同刺激、情境、人物进行泛化，也可以是对时间进行泛化，即所说的维持。

回合式教学应用广泛，可以有效地运用到多种技能的教学中，如模仿、语言、游戏技能、日常生活技能、减少刻板行为和问题行为、课程技能的学习等。

一、回合式教学的程序

回合式教学是依据行为分析的原理发展起来的一种教学方法，它具有严格的教学程序，回合式教学一共有四个基本步骤，分别是：教师呈现教学材料及发出教学指令，儿童做出反应，教师反馈结果和间歇，具体流程见图4-1。

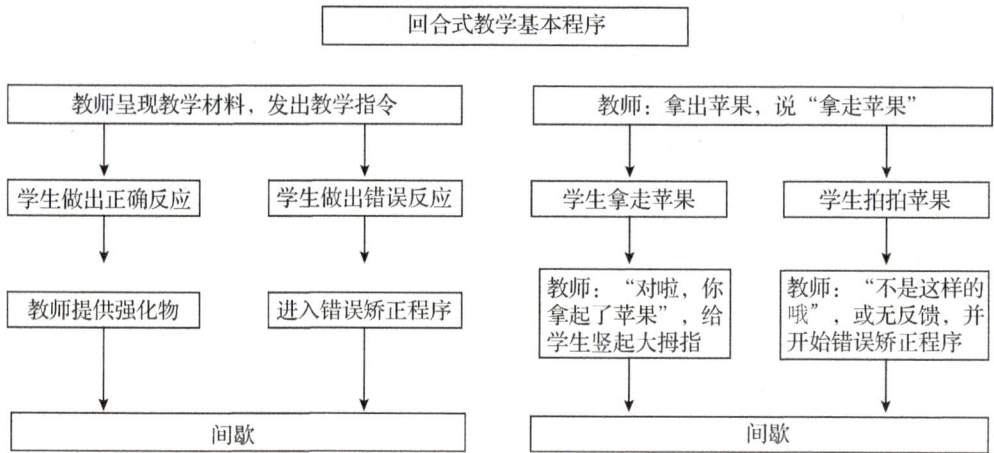

图 4-1　回合式教学基本程序

回合式教学开始前，教师应当做到以下几点：一是确保教室里对儿童没有不必要的干扰，以及为教师和儿童提供舒适的教学环境；二是了解每个教学任务的目标、步骤、正确反应、教学方法的使用；三是准备好教学材料，便于教师取用；四是确定适当的强化物，并提前准备好，便于教学中使用。

第一步，教师应当向学生呈现教学材料。教学材料呈现过程包括对教学材料的合理摆放，如与儿童的距离，物品摆放的位置；教学材料自身的表现状态，如黑白照片、实物、模型等。当教学材料向学生呈现完毕后，教师应当向学生发出指令。教师在向儿童发出教学指令时，应当注意以下几点：①使用匹配儿童语言能力的简洁语句，如向儿童说"给我车"，而不是"你知道哪一个玩具是小汽车吗？"等。②呈现的任务必须要和儿童现有能力水平相匹配，确保任务所需的先备技能儿童已经掌握。③使用自然、友好和清晰的发音。④使用能引发特定任务的、确定的刺激材料和语言。⑤在每一个回合中只下达一次指令。例如，教师拿出印有彩色苹果的照片，摆放到桌面正中间，用手指向图片中的苹果，并向儿童发出指令，问："这是什么水果?"如果重新下达指令则视为新一回合的开始。

第二步，儿童做出反应。在发出指令到儿童做出反应之间教师应当给儿童3至5秒的反应时间，让儿童理解教师的提问，以及思考答案。在儿童进行反应的时间内教师应当保持安静，耐心等待，让儿童独立完成，之后再给予儿童反馈，中间不能打断儿童，不应当显出任何带有提示性的行为，如眼神紧盯某一种图片、做出口型、触碰教学材料等。儿童的正确反应是教师在研究计划中希望出现的行为或者是符合实际场景的行为。例如，对于这是什么水果的提问，儿童可以回答"苹果"，也可以回答"一个苹果"。除正确行为外的其他行为均不是期待出现的行为。

第三步，教师针对儿童的教学反应提供反馈。儿童的反应大致分为两种，一种是正确反应，一种是除正确反应之外的反应。对于正确的反应，教师应当立刻对儿童进行强化，向儿童提供强化物。如果儿童未表现出正确的反应，则进入错误矫正程序(详见下一部分)。儿童除正确的反应之外，还有其他几种行为表现的可能，一种是无反应的表现，即在反应时间内，儿童安静地坐在座位上，关注于教学，但没表现出任何和指令有关的行为，如盯着图片不说话等。一种是错误反应，即对指令做出反应，但是给出的反应不是教学计划中规定的行为，如将苹果的图片说成草莓，儿童对问题做出了回答，但是给出了错误的答案。一种是自动纠错行为，即儿童先表现出除正确行为之外的反应，未在任何提示下自发表现出正确反应，如面对苹果的照片，先回答"草莓"，而后立刻回答"苹果"。还有一种行为是问题行为，包括儿童离座，出现刻板行为、攻击性行为、毁坏教学材料等行为等。当儿童出现无反应、错误反应和自动纠错反应时，教师应当启动错误矫正程序。儿童出现问题行为时，教师应当制止儿童的问题行为，安抚儿童后重新开始教学回合。

第四步，回合与回合之间的间歇。在新一回合开始前教师应当安排短暂的间歇。间歇可以让儿童有短暂的休息，还可以帮助儿童在回合与回合之间加以区分，形成前因事件—反应—后果的联结。同时间歇还能够为教师提供准备教学材料和记录儿童在本回合表现的时间，为新一个回合做好准备。间歇的时间不宜过短，避免儿童无法分清前后两个回合，以及教师下一回合的材料准备不充分。间歇时间也不宜过长，一般以2至5秒为宜，过长会让儿童过度放松，失去教学应有的状态，影响下一回合的教学。当进行数个回合之后教师可以安排一个较长时间的间歇，或者当切换教学内容时，教师也可以通过较长的间歇帮助儿童做好接受下一项教学内容的准备。

二、回合式教学的错误矫正程序

当教师发出任务指令后，儿童出现无反应、错误反应和自动纠错反应后要进入回合式教学中的错误矫正程序。错误矫正程序分为五个步骤：停止—辅助—转换—干扰—测试，具体流程见图 4-2。

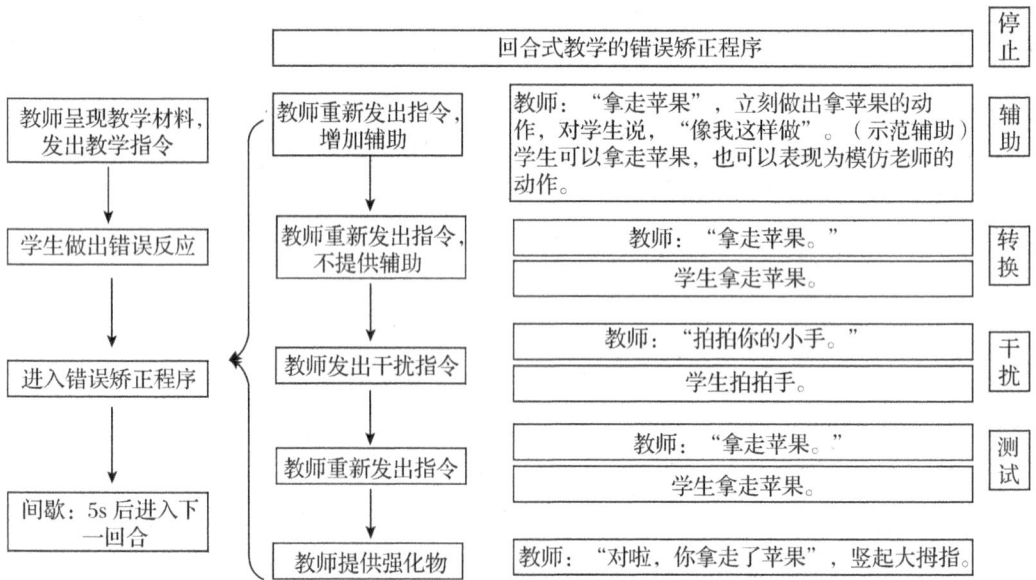

图 4-2　回合式教学的错误矫正程序

第一步，停止。当儿童在回合式教学的反应阶段中出现了无反应、错误反应和自动纠错反应，教师应当停止儿童的错误和教学回合，不对儿童的反应给予任何和行为有关的强化，对儿童的反应进行忽略，对于耐挫性强的儿童可以明确指出他的行为是不对的。

第二步，教师向儿童提供必要的辅助。教师向儿童重新发出指令，在指令发出后紧跟必要的辅助，辅助的等级要能够使儿童做出正确反应，且又不能够提供过度的辅助。例如，需要儿童做出说出"苹果"的反应，教师可以在指令后向儿童做出"苹果"的口型。如果儿童做出正确反应则教师给予强化，进入下一步骤；如果儿童仍没有表现出正确反应，教师则可以进一步增加提示，如说出"苹果"，继续等待儿童反应，直到儿童表现出正确反应。

第三步，转换程序。教师在向儿童提供辅助之后，再次向儿童发出指令，再次发出的指令要和回合发起时的指令一致。如果儿童能够表现出正确的行为则进入下一步骤；如果儿童没有表现出正确的反应，则返回第二步，向儿童提供更进一步的辅助后，重新开始转换，直到儿童能够表现出正确的反应。

第四步，干扰环节。当儿童在辅助的基础上，在转换环节中表现出正确行为后，要启动干扰环节。干扰环节能够帮助教师判断儿童技能的掌握情况。在干扰环节中教师应当向儿童呈现一些与教学内容不相关的简单任务，这些用于干扰的任务尽量选择儿童已经掌握的任务，如跟教师一起拍拍手，指一指你的眼睛等，否则还要对干扰任务进行错误矫正，增加了教学回合的难度，打断了原有教学任务的节奏。在干扰过程中，教师也应当对儿童正确完成的干扰任务进行强化。

第五步，测试环节。在测试环节教师向儿童发出和回合开始时一致的指令，并等待 3 至 5 秒。如果儿童表现出正确的反应，则立即对儿童进行强化；如果儿童回答错误，则重新开始错误矫正程序。

在错误矫正的过程中，可以适时地向儿童提供社会性的强化，如"你很认真"等，以鼓励儿童认真参与教学的行为，鼓励儿童积极参与、积极表现，避免儿童因为重复性的任务和受挫而对教学甚至是教师产生厌烦感。错误矫正程序的目的是通过辅助、干扰等环节，帮助儿童了解、学习、记忆正确的反应，是回合式教学中不可缺少的一部分。

三、回合式教学的零错误教学程序

回合式教学中另一重要的教学程序是零错误教学。零错误教学是在教学过程中直接提供适当的辅助，不给儿童在教学过程中犯错误的机会，零错误教学主要适用于新授课。这种方式能够减少儿童犯错误的机会，减少儿童记住错误反应的可能性，因此零错误教学经常在回合式教学中被使用。

零错误教学的教学程序和错误矫正的教学程序相似，它没有停止步骤，包括辅助、转换、干扰和测试四个步骤，具体教学流程见图 4-3。

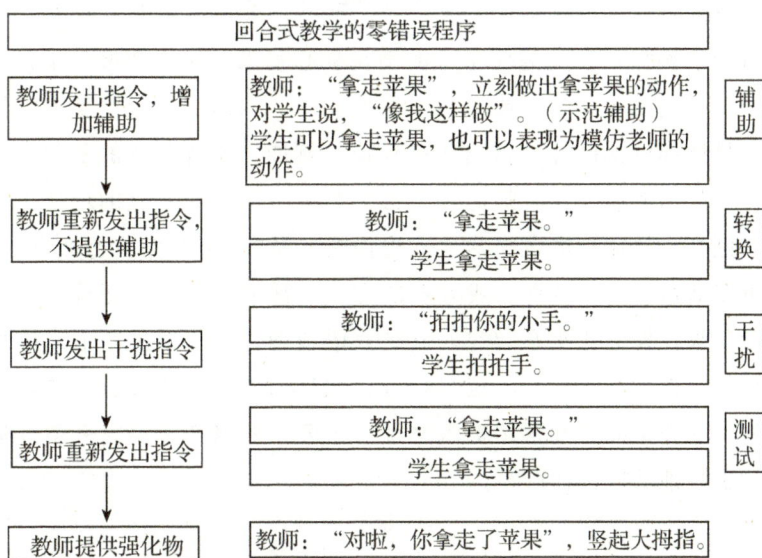

图 4-3 回合式教学的零错误教学程序

第一步，辅助。教师摆好教学材料之后向儿童发出指令，教师发出指令之后立刻给儿童呈现辅助，儿童在教师辅助下做出正确的反应，这时教师可以给予儿童社会性的强化，如"你真棒！"，帮助儿童加深对正确反应的印象。在教学过程中，教师应当根据儿童的表现逐步适当地减少指令，直到儿童能够独立对教学任务做出正确反应。

第二步，转换。在转换过程中教师重新向儿童发出指令，但不提供任何辅助，等待儿童3至5秒反应。如果儿童做出正确反应，则对儿童进行鼓励，并进入下一个教学步骤；如果儿童表现出无反应、错误反应和自动纠错反应则进入错误矫正环节，由于零错误教学在第一次指令发出时已经向儿童提供过辅助，儿童在转换环节中发生错误的可能性远远降低。

第三步，干扰。和错误矫正环节相同，教师向儿童发出和教学任务无关的简单任务，作为干扰指令，并要求儿童完成。如果儿童正确完成，则进入下一教学环节；如果儿童表现错误，则先对干扰任务进行错误矫正，然后重新进入教学环节。

第四步，测试。教师重新向儿童发出和回合开始时相同的指令，等待儿童3至5秒的反应时间。如果儿童独立做出正确反应，则立刻给予儿童强化，并进入间隔，准备开始下一回合，此时的强化物应当是整个教学回合中强化程度最大的；如果儿童表现出错误行为，则进入错误矫正程序，直至儿童做出正确反应。

零错误教学流程和错误矫正程序都涉及辅助，其差别在于零错误教学作为教授儿童新任务的教学程序，辅助采用的是从大到小的提供方式，而错误矫正程序的辅助提供方式是从儿童所需要的最小的辅助开始，逐步增大。在自闭症儿童教学的过程中，常用的辅助形式有以下几种。一是全辅助，又称身体辅助，在这种辅助条件下，教师和学生发生大量的接触，帮助儿童完成任务，不过，教师需掌握好程度，保证儿童仍然有自己的行为。例如，教师握住学生的手，拿起苹果，在这个过程中，可能学生仍需要花很小的力气完成抬起手臂或抓住苹果的动作。二是部分身体辅助，教师通过触碰儿童不同的身体部位帮助儿童做出正确反应。例如，触碰儿童的手臂，提醒儿童抬起手拿苹果。三是示范辅助，教师通过亲自为儿童做出正确反应的示范，帮助儿童完成正确反应。例如，教师一边拿起苹果一边提醒儿童"你可以像我这么做"。四是指示辅助，教师可以通过指出关键物品或方向的方式，帮助儿童完成正确反应。例如，教师可以指一指苹果，提醒儿童拿起它。五是言语辅助，教师通过言语或口型提醒儿童正确反应。例如，教师可以提醒儿童"你可以拿起苹果"。回合式教学能够采用的辅助方式多种多样，除介绍的五种常用提示之外，还可以根据实际情况采用其他不同的提示，帮助儿童更快地掌握目标行为。

第二节
行为的 ABC 分析

针对自闭症儿童的行为管理，基本上都会对行为进行 ABC 分析。A 就是"Antecedents"意指前事，B 就是"Behavior"意指行为，C 就是"Consequence"意指结果。因此行为中的 ABC，就是指"前事—行为—结果"的关联。具体而言，前事是指个体某一个特定的行为发生之前的所有环境要素的总和，行为是指个体发生的特定活动，而后果是指当个体行为发生后与之相连的环境改变。我们可以通过一个教学中常见的例子来帮助教师进一步理解行为的"前事—行为—结果"。

一、行为的前事

具体而言，行为发生的前提既可以是物质环境，也可以是人文环境。我们知道，"物质环境"是指行为发生时的物理环境，"人文环境"是指行为发生时的社会环境。本书的第二章所介绍的环境创设就是指创造出适合教学的前事。教师可以呈现让学生表现出目标行为的环境或者线索，为学生出现目标行为创造条件。当我们想教导学生贝贝向教师主动寻求帮助的行为，我们可以将贝贝最喜欢的小汽车放在他能看见但是拿不到的书架上面，当贝贝想要拿到小汽车的时候，教师可以刚好"路过"。于是贝贝可以向教师提出寻求帮助的请求。对于普通学生而言，我们如果想要塑造主动学习的行为，也可以采取创设环境或者提供线索的策略。在教室环境中，对于拥有较好的文字阅读水平的学生，可以在教室中张贴各种行为规范的提示语，如"请勿大声喧哗""尊敬老师、友爱同学"等；对于文字阅读能力较弱的学生，教室中可以布置大量的图片提示，帮助学生理解课堂常规。

二、行为

教师在对学生的行为进行记录时，需要明确行为的主要特征：

其一，行为是具体且可观察的。行为并非是个体静态的特征，而是指一个人在某个场景下具体的行动。例如，我们经常说学生上课"不守纪律"，但是这里的"不守纪律"是一个主观的评价，而非客观的行为描述。对于行为的定义必须是具体的、可观察的以及可描述的。我们可以用更为明确的如"上课走动""拍打桌子""发出呜呜的声音"

来定义不守纪律的行为，而非仅仅使用主观性的描述为学生贴上"不守纪律"的标签。

其二，对于行为的测量具有多维度的指标。我们所要求教师需要关注的行为，是具有一定尺度和标准而可以测量和记录的，只有可以测量的东西才可以使用科学的数据来支持其合理性。对于"行为"而言，可以测量它的频率（小明一个小时内咬了五次手指甲）、持续时间（小红坐在地上哭了五分钟）、强度（小林用八十分贝的声音尖叫）等。

其三，行为的发生必须要对环境产生影响。这个外界环境可以是指物质环境，也可以指人文环境（别人或者自己）。例如，当按动电灯的开关，灯亮了（对物质环境产生了影响）；当儿童大声喊"妈妈"，妈妈过来了（对人文环境产生影响）；当吃了两个大大的包子，感觉肚子好饱（对自己产生了影响）。

三、行为的后果

一个行为增加或者减少最为关键的原因就是其后出现的那个后果。后果越是个体所喜欢的，行为就会出现得越多，后果越是个体所厌恶或者逃避的，行为就会出现得越少。要改变行为发展的趋势，对于前事的调整改变的确有一些作用，但是更为关键和根本的还是对于行为后果的操纵，因为后果是导致行为趋势变化的最根本原因。

儿童躺在地上哭闹时，妈妈为了让儿童停止哭闹给了儿童一包零食，那么妈妈给儿童零食的行为就无意中强化了儿童哭闹的行为，以后儿童想获得零食时，就有可能采用躺在地上哭闹的形式。这个例子中，获得零食是儿童喜欢的后果，因此会强化儿童哭闹的行为，增加哭闹行为日后发生的概率。

如果行为的结果是儿童厌恶的，则儿童行为发生的可能性就会减少。例如，儿童碰到水壶被烫了一下，儿童以后摸水壶的概率就有可能降低。被烫到会令儿童产生疼痛，儿童会厌恶或者逃避这种疼痛，而减少摸水壶的行为。

四、行为的功能

行为的发生或维持往往是因为行为出现之后的后果是个体所满意的，所以个体通过不断发出特定行为，获得想要的结果，这就说明个体行为的出现是具有一定功能的。有一些行为能够使个体获得愉悦感和满足感，这样的行为属于具有正强化功能的行为，而使个体摆脱或逃避痛苦的行为则是具有负强化功能的行为。对于行为的强化过程，能够通过个体自身实现的，被认为是自发性的强化；通过他人而实现的强化，称为社会性的强化。因此根据强化的种类和强化实现的途径可以将行为的功能分为四种类型。

行为的第一种功能是社会性正强化。具有社会性正强化功能的行为可以帮助儿童从他人处获得实物、活动、注意等，如儿童通过拍打自己的头以获得家长的注意。

　　第二种功能是自发性正强化，儿童不需要依赖他人，能够从行为本身获得强化，具有这类功能的行为一般与儿童的自我刺激有关，如儿童通过抓挠桌面获得听觉上的刺激。

　　第三种功能是社会性负强化。儿童通过行为，并借助他人避免或逃离他不喜欢的刺激。例如，儿童每次上课尖叫都会被教师带出教室，那么儿童尖叫的行为就具有帮助儿童逃离他不喜欢的课堂的功能。

　　第四种功能是自发性负强化。儿童通过行为，不需要借助他人就能够逃离或避免厌恶刺激，如在班级同学讨论时，儿童通过离开教室逃避嘈杂环境。

第三节
行为路径分析与干预策略

　　自闭症儿童尽管有一些行为不能被社会所认同，但是从应用行为分析的角度上看，它们是因为具有一定的目的和功能，才会被儿童表现出来，因此在干预的过程中应当关注问题行为的功能，而不是关注问题行为的形式。对于自闭症儿童问题行为的干预一般需要两个步骤解决：一是发现问题行为的潜在功能，二是寻找有效的行为和替代性行为。这两个步骤可通过行为路径分析的方法进行整合。

　　行为路径分析的理论基础仍然采用功能性行为分析的逻辑模式，认为多种行为可能对应一种功能；而面对同一种功能，人们可能会选择不同的行为。如果有一种和问题行为功能相同的积极行为出现时，人们更会被期望去选择积极行为来表达功能。因此，行为路径分析的目的就是找出问题行为的功能，找出能够代替问题行为的积极行为，将其作为教学计划的目标，设计积极支持行为计划，使得原有问题行为的出现减少甚至消失，促进个体在日后表现出更多积极行为，以达成行为的功能。

　　对于自闭症儿童来说，针对他们的行为路径分析则是通过功能性行为分析，找到问题行为的功能所在，然后选择适当积极行为，运用适当的教学策略建立积极行为，使原有的问题行为出现以下三种状况：一是失去必要性，即原有问题行为不是达成目的的唯一行为；二是失去效率，即出现比原有问题行为更加简单易行的行为；三是失去效果，即原有问题行为的出现不能达到目的。当原有问题行为出现以上三种状况时，儿童表现出问题行为的可能性就会降低，并更愿意通过积极的行为达到行为目的。

一、行为路径分析的步骤

基于应用行为分析理论和积极行为支持理论，行为路径分析主要有以下几步：①确定问题行为；②确定问题行为的前因事件；③确定问题行为的维持原因；④确定问题行为相关的诱因；⑤设计期望行为发生的场景；⑥找到维持期望行为的原因；⑦确定替代问题行为的积极行为。可以看出，行为路径分析的前四步是基于应用行为分析理论总结出来的，在此基础之上，教师应当开始进行第五步至第七步的教学设计，即积极行为部分的设计。

第一至四步的作用在于找到和问题行为相关的信息，并对问题行为的功能进行初步的分析，帮助教师清楚了解诱发问题行为的条件，以及维持和强化问题行为的条件。实际上，问题行为不断出现的原因就是在某种条件下得到了强化，而问题行为的功能决定了强化和维持问题行为的条件。实际生活中，如果自闭症儿童不断地表现出问题行为，这就说明，在某些场景或者是某种条件下该问题行为被强化过，并且能够导致在日后遇到相同的条件或场景该问题行为还会继续发生。例如，儿童在课堂上反复出现尖叫的行为，每次都会被赶出教室，而在日后课堂上这种尖叫行为继续出现，则说明儿童的尖叫行为的功能有可能是为了逃避课堂，而教师的行为无意中强化了儿童的问题行为，那么，日后儿童想逃避上课时，采用尖叫行为这种方式的可能性就会增大。

第五步至第七步是对即将建立的积极行为的描述。首先，它应当和问题行为的功能是一致的，这样才能够有效地替代问题行为。其次，选用的积极行为必须是能够帮助自闭症儿童更好适应社会的行为，或者更能被社会所接受的行为。最后，所选择的积极行为应当是人们所期望发生的行为。

例如，当自闭症儿童选择用推小朋友的方式获得玩具时，教师所选择的替代行为应当和推的行为有相同的功能，能被社会接受，同时又是被期望出现的行为。根据以上要求可以选择让儿童用指一指的方式向其他小朋友发出"要玩具"的要求行为，教师则可以采用适当的提示降低任务难度，帮助儿童完成，并且要和班级其他的小朋友约定好，如果儿童通过指一指的方式提出玩玩具，则应当尽可能满足他的要求。如果该儿童在要玩具时出现推小朋友的行为，则不要给玩具，并向教师报告。

为自闭症儿童选择积极行为时应当有以下考虑：①积极行为应当是儿童已经会做或者是能够学会的行为。②选择的行为应当比问题行为更容易达到相同的功能，要便于儿童使用。③在相同的条件下，积极行为应当比问题行为更容易出现。基于以上三点，可以将所选择积极行为特点记为和问题行为特点相反的三点：必要性、效率高、有效性。

可以看出，行为路径分析最终能够呈现的内容涉及行为的各个因素，包括前因事

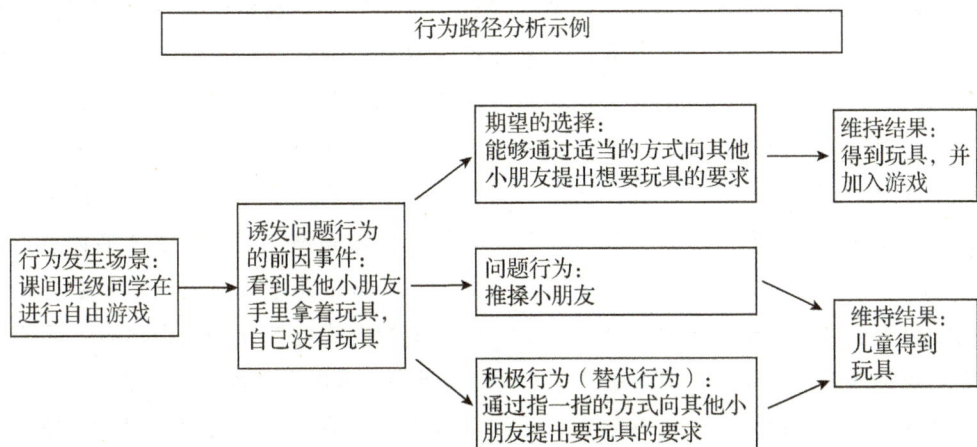

图 4-4　行为路径分析示例图

件、行为本身、强化等。除了提到的通过建立积极行为来减少问题行为的发生，同样也可以通过调节前因事件来减少问题行为的发生，这可以采用但不限于以下前因事件调整策略，如调整儿童所在的环境、教学任务的布置、儿童从环境中获得的支持等。但是调节前因事件可能带来的弊端是，虽然儿童问题行为减少，但是也没有出现积极行为。所以在实际教学过程中，通过建立积极行为来减少问题行为的方式更加普遍，因为这种方式既能减少问题行为，同时又增加了被期望行为的发生。

二、基于行为路径分析的教学策略

为了能够更好地帮助儿童建立积极行为，可以根据问题行为出现的三种情境进行教学设计。

第一点是让问题行为失去必要性，使积极行为获得必要性。当其他行为能够达到同样的功能，那么问题行为对儿童来说就不是唯一一种能够达到目的的行为，问题行为也就失去了必要性。在教学过程中可以选择简单易行的积极行为来替代问题行为，面对同样的功能，儿童可能更愿意选择简单的方法获得强化。如果选择的替代行为简单，它本身出现的可能性就会更高，获得强化的可能性也更高，而问题行为发生难度较高，获得强化的可能性又小，一段时间后积极行为的发生率会上升，而问题行为的发生率会降低。例如，儿童经常通过用头撞墙的方式获得妈妈的拥抱，教师帮助儿童选择用张开双手的形式去替代用头撞墙的方式去获得妈妈的拥抱。对于儿童来说张开双手的动作简单易学、易行，并且在教学过程中，只要儿童张开手就能够获得拥抱，而用头撞墙的行为会给儿童带来疼痛感，因而，儿童有可能选择简单易行，且没有痛感的积极行为去向妈妈寻求拥抱。

第二点是让问题行为失去效率，使积极行为变得有效。在教学过程中，要保证积极行为能够更快、更容易地获得强化。教师可以通过人为控制强化的方式来操控积极行为和问题行为获得强化的速度、强度和可能性。在初期，对于出现的积极行为，教师可以立刻给予高强度的强化，对于问题行为教师可以选择延迟满足或者忽视等方式使问题行为实现功能的效率降低。例如，儿童如果采用哭闹的方式能够立刻结束任务并获得教师的安慰，而提出休息的要求会被教师要求做完剩下的两道题才能休息，在这种情况下积极行为比问题行为更不容易获得休息，所以儿童日后表现出积极行为的可能性会变小。如果教师处理的结果相反，提要求的方式能够立刻获得休息，而哭闹的方式需要再做完两道题，则儿童日后出现提要求的行为的可能性就会增加。

第三点是让问题行为失去有效性，让积极行为变得有效。在教学过程中，如果问题行为对儿童自身及其他人没有伤害风险，教师可以采用忽视儿童问题行为的方式使问题行为失去功能。同时面对儿童出现的积极行为，教师要及时给予强化，让儿童感受到积极行为是有效的。例如，儿童如果通过扔东西的方式来逃避任务，教师可以忽略儿童的行为，或将儿童扔掉的东西重新摆到儿童面前，继续要求儿童完成任务，这样扔东西就失去了其原有的功能。如果儿童采用食指顶住另一只手手掌心的方式请求暂停任务，教师在行为建立初期可以满足儿童的要求，让儿童了解，在请求任务暂停这一要求上，扔东西不能达到该项功能，而摆出规定的手势则能够达到该功能。一段时间后，儿童可能会更偏爱使用摆特定手势这一行为提出暂停任务。

第四节
功能性行为分析及基于行为功能的干预

应用行为分析其特点之一就是分析性，它注重确定刺激与行为之间的功能关系，明确行为发生的原因和行为改变的因素。因此应用行为分析的观点认为，人的行为都是有目的的，问题行为也同样具有其功能。如果要对自闭症儿童的问题行为进行干预，就要通过功能性行为分析，判断问题行为的功能，从行为的功能入手减少儿童的问题行为。

一、功能性行为分析前的信息收集

功能性行为分析是一个针对儿童问题行为的个别化的问题解决过程，用于确认儿童问题行为的目的和功能。教师或者干预人员会通过一定的方式搜集信息，然后根据信息分析的结果确定儿童问题行为的功能。所以功能性行为分析分为信息收集和分析两大步骤。虽然收集资料和分析资料的方法有很多种，但是，无论哪种方法都要从问题行为的 ABC 入手，即行为发生的前事、行为本身以及行为发生的后果，对这三个关键信息进行分析后确认行为的功能。

(一)前事部分信息的收集

前事部分的信息收集主要包括两部分：一是收集有关问题行为发生的环境的信息；二是与儿童自身相关的信息。环境信息包括物质环境和人文环境，指的是问题行为发生前儿童所处环境中出现了什么人、发生了什么事等。例如，妈妈出现了，教师给儿童布置了任务，教室外面突然出现了装修的声音等，都可以作为前事部分的资料进行收集。

要注意的是，在收集前事信息资料时，一定要关注紧邻问题行为的资料，并且要尽可能全面。例如，某天下午，教室外面出现了嘈杂的装修声音，一段时间后教师走进了教室，接着教师向儿童布置了穿珠子的任务，然后儿童出现了尖叫的问题行为。在尖叫行为出现前，按照时间顺序依次出现了噪音、教师进教室和布置任务三件事，离儿童问题行为出现最近的情境是教师布置了任务，所以在收集前事信息时就要关注布置任务这一信息，因为这是最有可能直接导致问题行为出现的前事信息。

儿童自身相关信息包括儿童的生理状况、能力、情绪等。有时儿童出现问题行为并不一定是由外部因素导致的，还有可能是儿童自身因素导致的。例如，当儿童头疼时可能就会出现拍打头的行为来减缓疼痛；当教师布置穿 20 个珠子的任务，儿童十分努力也只能完成 10 个时，也可能会通过问题行为表示不满。

(二)行为信息的收集

行为信息的收集不仅仅包括发生了什么问题行为，还应当包括问题行为的多维度的信息。这些信息包括行为发生的频率、持续时间、两次行为发生的间隔时间(两次行为的反应间隔)、强度，以及前因事件发生后多长时间出现问题行为等。这些信息可以帮助教师或者干预人员对行为有更加全面的了解，有助于更加准确地对儿童问题行为的功能进行分析。

例如，收集尖叫这一问题行为的相关信息，可以收集尖叫发生的时间点：上课后 3 分钟、22 分钟、27 分钟、30 分钟、37 分钟；尖叫的频率：一节课 40 分钟，发生了 5 次；尖叫的持续时间：分别为 60 秒、35 秒、75 秒、150 秒、93 秒；两次尖叫之间的反应间隔：第一次尖叫和第二次尖叫中间间隔 15 分钟等。通过这些信息就能够看出，上课时间越长儿童问题行为发生得越密集，那么教师就有可能将调整上课时间作为减少儿童问题行为的辅助方法。

在收集行为信息的过程中可以借助表格，使记录更准确、更清晰，教师或者干预者可以根据需要自行设计表格。表格示例见表 4-1（有关问题行为次数、时长和反应间隔的统计）。

表 4-1　行为观察记录表

日期		儿童姓名	
观察行为		观察者姓名	
序号	开始时间	结束时间	时长
1			
2			
3			
4			
5			

(三)行为发生后果的信息收集

行为发生后果的信息包括两部分：一是外界环境的变化；二是儿童行为的变化。

外界环境的变化可以是他人的动作、物理环境的变化等，如教师将儿童带离教室、房间的灯亮了、家长给孩子零食等。这些外界的环境变化能够影响到儿童的行为，也就是说这些外界环境的变化在很大程度上就是儿童发出行为的目的，和儿童行为的功能紧紧相连。对于这部分信息的收集要注意关注与行为发生后紧密相连的变化，在一般情况下，行为发生后出现的环境变化最能够直接影响行为。例如，儿童在出现哭闹的行为后，教师先让他离开教室，然后又给了他零食。那么在哭闹这一行为的后果中，距离行为发生最近的变化是教师将儿童带出了教室，那么带出教室最有可能包含着儿童发出哭闹行为的目的。

行为的变化是指儿童问题行为的改变，主要以程度的改变为主，可以是停止、减弱、加强、维持不变等。行为的变化反映了环境变化的效果，问题行为的停止或者减弱往往代表着环境的变化达到了儿童出现问题行为的目的，而问题行为的增强，可能意味着环境的变化没有使儿童的问题行为达到目的。例如，儿童上课尖叫后，教师将他带出教室，尖叫行为停止，说明教师带他出教室这一环境变化满足了儿童哭闹的目的——可能是逃离教室环境，也可能是逃避上课等。如果在被带出教室后儿童的尖叫行为仍然没有改变，说明离开教室并不是儿童尖叫的目的，儿童的尖叫并没有完成其功能，所以尖叫还会持续。

二、功能性行为分析的方法

对于自闭症儿童行为的功能性分析，一般有三种方法，分别是：间接评量、直接观察和实验性功能分析。

(一)间接评量

间接评量多用于初期接触儿童时，此时教师对儿童并不熟悉，这时需要采用间接评量的方法，通过儿童的家长、教师以及其他相关人员，对儿童的问题行为进行初步的了解。间接评量包括访谈、问卷调查等多种不直接接触儿童的方式。间接评量的目的是获得关于问题行为及其前事、后果的客观资料，如时间、情境、频率等，帮助教师缩小调查的范围。

间接评量时，首先要找到儿童的问题行为。提问前，教师可以向受访者简单说明什么是问题行为，如会对儿童自身或他人造成伤害的行为、影响儿童在学校学习生活的行为等。受访者可以根据其平时对儿童的了解罗列他所认为的问题行为。在这一过程中，教师需要大致判断儿童需要优先处理的问题行为，并在接下来的访谈中着重提问。一般情况下，将对儿童自身和他人人身安全有威胁的行为作为优先处理的行为。

然后，教师可以通过加深对儿童自身的了解，如生活作息、饮食、疾病史、学习等方面，确定儿童最有可能需要解决的问题行为，并对这些问题行为的相关信息进行进一步了解。这时需要对问题行为的前事、后果的相关信息进行搜集，并要求受访者进行详细的解释，以便教师能够尽可能判断问题行为的功能。在提问时要注意尽可能对客观信息进行提问，尽量避免对受访者进行有关主观判断，即为什么的提问。例如，可以向受访者提问"问题行为一般会在什么时间发生"或者"问题行为发生前儿童经历过什么事"，尽量避免提出"您认为儿童为什么会有这样的行为"等问题。如果在提问过程中，受访者给出的答案不够精确，教师应当对答案进一步追问，获得更为确切的信息。例如，当受访者回答"行为经常发生时"，教师应当进一步追问"频率大约是多少，一周三次、一周一次，还是两周一次"等。

最后，教师要通过对间接评量中收集到的信息进行整理，对问题行为的前事及后果进行分析，初步确定问题行为的功能。

(二)直接观察

当教师通过访谈初步了解自闭症儿童的问题行为后，应当通过直接观察进一步对问题行为的相关资料进行收集，更为准确地得到问题行为的功能。另外，直接观察往往是在儿童学习生活的自然状态下对儿童的问题行为进行观察和记录，收集到的资料更贴近儿童的真实情况。

直接观察法中有多种记录行为数据的方式，其中最常见的是 A-B-C 观察法，它要求教师使用一定的表格对行为及其前因和后果进行记录（示例表格见表 4-2），如果条件允许还可以在记录时附加有关行为的其他信息，如频率、时长、发生的时间等。A-B-C 观察法的表格可以帮助教师获得有关行为前事、后果的清晰的记录，便于教师对行为的功能进行分析。

表 4-2　A-B-C 观察法记录表

观察时间		儿童姓名		
行为 （Behavior）	前事 （Antecedents）	后果 （Consequence）	行为功能	备注
扔东西	教师布置了穿 20 个珠子的任务。	教师不理睬，儿童继续扔东西； 教师把他带离任务区，儿童行为停止； 教师要求暂停任务，坐好，儿童行为停止。	逃避任务	

除了表格中涉及的有关行为前事和后果的记录，教师还可以借助相关行为观察记录表对行为的其他信息进行收集，作为对儿童问题行为功能分析的辅助资料。

（三）实验性功能分析

间接评量和直接观察法两种方法在一定程度上能够有效帮助教师分析出问题行为的功能，但是这两种方法是基于教师的经验判断和假设，并且难以对一些功能不是非常明确的行为进行有效的功能分析，这时教师可以采用实验性功能分析，通过相关实验控制得到有关行为的准确数据。

根据对控制条件进行分类，实验性功能分析主要分成三类：一是控制前提条件的实验性功能分析，包括前提条件的出现与消失、前提条件的强弱等；二是控制结果的实验性功能分析；三是控制前事和结果的实验性功能分析。

在实际的评估过程中，教师可以借助特定情境，向儿童提供一定的前事刺激，以及行为发生后的自然后果，来判断问题行为的功能。一般情况下，会设立四个情境，每个情境时间相同，一般控制在 15 至 20 分钟。第一个情境是作为控制组的游戏情境，用于和其他情境进行对比。游戏中教师会尽可能满足儿童的各种需求，对儿童进行高度的关注，并且不会给儿童下达任务和指令，也不会对儿童出现的问题行为进行介入（除自伤、攻击性行为等会造成人身伤害的行为外），尽可能为儿童提供一个自然的状态。第二个情境是给予注意情境。在这一情境中教师要求儿童做自己的事情，当儿童出现问题行为后，教师给予儿童关注，并观察问题行为是否继续。第三个情境是给予任务情境。教师在这一情境中适当地给儿童布置任务，并通过口语、示范、肢体辅助等方式，逐渐增加任务。当儿童出现问题行为时，则撤销任务，一段时间后继续布置任务，同时观察儿童在撤销任务后问题行为的变化。第四个情境是独处情境，主要用于确定儿童的问题行为是否是自我刺激。在这一情境中儿童没有玩具或者其他物品，教师也不与儿童互动，也不给儿童安排任何任务。

安置儿童在这四个情境中，记录问题行为的出现次数，并通过图表进行直观的反馈，示例见图 4-5。如果儿童的问题行为在给予注意的情境中出现的次数明显多于其他行为，儿童问题行为具有获得关注的功能；如果儿童的问题行为在给予任务的情境中出现次数明显多于其他情境，儿童问题行为具有逃避任务的功能；如果儿童的问题行为在独处的情境下发生较多，则问题行为具有自我刺激的功能；如果问题行为在上面四个情境中出现的次数相差较少，则需要考虑问题行为有可能和儿童生理上的痛苦有关。

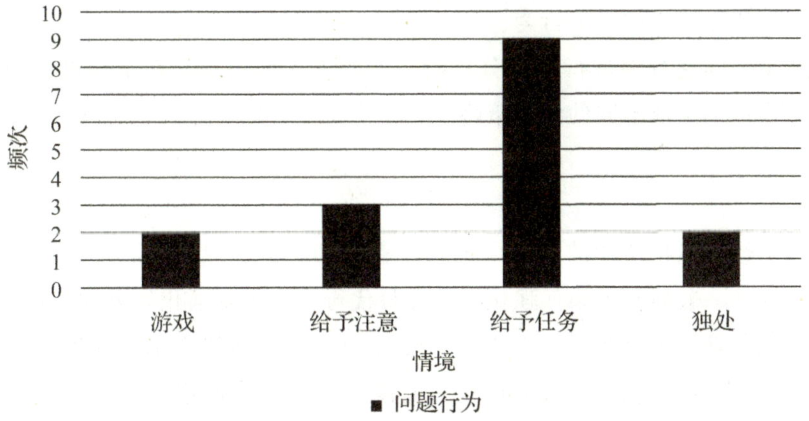

图 4-5 逃避任务功能示意图

实验性功能分析能够较为准确地判断行为和其功能之间的对应关系，但是实验性功能分析需要教师为儿童多次创设不同的实验情境，整个过程耗时长，并对教师的能力有一定的要求，同时数据也并非是儿童自然状态下的数据，因此，实验性功能分析更加适用于研究，而非实际的教学或者干预。

三、基于行为功能的干预

基于行为功能的干预是一个以功能性行为分析为基础的行动计划，它以为儿童提供行为服务为目的，通常以帮助儿童建立恰当行为为目标，使儿童获得和原有不恰当行为相同的强化。另外，在干预过程中还要注意，当不恰当行为发生时，要减少或消除儿童从中获得的强化。

🔗 案例

　　一名儿童经常大喊大叫，影响到他人生活。经过功能性行为分析后发现其行为的目的是获得父母的关注，那么基于行为功能的干预就需要为儿童寻找一个同样能产生获得父母关注的恰当行为，如说"看我"。在对儿童进行干预时，增强说出"看我"这一行为的强化作用，即父母看向儿童或者给予儿童回应等，同时也要减少大喊大叫这一不恰当行为的强化作用，即儿童大喊大叫时，无法得到"父母关注"这一强化。

　　2016年年底，美国教育部 What Works Clearinghouse 根据相关研究标准，对17项有关儿童的基于行为功能的干预进行研究，并公布其结果：认为基于行为功能的干预可以有效地应用于学校参与、问题行为和社会适应等方面，具体表现在自我监控、课堂行为管理、恰当获得同伴及成人的关注等多个行为的建立上。这说明基于行为功能的干预应用广泛，并能取得较好的效果，儿童在干预过程中，不仅能减少或消退不恰当行为，还能够建立积极的行为。

　　当对儿童的问题行为进行功能分析后，就要进入到干预。在干预过程中，针对不同功能的行为可以采取不同的教学策略。

(一)对具有社会性正强化功能的问题行为的干预

　　具有社会性正强化功能的行为一般以获得实物、活动以及他人的注意为主，对于这类问题行为，一般通过无条件强化、建立替代行为和区别强化等方式进行干预。

　　无条件强化是指无论儿童是否表现出良好行为，教师都会定期或不定期地给儿童关注、实物或者活动等刺激，以满足儿童的需求。教师在使用这一方法时，要先评估儿童问题发生的平均时间，教师提供刺激的时间间隔应当小于问题行为发生的间隔时间，这样会增加儿童对需求的饱足感，从而减少儿童通过问题行为获得强化的机会。

　　例如，儿童在个训时，会通过扔玩具的行为要求看教师手机里的动画片，教师准备采用无条件强化的方法减少儿童在个训时问题行为的发生。教师对儿童两次扔玩具之间的时间间隔（反应间时间）进行收集，发现平均时间为10分钟。那么教师在个训时，可以借助计时器，为儿童每9分钟提供一次看动画片的机会，提前满足儿童对动画片的需求，预防儿童问题行为的发生。

　　在很多情况下，教师不可能持续地为儿童提供无条件强化，这就需要教师帮助儿童建立与问题行为有相同功能的替代行为，让儿童使用能够被他人所接受的方式提出自己的要求。替代性行为的形式有很多种，如果儿童有一定的语言能力，可以教授儿童通过语句、词语等表达自己的需求；对于语言能力较弱的儿童或者是没有语言能力的自闭症儿童，可以教授他们使用简单的动作或者图片等方式表达需求。在替代行为的建立过程中，要对儿童进行足够的关注，当儿童发出正确行为后应当及时满足其要求，对于问题行为的出现，可以对其进行忽略，使其失去相应的功能。例如，儿童通过扔玩具来表示要看动画片时，教师教授儿童通过说出"动画片"的方式来向教师表达意愿。儿童说出"动画片"时教师应当鼓励儿童的行为，并提供动画片。

当儿童已经掌握正确行为后，可以采用区别强化的方式，帮助儿童习得使用正确行为表达意愿的习惯。区别强化有两种，一种是区别性强化替代性行为，即儿童表现出适当的替代性行为时，教师及时提供儿童所期望的活动、实物或者关注，当儿童出现问题行为时对问题行为进行忽略；另一种是区别性强化其他行为，即特定时间段内，儿童不出现问题行为，就给予儿童所期望的活动、实物或者关注。

例如，当儿童具备使用语言文字"动画片"表达要看动画片的能力时，就要对儿童使用区别性强化替代性行为的方式，帮助儿童养成使用语言文字的习惯。当儿童说出"动画片"时，教师要及时给予儿童表扬并提供动画片；当儿童出现扔玩具的行为时，教师应当对扔玩具的行为进行忽略，同时提醒儿童可以使用语言进行表达。如果在某些情况下，教师不具备及时提供动画片的条件，则可以用区别性强化其他行为的方法，即根据儿童平均 10 分钟就会索要动画片的频率，向儿童提出 8 分钟内不扔玩具就可以看动画片的约定。如果 8 分钟内儿童没有扔玩具，则向儿童提供动画片；如果儿童出现扔玩具的行为，则重新计时 8 分钟。

（二）对具有自发性正强化功能的问题行为的干预

具有直接正强化功能的行为以自我刺激为主，对于具有自发性正强化功能的问题行为一般通过提供丰富环境、提供替代性感觉强化，以及感觉消退等方式进行干预。

为儿童提供丰富的刺激环境，可以增加儿童从其他物品中获得感官刺激的可能性，从而起到替代儿童的问题行为的作用。例如，儿童喜欢通过开关房间的灯来获得视觉上的刺激，家长则可以在儿童房间布置一些可以发光、反光或者能够闪亮的装饰物，儿童能够直接从房间的装饰中获得视觉上的刺激，可能就会减少频繁开关灯的行为。

为儿童提供替代性的强化是指提供与维持问题行为相同的感官刺激的替代物，逐步替代儿童的问题行为。例如，儿童喜欢用拍打耳朵的方式获得听觉上的刺激，那么可以教授儿童使用一些简单的打击乐器，让儿童通过击打乐器来获得一定的听觉刺激，也可以教会儿童使用电子设备播放音乐，让儿童从音乐中获得听觉上的刺激，来替代儿童拍打耳朵的行为。

感觉消退法是指通过一定的方式，使儿童不能通过问题行为获得他想要的感官刺激。但是这一方法在使用时要注意对儿童进行相同功能替代性行为的教学，否则儿童可能会使用新的问题行为来获得感官刺激。例如，儿童通过抓挠桌面获得听觉上的刺激，那么教师可以通过将桌面用软布盖住的方式，使儿童在抓挠桌面的过程中听不到声音，从而减少儿童抓挠桌面的行为。同时，教师可以教会儿童使用手机播放音乐来帮助儿童获得听觉刺激，以防止儿童出现习得抓挠其他物品获得听觉刺激的行为。

(三)对具有社会性负强化功能的行为的干预

社会性负强化一般指逃避功能，儿童通过行为来逃避他厌恶的实物、情境或者活动等。对于具有社会性负强化功能的行为，一般可以采取调整任务、增加选择、建立替代性行为、区别强化和无条件逃避等方式进行干预。

其中，建立替代性行为、区别强化和无条件逃避的方法与针对社会性正强化功能的问题行为的干预方法相似。建立替代性行为即用具有相同功能的可接受的行为替代问题行为，同样能够使儿童逃离任务。区别强化也包含两种：一种是区别性负强化替代性行为，即儿童使用恰当方式提出逃离任务时，满足儿童的要求，儿童使用不恰当方式表达希望离开任务时，对其进行忽略，使问题行为失去原有的功能；另一种是区别性负强化零反应频率，即特定时间段内，儿童没有出现问题行为就给儿童休息的时间。无条件逃避是指不管问题行为有没有发生，定期或不定期地给儿童休息的机会，减少问题行为的发生。

除此之外，教师还可以通过调整任务来减少问题行为的发生，包括调整任务的时长、改变任务完成的方式、调整任务难度、根据儿童的兴趣设置任务等方式。例如，当教师向儿童布置整理玩具的任务时，儿童会表现出哭闹等问题行为表示对任务的拒绝，那么教师可以通过改变任务难度的方式减少儿童拒绝任务的可能性。教师可以向儿童先提出，将积木放到柜子里，当儿童完成后，教师可以给予儿童一定的休息时间，然后再向儿童提出把拼板放到柜子里，以此类推，直到儿童完成整理玩具柜的任务。可以看出，教师通过改变任务布置的方式和增加休息时间，使得儿童最终完成了整理玩具的任务，因为对儿童来说，看到一整个柜子的玩具，可能会使儿童产生畏难心理而拒绝任务，但是当教师将任务拆分后，任务难度降低，儿童能够轻松做到，拒绝任务的可能性就会降低。

另外，教师还可以通过增加儿童选择权的方式，让儿童在一个他能够接受的情境下完成任务，减少儿童对任务的拒绝。例如，整理玩具柜时，教师可以先问儿童"你想先整理积木还是小汽车?"，然后让儿童主动选择想整理的玩具，这样儿童能够先从自己愿意整理的部分开始，逐步完成全部的整理任务。

(四)对具有自发性负强化功能的行为的干预

自发性负强化功能的行为一般指减少自身感官上或者身体上的不适感的行为。对于具有自发性负强化功能的行为，教师应当联系医疗服务机构对儿童进行生理上疾病的检查与治疗，而不是采用一般的行为干预的方法，也不能忽视儿童发生的行为。当儿童的生理上的痛苦解除后，教师可以继续对儿童的问题行为进行评估，分析其功能，然后在排除自发性负强化后，再对问题行为进行干预。

小结

　　本章主要介绍了以应用行为分析为理论基础的几种教学和行为管理方法，希望教师能够根据自闭症儿童的不同情况，合理地选择要使用的教学策略，帮助儿童掌握新的技能、习得新的行为、减少问题行为。回合式教学步骤明确，环节与环节之间分割明确，便于儿童和教师进行回合的区分。行为的ABC，即前事—行为—结果的关联，涉及行为发生前的环境要素、行为本身和行为发生后与之相连的环境的改变。应用行为分析认为，行为是具有功能的，因此根据对行为及其前事和后果的分析，行为共分为社会性正强化、自发性正强化、社会性负强化和自发性负强化四种功能。同样，问题行为也具有其相应的功能，要对问题行为进行干预就要对其做功能性分析，通过间接评量、直接评量和实验性功能分析，收集有关行为及其前事、后果的信息，得出问题行为背后的功能，并针对其功能进行干预。

思考题

一、单项选择题

1. 回合式教学又称（　　　）

A. 离散式教学 　　　　　　　　　B. 应用行为分析教学

C. 随机轮换教学 　　　　　　　　D. 随机试验教学

2. 在对行为进行分析时，要关注行为的（　　　）

A. 前事、行为 　　　　　　　　　B. 行为形态

C. 行为功能 　　　　　　　　　　D. 前事、行为形态、后果

3. 挑战性行为通常具有哪些功能？（　　　）

A. 要求实物、要求关注、逃避、自我刺激

B. 要求实物

C. 要求实物、要求关注

D. 自我刺激

二、简答题

1. 简述回合式教学的要素。

2. 简述功能性行为分析的一般方式。

三、论述题

请结合一个自闭症儿童个案，针对其挑战性行为进行功能分析并撰写干预计划。

延伸阅读

1. 黄伟合，贺荟中：《功能性行为评估与干预：如何应对特殊需要学生的行为问题》，北京，华夏出版社，2013。

2. 李芳，李丹主编：《特殊儿童停用行为分析》，北京，北京大学出版社，2011。

3. 昝飞编著：《积极行为支持：基于功能评估的问题行为干预》，北京，中国轻工业出版社，2013。

4. ［美］John O. Cooper，Timothy E. Heron，William L. Heward.，*Applied Behavior Analysis*，Harlow，Essex，England，Pearson，2014。

第五章

自闭症儿童教具制作

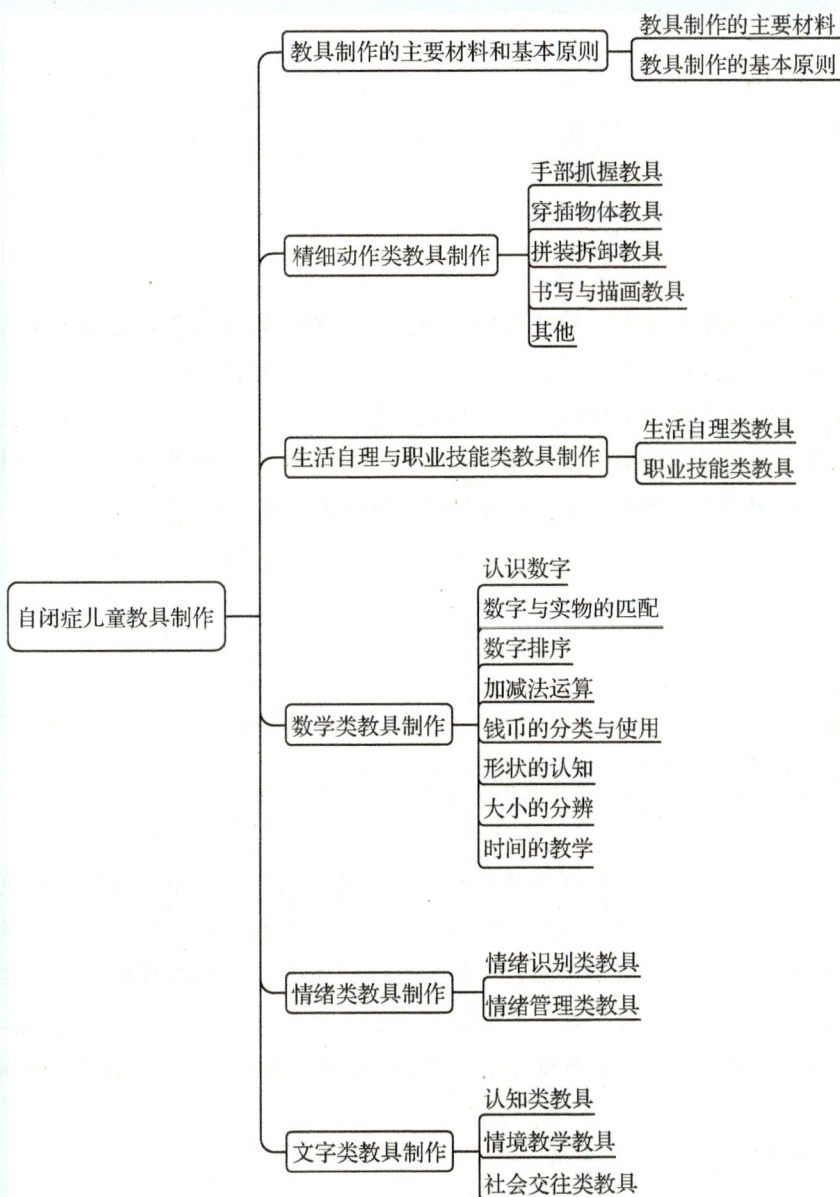

```
                                          ┌─ 教具制作的主要材料
                    ┌─ 教具制作的主要材料和基本原则 ─┤
                    │                     └─ 教具制作的基本原则
                    │
                    │                     ┌─ 手部抓握教具
                    │                     ├─ 穿插物体教具
                    ├─ 精细动作类教具制作 ──┼─ 拼装拆卸教具
                    │                     ├─ 书写与描画教具
                    │                     └─ 其他
                    │
                    │                     ┌─ 生活自理类教具
                    ├─ 生活自理与职业技能类教具制作 ─┤
                    │                     └─ 职业技能类教具
                    │
                    │                     ┌─ 认识数字
                    │                     ├─ 数字与实物的匹配
                    │                     ├─ 数字排序
自闭症儿童教具制作 ──┤                     ├─ 加减法运算
                    ├─ 数学类教具制作 ─────┼─ 钱币的分类与使用
                    │                     ├─ 形状的认知
                    │                     ├─ 大小的分辨
                    │                     └─ 时间的教学
                    │
                    │                     ┌─ 情绪识别类教具
                    ├─ 情绪类教具制作 ─────┤
                    │                     └─ 情绪管理类教具
                    │
                    │                     ┌─ 认知类教具
                    └─ 文字类教具制作 ─────┼─ 情境教学教具
                                          └─ 社会交往类教具
```

本章概要

1. 自闭症儿童教具制作的主要材料和基本原则。
2. 关于精细动作类教具、生活自理与职业技能类教具、数学类教具、情绪类教具、文字类教具的制作与实例展示。

学习目标

能根据教具制作的基本原则，结合学生的教学目标，设计并制作不同类别的教具。

导　　读

在特殊学校课堂教学中，教师使用的教具是重要的教学资源，是自闭症儿童在学习新知识过程中感知的主要对象，更是自闭症儿童习得技能、泛化技能、实现独立的重要媒介。教师应根据教学目标为自闭症儿童提供可独立操作的教具，帮助自闭症儿童的各项技能在反复练习中得以维持和泛化。因此本章将对教具制作的主要材料和基本原则以及精细动作类教具、生活自理与职业技能类教具、数学类教具、情绪类教具、文字类教具的制作进行详细介绍，以期为教师在教学活动中制作教具提供参考和借鉴。

第一节
教具制作的主要材料和基本原则

鉴于自闭症儿童的核心特征及其认知、学习的特殊方式，相关教具制作更要精细化和可操作化，有明确的开始和结束的标志。所有的任务材料都装在一个界线清晰的容器中，如托盘、盒子、篮子、桶、文件夹等，通过一目了然的材料组织方式，清晰地呈现出该操作任务的所有步骤，尽量让自闭症儿童在没有他人的手势提示和口语辅助的情况下能够独立完成。本节将介绍自闭症儿童教具制作的主要材料和基本原则。

一、教具制作的主要材料

教具制作的主要材料分为容器和操作物两个部分。容器通常具备两个特征：一是让各个教具材料都能简明有序地呈现，以保证各个教具的材料不会混淆，任务前的准备与结束后的收纳方便快捷；二是教学任务可以在容器中进行，任务之间也互不干扰。操作物就是在容器中儿童可以根据教学目标进行任务操作的系列物品。这些物品一般体积较小，带有认知的线索（如颜色、大小、用途等），方便儿童手部操作，如带孔的扣子、珠子、拼图等，自闭症儿童可以通过操作这些物品，达到练习某种技能的目的。

（一）容器的制作

教具材料主要取自日常生活中常见的物品。目前制作容器教具的材料一般采用带盖的盒子（如鞋盒、饼干盒、首饰盒、塑料盒等）、带盖的罐子（如带塑料盖的咖啡罐、带螺旋盖的饼干罐或坚果罐等）、水杯、制作冰棒的托盘、装鸡蛋的底盘、塑料篮子、小水桶等；也可以对已有容器进行改造，如将矿泉水瓶或易拉罐的头部减掉只用底部做容器。

很多教学任务如投入或抓取物品的任务都要使用带盖的罐子。教师可以根据教学任务对教具进行改造，如用剪刀在盖子上剪一个"×"或"＋"形口，不仅可以增加练习手部抓取的难度与灵活性，还可以为自闭症儿童增加一点触觉刺激，满足自闭症儿童对于触觉的需求。同时这种标志还有利于帮助儿童集中注意力，将抓取的物品通过该标志投放进罐子中。

一些带有不同颜色的教具可以吸引儿童的注意，同时还可以进行认知教学。因此在准备任务材料时要选择带有颜色的杯子、盒子等，或者在普通盒子上用彩笔涂上颜色或画上图案。有时为了节约资源，也可以将图案或颜色画在纸上，再将纸贴在盒子上，不使用的时候可以将纸撕下来，盒子可以多次利用。

（二）操作物的制作

操作物的教具制作范围较广，教师可以根据儿童的具体能力制作适合的教具。常见的可用作操作物的物品包括可以用于完成分类和匹配任务的操作物：普通卡片（可将卡片按照内容分类或归档，如水果、洗漱用品等）、拼图游戏带图案的小块、不同颜色的珠子、雪花片等游戏材料（用于点数或颜色的配对）、小玩偶或人偶、扑克（按照图形或数字进行配对）、积木（可按颜色分类，与描述颜色的文字配对，找规律、点数，或者配组）、乐高（可按颜色、大小、形状分类或组装模型）；可以用于完成精细动作任务的操作物：玻璃球或弹珠（可用于放入和取出任务）、曲别针、衣夹、燕尾夹等（可用于训练手指抓握、捏取动作）、皮球（用于训练抛接动作）、吸管、扣子、冰棒棍、螺钉等；可以用于认知教学的操作物：绘本图书（硬质书页便于保存及指认）、涂鸦画册、蜡笔、彩纸等文具用品。

在制作操作物教具时，为了方便操作物的展示与整理，需要进行一些特别的设计。

1. 尼龙扣的使用

许多教具(如图片类的)材料可以使用尼龙扣将其贴在黑板或墙壁上,便于展示与抓取。尼龙扣是很方便的贴合材料,将带钩的一面贴在操作物上,将被钩的软面贴在容器上,这就使教具的使用更加灵活,且可以反复使用。如图 5-1 所示,尼龙扣使数字图片使用起来更方便。

图 5-1　尼龙扣的使用(北京市朝阳区安华学校提供)

2. 大、小容器的分装

由于一些操作物体积较小,因此需要根据特征用小容器分装操作物,便于整理与分辨。也可将小容器嵌入大容器中,使其可以作为一个任务的整体完整地展示在儿童面前。如图 5-2 所示,不同颜色的扣子分装在对应颜色的小杯子内,所有小杯子放在一个大盒子里。

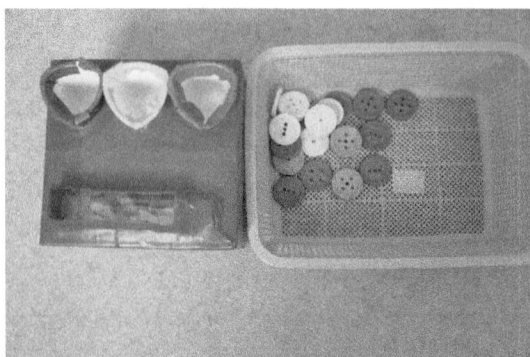

图 5-2　小容器分装示例图(北京市朝阳区安华学校提供)

3. 教具的收纳与标记

由于一些操作物体积小、数量多、类别繁杂,教师通常会把教具集中放置在教室的某一区域,导致今后在选用教具时需要花费较长的时间。所以在教具制作完成后,可以通过在教具的容器上粘贴其名称或示意图对其进行标记,教师还可将同一用途的教具整合起来。

图 5-3　教具收纳与标记(北京市朝阳区安华学校提供)

二、教具制作的基本原则

通常情况下，普通儿童在没有外界指导时也可以探索出正确使用教具的规则与方法，并能将注意力集中在教具上，因此他们可以在自然环境中不加引导自由玩耍就能得以发展。然而大多数自闭症儿童并不具备这种能力，他们不会主动探索教具的正确玩法，注意力也容易被无关的事物或细节所吸引，不能专注于教具的玩耍与使用，无法自发地获取教具和活动的意义。例如，有的自闭症儿童喜欢看玩具车的轮子，在教学中他会一直关注车轮子，而不会进行其他的教学活动；有的儿童喜欢玩搭积木，但是却喜欢把积木排成一条直线，而不是按照教师要求进行游戏。如果按照普通儿童的教学方式以及教具制作的原则对自闭症儿童进行教学，很难取得教学效果。因此教师需要根据自闭症儿童的核心特征，利用儿童的视觉学习优势，帮助他们理解教具的用法和意义，对教具材料保持注意力，最终习得教学技能，达到教学目标。因此教师在进行教具制作时，需要注意以下原则。

(一)视觉优势原则

众多研究表明自闭症儿童在接受性语言存在困难的情况下，无法有效地接受或处理听觉信息，所以大部分自闭症儿童偏向视觉学习的方式，比起社会性和语言性的材料，他们往往更易注意并接受视觉材料。因此，教师在教学活动中适时地运用表格、实物、图片、符号等各种视觉提示，最大限度地将教学任务以视觉化的形式展示给儿童，可以帮助自闭症儿童理解学校日常活动、时间顺序、课程内容等，从而更好地融入教学活动。利用自闭症儿童的视觉学习优势，在教具制作中要尽可能多地提供视觉线索。视觉线索要简单明确，尽量使教具的用途直接呈现给儿童，以简洁的图形或符号、文字等给儿童一目了然的提示，避免较多的文字、符号等扰乱目标信息。因此在制作教具过程中，教师需要注意以下几点。

首先，教具形式明确化。要给儿童展示明确的教学目标，即能够让儿童理解教具的用途与意义。通过视觉提示，儿童可以通过模仿等策略完成教学任务。教师可以提供示范提示，让儿童知道如何去完成任务。

其次，教师可以限定教具数量来实现视觉明确化。教学任务中存在较多的教具材料容易使自闭症儿童产生畏难情绪，很难集中注意力，在众多的教具中不知从何下手，降低完成任务的动机。因此教师可以分步骤依次呈现教具，使儿童每次面对一定数量的材料，帮助其理解教具的用途及目的，以练习教学技能，提高完成任务的动机与信心。

图 5-4　限定教具数量实现视觉明确化示例

最后，教具要有顺序地摆放。与随意摆放的教具材料相比，按照顺序一个个分开排列的教具更容易帮助儿童集中注意力，尽可能避免自闭症儿童随意玩弄那些零乱的小零件。这样即使没有教师的指导，儿童也可以按照要求来操作教具。在摆放材料时，教师应注意各个零件不要间隔太远，排列方向为左右或上下排列。在制作过程中，可以使用尼龙扣将零件固定在容器上，可以帮助儿童一次只取一个，并能防止儿童弄乱材料；对于需要分类的教具，可以使用有隔板的容器（如干净的调料盒、蛋托等）将教具按顺序放入，这无疑增加了教具的视觉明确化。

(二)结构化原则

由于自闭症儿童的注意力易被与教学无关的事物吸引，因此在教学过程中从教具的准备、实施教学到课后整理都要井然有序。首先，教具材料的准备要集中，每次课前教师都应把需要的材料按照顺序放在容器中，依次展示给儿童；其次，在教学中教具的摆放和操作要有序，严格按照教学要求摆放教具，如从左至右或从上到下依次摆放教具；最后，课后将教具有序放入相应的收纳容器中。结构化的组织摆放教具材料，不仅有利于训练学生要按照游戏规则完成教学任务，不能以自己喜欢的方式或自认为的形式完成任务，同时还有利于教师与儿童进行教具的整理与分类，使整个教学过程更加简练、有序。

(三)个性化原则

自闭症儿童间高度的异质性要求教学目标与策略等要根据每名儿童的特点单独制订，教具的制作也不例外。每名自闭症儿童的教具材料都要依据其认知程度、学习优势及兴趣等进行制作。在制作教具之前，教师要根据教育评估确定儿童的能力水平，包括智力、学习方式、严重程度、先备技能等，教学任务难度要适合儿童当前的水平，教具也应适合其任务难度。其次，教具的制作要考虑儿童的兴趣爱好与排斥物，如将教具材料换成儿童喜爱的颜色、使用儿童喜欢的玩具或形状制作图卡等，以保持儿童对教学任务的兴趣。最后，教学内容和教具的选择应当考虑儿童的注意力持续水平(时间)，教师需要根据儿童的注意力水平设定合适的任务量，任务量过少不能达到最佳训练目的，任务量过多会降低儿童的完成动机，儿童会产生抗拒或厌倦的心理。

(四)安全性原则

所有的教学任务都是在保证儿童的自身安全的前提下进行的，所以与儿童教学活动有亲密接触的教具材料更要注意安全性。在教具制作选材上，要选用对身体无害的材料，如无毒塑料、盒子、无异味的彩笔、无铅材料等。在教具制作过程中，要尽量减少小体积物品的使用，如小钉子、小型玻璃球、塑料薄膜、橡胶等物品，因其容易被儿童误食，同时要将棱角磨平或加装防护罩，如将桌子四角安上塑料防护罩，避免造成安全隐患。在教具使用中，提醒儿童不要把教具放进嘴里、鼻孔或耳朵内，防止儿童将教具扔向他人。

(五)科学性原则

由于自闭症儿童独特的学习方式与风格，学习进度较普通儿童慢，教学内容一般也都较为简单。因此，部分教师在制作教具时往往会简化教学内容，甚至会混淆教学内容的科学性、连续性，导致自闭症儿童学习到的知识不系统、不连贯，在生活中不能学以致用，只会在课堂中刻板地应用。为了保证教学内容的科学性、系统性，教师在制作教学材料时既要考虑儿童的真实能力与水平，也要注重知识的完整性与科学性，最大限度地帮助儿童能够实际练习这些教学任务，能够将所学技能泛化到不同的生活场景中。

总之，自闭症儿童的教具制作要突出视觉学习优势、材料组织结构化，提供明确的视觉提示，帮助儿童理解任务要求独立完成教学任务。同时还要根据儿童个别化需要制作教具，以适应其学习方式与能力发展水平，让每名儿童都能够通过操作教具达到教学目标，掌握学习技能。在后面的几节中，我们将列举出一些教具在精细动作、生活自理与职业技能等训练中的应用。据此，教师可以根据儿童的个性化需求和具体教学目标制作合适的教具。

第二节
精细动作类教具制作

精细动作是儿童智能的重要组成部分，对儿童适应生存和实现自身发展具有重要意义，是儿童学习与活动的基础。写字、画画、使用筷子或勺子吃饭、穿衣服等学习和日常生活活动均需要良好的精细动作技能发展。但是自闭症儿童由于其发展障碍，精细动作技能发展较差，不能很好地适应学校学习和家庭生活，对日后的发展具有不利的影响。因此，在学校和家庭教学中，需要有目的地根据儿童的实际能力制订教学目标以及制作教具，帮助儿童进行精细动作康复训练。

精细动作训练主要集中于手部及手指的动作练习，主要包括三个方面：一是手部力量训练（含手腕和手指力量训练），如拍拍手、通过悬挂玩具让儿童抓取、模仿"敲钉子"等；二是手部灵活性训练，包括拍、倒、撕、捏、抖、泼、摇、搅、拧、拨、手交叉转花等，如拍皮球、捡硬币、画线、浇花、倒水、穿珠子、拧螺丝等；三是手部稳定性与协调性训练，如搭积木、玩多米诺骨牌、滚球、套环、用钥匙开锁等活动均可以帮助训练儿童的手部稳定性与协调性。总之，教师可以根据儿童的实际能力，有目的地制作训练儿童精细动作的教具材料，让儿童通过操作教具，训练手部力量与灵活性、稳定协调性。教师可在课堂教学中选择的精细动作训练活动有：转门把手、用剪刀裁纸、穿珠子、制作植物标签、折纸、捏橡皮泥、拼图、捏燕尾夹、在纸上扎孔、使用尺子画线、使用茶杯倒水、定点投篮、粘贴画、抓取硬币或大头钉等活动。本节内容主要列举几类常见的精细动作训练教具，为教师的自主制作提供借鉴和启发。本节所列主要可分为手部抓握、穿插物体、拼装拆卸、书写与描画等。

一、手部抓握教具

手部抓握是儿童探索外部世界、学习与生活的基本动作技能，良好的手部抓握技能不仅有利于自闭症儿童顺利完成教学任务，同时也有利于帮助儿童掌握更多的生活技能，它是进行其他手部动作的基础。

教师在进行训练儿童手部抓握动作技能的教学活动时，经常采用的有：抓取积木放进木槽或带盖的罐子(广口瓶盖上剪出 X 形)里、抓取燕尾夹等夹子(抓握的同时还训练了手部力量的使用与灵活性)、把玻璃球放进盒子里等活动，教具制作示例如图 5-5 所示。

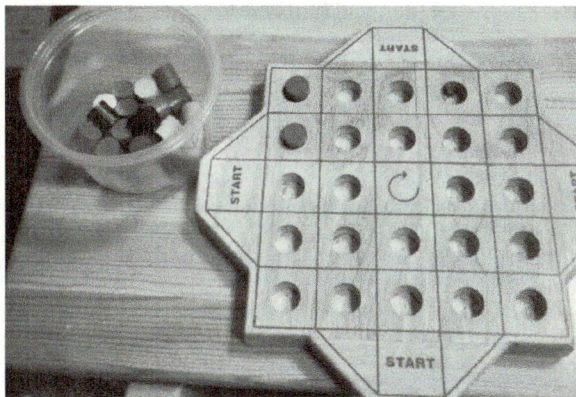

图 5-5　把积木放进木板上的槽中

(所需材料：一些积木块、一个有空槽的木板。根据颜色排列积木)

二、穿插物体教具

自闭症儿童由于注意力保持较差，很难长时间坚持做某项任务，穿珠子等项目主要训练儿童手部灵活性与抓取的连贯性，同时还可以锻炼儿童的注意力，坚持完成教学任务。常见的教学活动有：穿珠子、塑料环环环相扣、穿鞋带(系鞋带)等。教具制作示例如图 5-6 所示。

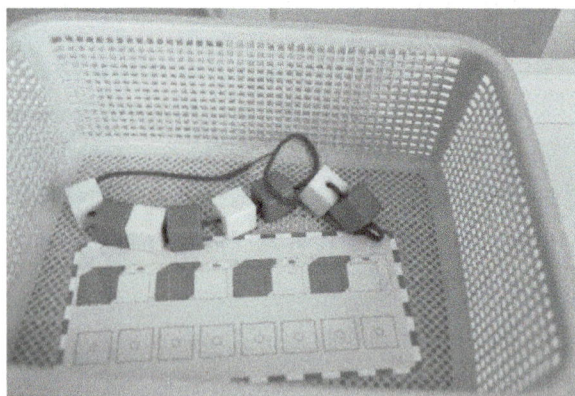

图 5-6 用绳子穿珠子

（所需材料：多种颜色的、中间带孔的珠子若干枚，一根细绳。

图片由北京市朝阳区安华学校提供）

三、拼装拆卸教具

组装与拆卸是儿童很喜欢做的事情，如儿童喜欢把玩具车的轮胎拆下来、搭积木然后拆掉，在拼装与拆卸的过程中寻找乐趣。教师可以借助儿童这一学习特点，在吸引儿童兴趣的同时，也锻炼了儿童手部精细动作的能力。常见的教学活动有：拼装和拆卸瓶盖、马克笔，组装拆卸螺丝钉等。教具制作示例如图 5-7 所示。

图 5-7 组装螺丝钉

（所需材料：镙丝钉的各部件、装不同部件的容器。图片由北京市海淀区健翔学校提供）

四、书写与描画教具

自闭症儿童的课堂教学离不开书写与画画，这需要儿童掌握较强的手部抓握能力与平衡性、灵活性，是锻炼儿童手部精细动作较全面的活动。教师可以给儿童安排适量的书写与描画轨迹练习。跟常规书写与描画任务比较，自闭症儿童书写与描画类教具可以增加一些视觉提示，融入一些对儿童有吸引力的元素，让书写与描画简单有趣。例如，安排自闭症儿童使用蜡笔或彩笔描画各种简单图形、描画曲线或直线、根据文字模型描画轮廓、临摹写字等活动。教具制作示例如图5-8所示。

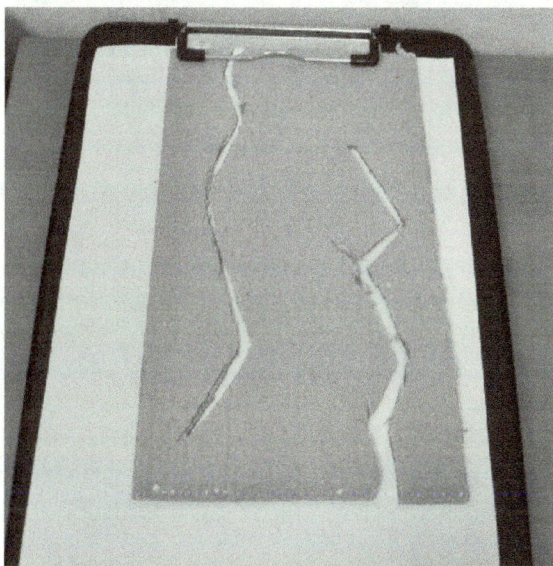

图5-8　临摹画线

[所需材料：硬纸板（上面凿出不同的直线和曲线）、白纸
（放在纸板下临摹）、文件夹（固定纸板和白纸）、铅笔]

五、其他

精细动作技能教学活动形式很丰富，教师在制作教具材料时，可以使用生活中常见的工具让自闭症儿童进行使用训练。只要教学任务包含手部力量、手部灵活性、手部稳定性与协调性的训练，就可以很好地使儿童的精细动作技能得到积极的锻炼。如使用塑料剪刀剪纸条、将收集起来的冰糕木棍插进小格子中、打地鼠游戏等均可以训练儿童的手部动作，且可以吸引儿童的兴趣与保持儿童的注意力。

图 5-9　剪纸条

［所需材料：塑料剪刀、细长的纸条（上面画有剪切标志）、塑料盒子］

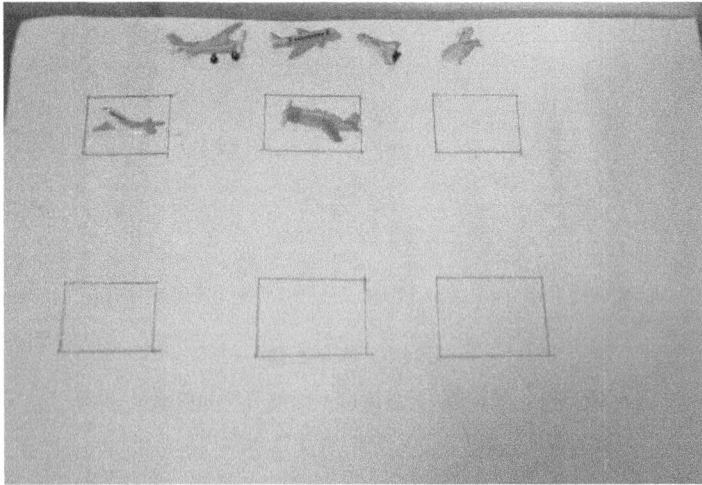

图 5-10　粘贴纸

［所需材料：不同类型的贴纸若干张、一张白纸（上面画有与贴纸相同
　　　　　数量的方框）、一个硬纸板（将笑脸和白纸固定在纸板上）］

第三节
生活自理与职业技能类教具制作

随着年龄的增长，自闭症儿童需要学会独自面对社会生活，自食其力，不能一直依赖父母与教师，要学会一些生活必需技能，甚至掌握一技之长，为将来独自生活打下基础。然而自闭症儿童的社交与认知障碍成为了他们学习知识与掌握技能的绊脚石。他们可能并不知道如何穿衣服、不会分辨衣服的正反、不懂如何自己上厕所或使用勺子吃饭、不知如何端茶倒水以及收拾整理物品。在普通人眼里，这些事情是普通儿童随着年龄的增长与身体的发育，会逐渐学会处理的事情，但对自闭症儿童来说可能是很难的技能。因此，在学校课堂教学上，教授自闭症儿童练习生活自理技能与必要的职业技能类的教学任务是必不可少的。本节将分别介绍课堂教学中生活自理与职业技能类教学用具的制作方法。

一、生活自理类教具

生活自理技能，是指在没有他人帮助的情况下独立照顾自己并组织好一天的日常活动，包括日常功能活动所需的各种能力，如吃饭、穿衣、如厕、洗漱、洗澡等日常生活活动。自闭症儿童由于其认知方式与注意力保持较差等障碍，在没有提示的情况下往往不能完成一项任务的所有步骤，尤其在生活自理方面欠缺必要的技能，往往很难独立完成日常活动。因此，教师需要特别制作教学材料，帮助自闭症儿童练习生活自理技能，独立地完成教学目标。需要注意的是，教师在制作此类教具时，可以在儿童家庭中挑选一些生活用品，使儿童更加熟悉教具材料，减少适应周期。对于针织物或塑胶容易过敏的儿童，教师需格外注意避免使用该类材料。下面将介绍洗漱、系扣子、用餐、清理杂物、整理物品、如厕等教具材料的制作，为教师提供一些参考。

(一)洗漱

保持个人卫生是拥有一个健康身体的必要前提条件，自闭症儿童往往没有这个意识，不明白干净与脏的含义，尤其是一些儿童喜欢玩泥巴、沙子，玩完之后不会去洗手，或者不懂如何洗手。这时候，教师就要通过制作一些结构化的教具及清晰明确的视觉提示，帮助儿童掌握洗手的时机及相关步骤。例如，在洗手池的镜子上或水龙头前边贴上"饭前便后要洗手""勤洗手"的标志，粘贴洗手的步骤图，提示儿童如何洗手；

将刷牙的步骤图贴在摆放牙具的地方，作为视觉提示帮助儿童学会刷牙；制作牙具桶，训练如何摆放牙具；准备夹子与毛巾，练习取放毛巾的动作等。教具制作示例如图 5-11 所示。

图 5-11　洗手技能的教学

（所需材料：水龙头、水槽、肥皂及肥皂盒、毛巾。把示例
图片贴在墙上，将任务的每一步骤清晰地展示）

(二)系扣子

部分自闭症儿童手部动作不协调，难以两只手同时进行动作，系扣子对于他们而言是很困难的任务。且扣子与衣服上的孔较小，更是难以抓握。因此，教师可以先用一些大一点的衣扣或书包上的纽扣进行练习。如图 5-12 所示，将"小鳄鱼"模型分成六部分，每个部分都有大纽扣相连，将"系扣子"与拼装物品练习相结合，这不仅可以吸引儿童的兴趣，也可以在拼装游戏中锻炼"系扣子"的精细动作技能。等到儿童可以熟练地独自完成该任务后，再准备一些小朋友的衣服进行实际系扣子练习。

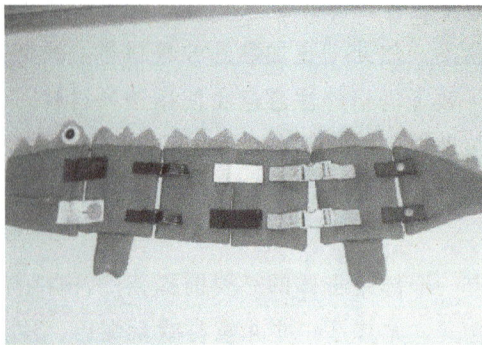

图 5-12　系纽扣

［所需材料：不同种类的纽扣、动物拼装模型、
胶水(用于将纽扣固定在拼接部位)］

（三）用餐

儿童正处于发育期，正是长身体的阶段，不能熟练使用餐具会导致儿童在用餐过程中发生许多问题，如饭菜撒了一桌子、勺子里的饭菜送不到嘴巴里等。为了解决这种问题，教师需要制作相应的教具，训练自闭症儿童用手正确使用餐具，提升儿童手部的灵活性与稳定性。例如，准备一些盘子、勺子、叉子等，练习将餐具放在对应的位置上；训练儿童吃完饭后收拾自己的餐具的习惯，把餐具放在洗碗槽或架子上；也可以准备便当盒，让儿童与家长共同完成制作一份便当的任务，以后可以尝试让儿童为自己准备午饭便当等。

图 5-13　摆放餐具

［所需材料：塑料盘子，塑料叉子、小刀、勺子、筷子等，

一块桌布，一张白色纸板（上面画有餐具摆放位置）］

（四）清理杂物

训练自闭症儿童清理垃圾的动作技能，养成保护环境的良好习惯。也可以让自闭症儿童帮助教师和家长分担一些班级卫生和家务劳动，这样不仅可以锻炼他们的手部力量与灵活性，还可以培养责任意识。例如，在规定区域里放一些碎纸屑，儿童使用扫帚和簸箕清扫干净，注意在进行这项任务时，教师要采用由少到多的步骤安排教具，否则儿童在看到一大片地板需要清扫时，容易产生畏难情绪，导致放弃任务；还可以将多个垃圾桶贴上分类标签，让儿童将不同的垃圾放入指定的垃圾桶内；准备海绵或抹布，训练儿童刷洗垫子、手绢、塑料玩具等技能。教师在准备这部分的教具时，一定要注意教具材料的安全性，避免对儿童造成安全隐患。同时也可以与"洗漱"技能一起训练，清理杂物任务完成后，去按照提示把手洗干净。

图 5-14　垃圾入桶、垃圾分类

（所需材料：两个垃圾桶、塑料瓶和报纸若干、可提供示例图片）

（五）整理物品

让自闭症儿童养成"自己的事情自己做"的良好习惯，可以从让他们学会自己整理自己的书包开始。教师把文具和书本拿出来，让儿童按照图片提示把物品都放进书包里，也可以准备一些五颜六色的衣服，按照颜色分类放进对应的衣筐里。

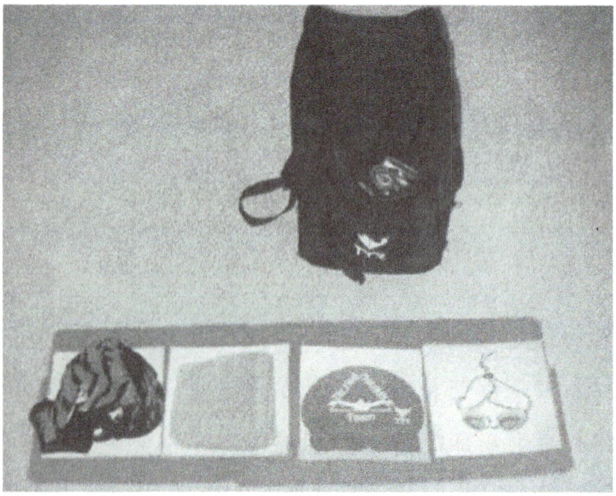

图 5-15　收拾书包

（所需材料：书包，作业本、铅笔等文具，衣服等图片）

（六）如厕

如厕训练是自闭症儿童需要接受专门训练的技能，儿童掌握了如厕技能，家长与教师就不用担心其在课上随意大小便了。同时儿童也有了更多的机会与其他伙伴一起玩耍，锻炼社交能力。因此在如厕训练中，教师要教授以下内容：第一，有排便的欲求时，正确表达上厕所的要求；第二，按照标志找到厕所，会分辨男厕所和女厕所；第三，能够掌握在厕所里脱裤子、擦拭、穿衣服、冲厕所、洗手、把手擦干、回到教室等基本动作技能。同时，在教学过程中，把如厕步骤的视觉提示贴在厕所里（如图5-16），逐渐减少教师的提示，教师要在真实的厕所内对儿童进行实际训练，减少儿童使用便盆和纸尿裤的机会，逐渐提高儿童独立上厕所的能力。

厕所规则	
厕所 	到厕所
卫生纸 	用卫生纸擦
裤子 	穿好裤子
冲水 	冲一次水
冲洗 	洗手
把手擦干 	把手擦干
回到教室	

图5-16 如厕视觉提示图

此外，教师也可以根据儿童的实际能力制作接水、洗澡、打开牛奶盒等日常生活活动的教具与视觉提示图，训练自闭症儿童的生活自理能力。

二、职业技能类教具

随着社会的发展和职业种类的丰富，给予自闭症谱系障碍人群未来的选择逐渐增加，自闭症者需要在社会中逐渐学会独立生活、自食其力，而非一直依赖于他人的帮助。因此，为了帮助自闭症儿童能够更好地适应社会，实现人生的价值，需要对其尽早进行职业技能的训练。大量的案例显示，只要给予自闭症儿童适当的强化物和行为管理策略，结合儿童的兴趣和优势能力，提供充分的职业技能培训和其他辅助设施，他们可以专注地独立工作。许多自闭症儿童有其优于常人的能力，如对细节更敏感、高度专注、逻辑思维强、图案分辨优势、固定作息、对规律工作内容的需求等，因此可以安排他们进行校对整理、图书编号、钢琴零件测试、数据录入、档案管理等工作。对于能力较弱的自闭症儿童，则可以提供系统的职前培训及辅助策略，最大限度地发挥每个人的能力。目前国外提供的辅助自闭症者独立工作的策略多为提供视觉提示，如图片、电脑、视频示范等。

之所以要对自闭症儿童进行系统的职业技能训练，是由于儿童存在不能从繁杂的信息流中提取有用的信息，不能主动获取社会线索，不能很好地处理人际关系以及不知如何向别人展示工作内容等障碍。因此在职业技能训练中，教师要通过结构化的教具和教训内容，帮助儿童能够根据视觉提示等信息完成工作任务。结构化教学是通过清晰的功能分区、视觉提示、日程安排、任务组织等结构化形式将事物的意义直观明了地传达给儿童，他们看到这些信息后可以理解任务的要求、完成步骤以及开始结束的标志等。因此，在制作职业技能教具时，要简明直观地展示任务的要求与步骤，给予自闭症儿童完成任务的信心与动机。

教师可以利用自闭症儿童专一性的处事风格，训练他们进行一些工作内容较少变化的任务。例如，按照纸板间隔摆放饮料瓶，把光盘装进塑料袋里封口，收银找零钱，组装拆卸螺丝与螺帽（如图 5-17），按照颜色或名称分类文件，把餐具用餐巾纸包裹好。也可以利用自闭症儿童注重细节的学习特点训练儿童学习插花、洗衣服等活动，为将来儿童进入职业社会独立生活而储备相应技能。

图 5-17　组装螺帽

图 5-18　模拟收银

［所需材料：带有间隔的盒子，硬币与玩具钱币，计算器，
一些玩具、书本等商品，标签（用于写清价格）］

第四节
数学类教具制作

　　自闭症儿童生活在社会和物质世界中，周围环境中形形色色的物体均表现为一定的数量，有一定的形状和大小，并以一定的形式存在着。因此，儿童自出生之日起，就不可避免地要和数学打交道。教自闭症儿童掌握一些简单的数学知识和技能，能使他们更好地认识客观事物，与周围的人和环境进行交往，解决学习生活中遇到的各种问题。儿童需掌握的基本数学知识包括：基本的形状，如长方形、正方形、三角形等；量的概念，如大小、高矮、轻重、长短、胖瘦、宽窄、深浅、快慢等；数字的概念，如认识数字、数字理解、数字顺序、加法运算、减法运算等；钱的概念与使用；时间的认知教学等。总之，数学在我们的生活中是无处不在的。

　　由于自闭症儿童认知存在障碍，因此教师需要根据儿童的学习方式与能力水平，在儿童掌握了数学的相关概念后，制作直观的、可操作的教具材料帮助儿童巩固练习已习得的数学知识与技能，如认识数字、数字排序、匹配数字与实物、简单的算术运算、钱币的认知使用、大小等概念的区辨。下面将从上述几个方面提供一些教具制作的案例，以供教师参考。

一、认识数字

数字是儿童在学习生活中常见的数学概念，数字是数学的基础。因此，在进行数学概念的教学时，数字的教学是必不可少的，是自闭症儿童学习数量概念重要的一步。由于自闭症儿童的视觉学习优势原则，教师可以将儿童已经掌握的数字概念用彩色图片的形式制作成教具，让儿童分辨数字的形状。在这部分教学中，经常使用的是匹配教学法，如图 5-19 所示，将相同形状的数字放在一起。

图 5-19　匹配数字

（所需材料：0—9 的数字模型，可以嵌进数字模型的纸板，
每个数字下面有相应数量的物品）

二、数字与实物的匹配

在自闭症儿童掌握了 0 至 9 各个数字的形状后，教师就要根据儿童的能力进行下一步的教学，将数字所代表的含义与实物进行匹配，以使儿童明白数字所代表的真实意义。在制作教具时，教师可以根据儿童不同的兴趣爱好，使用儿童喜欢的颜色、玩具等制成教具，吸引儿童的兴趣，保持儿童学习的动机。如图 5-20 所示，用数字模型与儿童喜欢的玩具互相进行匹配。

图 5-20　粘贴花盆

（所需材料：一张画有三栋房屋的纸张并将之塑封，数字卡片，

花盆卡片。图片由北京市海淀区健翔学校提供）

三、数字排序

在按照数字所表示的大小、多少概念进行的数字教学中，排序是儿童认知数字过程中较抽象的内容。在此，教师需要通过制作明确的、直观的教具帮助儿童理解数字的顺序及代表的含义。

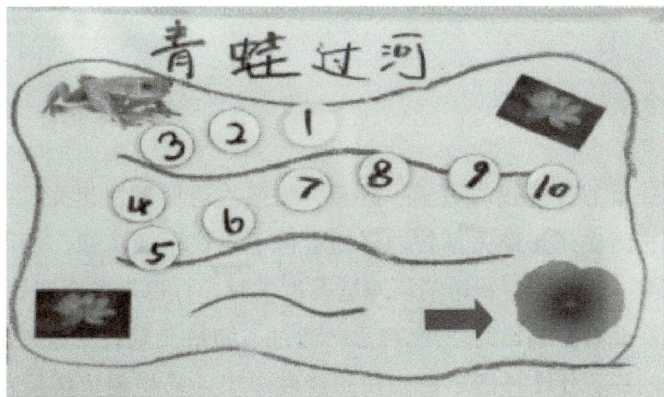

图 5-21　青蛙过河

（所需材料：一个硬纸板并将之塑封，上面贴上魔术贴

用于粘贴数字卡片。图片由北京市海淀区健翔学校提供）

四、加减法运算

在儿童把数字的含义、认知与排序掌握之后，教师就要进行数字的加减法运算的教学了。教师可以选择使用实物进行初期的运算教学，使儿童理解加减法运算的规律与内容。对于认知较好的自闭症儿童，教师也可以准备"九九加法表"进行教学。

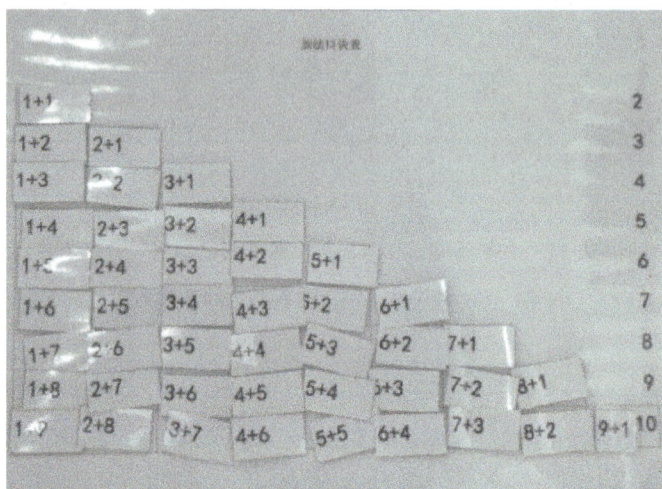

图 5-22　数字运算

（所需材料：一张塑封白纸并粘贴尼龙搭扣，圆圈卡片，
数字卡片。图片由北京市海淀区健翔学校提供）

五、钱币的分类与使用

购物与使用钱币的技能也与数学、数字、加减法运算密切相关。在进行该部分教学时，要先了解自闭症儿童的先备技能，即掌握了对钱币的认知、钱币的换算以及数学加减法的运算等。教师在对钱币的认知进行教学时，可以准备真实钱币的模型（主要是为了防止自闭症儿童把钱币撕烂）和硬币，通过实物给儿童直观地展示每张钱币所代表的意义、可以购买到什么样的东西；在购物教学中，采用超市情境模拟教学法，准备一些实物或者图片，分别明码标价，让儿童锻炼使用钱币买东西的活动。

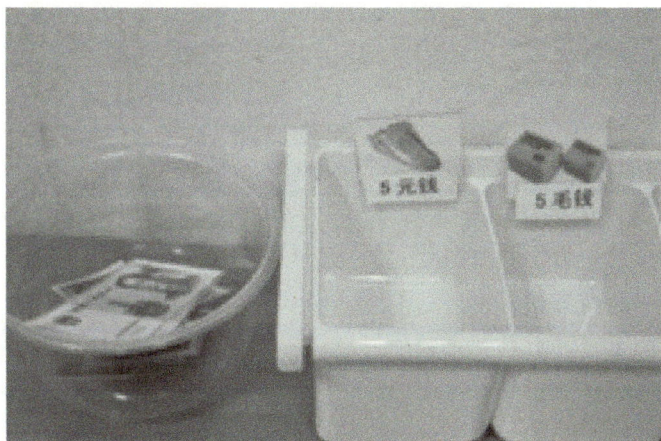

图 5-23 认知钱币

［所需材料：一个带挡板的容器、纸币卡片若干、带价格的
物品卡片(可以粘贴到容器上)、一个装钱币卡片的容器］

六、形状的认知

自闭症儿童在学习知识与探索外部世界时接收到的最直观的信息与线索便是事物
的外部形状，形状是儿童认识事物特征与意义的第一步。借鉴日常生活中常见的物品
形状，儿童需认知分辨的基本形状有正方形、长方形、三角形、圆形等。教师可以通
过使用彩纸裁剪出各种形状，结合匹配分类法，将同样的形状的卡片粘在一起，也可
在卡片上写上文字，帮助儿童认知形状的名称。

图 5-24 形状匹配

(所需材料：一张印有不同颜色不同形状的彩纸并将之塑封
并粘贴尼龙带硬面，相同形状大小的图片一套)

七、大小的分辨

任何事物都具有一定的特征，如独特的外形、大小、颜色、味道等，其中大小就是直观的外部特征。在对自闭症儿童进行"大小"的区分教学时，教具的选择"大"与"小"往往是用同样的一组物品或图片，如"大苹果"与"小苹果"。如图5-25所示，教师可以准备一大一小的两个塑料碗，贴上"大""小"的标签，准备一些图片（注意"大小"一组图片应为同样的事物，只是大小不同，其他特征如颜色、形状等均要相同），训练儿童根据事物的"大小"特征将其分类。

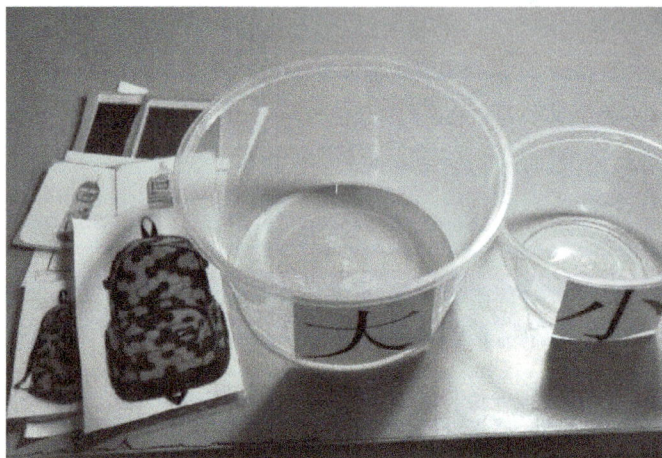

图 5-25　大小配对

［所需材料：大小各一张的物品图片若干套，大小两个容器并进行标记，
一个鞋盒或框子（容纳所有材料）］

八、时间的教学

数学概念教学较为抽象的就是"时间"的认知与教学了。由于时间看不见、摸不着，对于儿童来说不能理解何为时间。因此"时间"的教学一般与数字教学和认知教学一起进行。教师可以选择将"时间"物化，即利用时钟、钟表来使儿童了解时间的形式与含义。在儿童掌握了时钟及各个部件的认知（时针、分针与秒针的认知）以及60以内的数字认知后，教师可以准备一个时钟，将儿童在学校与家庭生活的常见事件（如起床、吃饭、上学等）发生的时间制作成图卡，训练儿童根据事件发生的时间观察钟表指针所指表盘上的数字及它的变化。

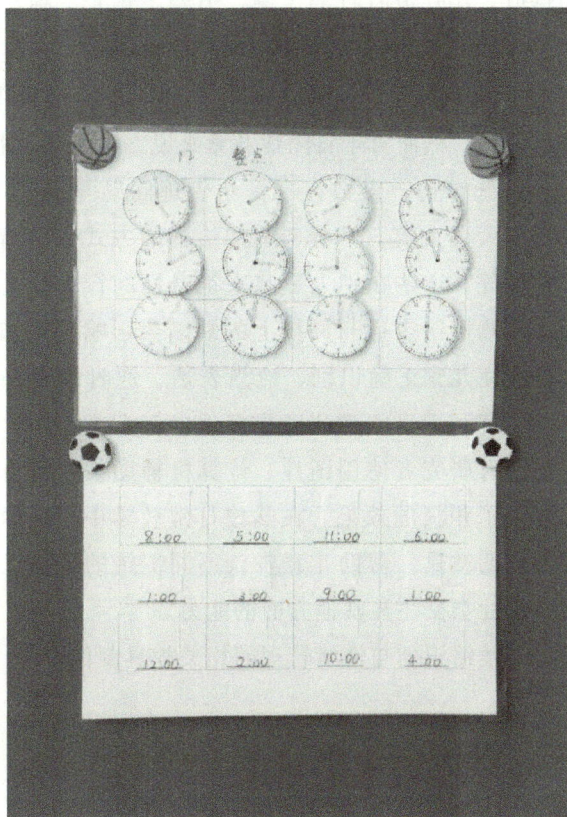

图 5-26　认识时间

[所需材料：硬质背景板、钟表时刻图若干、活动时间表若干
（与钟表图一一对应）、尼龙扣。图片由北京市海淀区健翔学校提供]

　　除此之外，教师还可以制作关于高矮、胖瘦、快慢、10 以上数字的排序与运算等结构化的教具材料。教师在制作数学类教具时，要注意教具的多样化，这样不仅可以吸引儿童的注意力，还可以训练儿童灵活用脑，减少刻板记忆，将所学知识泛化应用到生活其他场景中去。

第五节
情绪类教具制作

　　在日常生活中，任何事情的发生都会引起我们情绪的变化。处于儿童期的学生，其情绪的表达可能更加纯粹。例如，你收到了一个很漂亮的布娃娃，感到很开心，很愿意与朋友分享这种喜悦；在吃饭时打翻了碗，浪费了粮食，你心里很难过，可能需要别人的安慰；下雨天轰隆隆的雷声，使你感到有些害怕等。这些日常生活中的例子有很多，无一不会引起情绪的变化。这些在普通儿童的成长过程中是很平常的事情，可能不需要刻意去进行训练，然而对于自闭症儿童来说，事实却并非如此。

自闭症儿童由于其认知障碍，多数存在情绪管理问题与缺陷，如无法识别情绪、情绪多变，经常无理由地大哭大笑、不善于运用恰当的方式表达情绪、不知如何对自己的情绪进行控制与管理等，这些在别人看起来很奇怪的行为却是他们表现出来的常态。研究显示，自闭症儿童情绪表达与调控上的缺陷会影响其认知、行为等其他方面的发展。因此，教会自闭症儿童正确识别、恰当表达、适时调整自己的情绪是教师们极其重要的教学任务，这有利于自闭症儿童更好地参与课堂学习、获得认知及适应性行为的良好发展。目前已有研究者使用图片、计算机辅助技术对自闭症儿童进行情绪识别与管理的干预，取得了积极的效果。在学校日常教学中，教师可以通过制作一些情绪识别、情绪行为管理的教具，帮助儿童辨认不同情绪的特征以及适当地调控自己的情绪，进而提高儿童的社会交往与其他方面的能力。

本节主要为大家列举情绪识别与情绪管理的相关教具制作。

一、情绪识别类教具

情绪的教学主要以图片为教学材料，因此根据儿童的实际水平可以准备真人照片和简笔画（包括卡通图片）作为情绪识别的教学图片。情绪识别主要是对面部表情的识别。20世纪70年代，艾克曼和弗里森提出了人类的六种基本表情，包括快乐、害怕、生气、惊讶、伤心和厌恶。所以儿童的情绪识别教学可以以这六种表情的辨认作为教学目标。教师可以将人物各种表情图片与名称一一对应，让儿童进行匹配分类练习；也可使用小正方体制作情绪骰子，每一面贴上一种基本情绪，让儿童在投掷骰子的过程中练习情绪（表情）的认知；还可设置不同的情境，如见到了蜘蛛很害怕、吃到了草莓很开心等，训练儿童认知区辨不同情境中的人物情绪或表情，当然，教师须注意这一点属于情绪识别教学的进阶课程，是在基本情绪识别的基础上才可以进行的。

在情绪识别教学中，除了使用图片等教具对儿童进行认知训练外，教师等成人的表情模仿也是课堂教学丰富的教学资源。教师在儿童面前演示一种面部表情，并问学生："我现在是什么表情?"也可通过表演情境剧的形式展示情绪的教学，如教师拿出蜘蛛的玩具模型，放在桌子上，表现出很害怕的表情，然后问儿童："我现在是什么表情?"还可让儿童模仿教师的表情。

有些自闭症儿童认知能力较好，教师可以在情绪识别情境教学时帮助儿童分析产生各种情绪的原因。给儿童看与情绪有关的因果关系图片（如打雷了，我很害怕）或现

场教师示范模仿相似情境，并问儿童其中的人物为什么会产生某种情绪或露出这种
表情。

我很喜欢——😄

我有一点喜欢——🙂

我不喜欢——🙁

图 5-27　情绪匹配

（把情绪卡通图片贴在模板上，根据描述将情绪图片贴在方框里）

图 5-28　真人表情图片识别

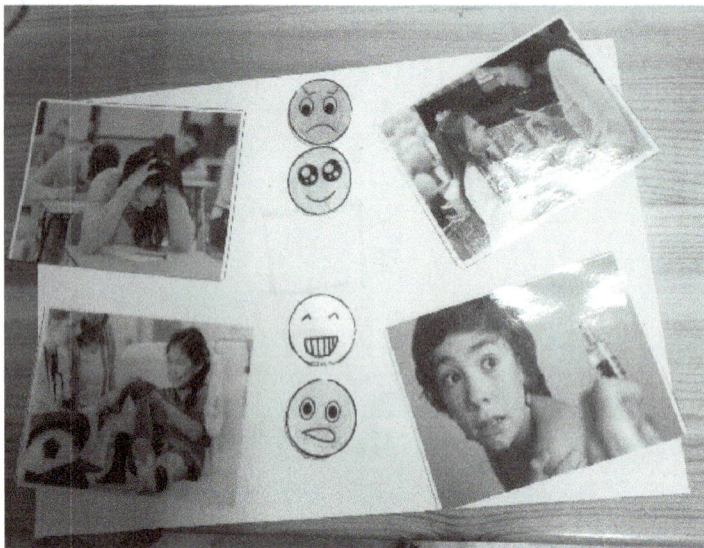

图 5-29   情境表情识别

[所需材料：情境活动图片若干，表情图片若干，彩纸（上边粘
有尼龙扣，方便放置图片）、盒子（装所有材料）]

二、情绪管理类教具

大多数自闭症儿童不知如何控制管理自己的情绪，在产生消极的情绪时，如生气、愤怒、伤心等，不知如何表达和宣泄这些情绪，往往采用大哭大叫、打人等攻击性行为，不仅会伤害到周围的人和物，对于儿童自身的身体安全也会产生极大的危险。因此，教授自闭症儿童如何进行情绪管理是极其重要的内容。在制作这部分教具时，教师要注意使用简明、清晰的方式，让自闭症儿童能够在消极情绪逐渐增多、不知如何表达时，通过使用教具帮助自己练习检查自己的情绪表达方式，进而改变自己的想法与不当行为。

情绪管理的教学与问题行为干预矫正教学有异曲同工之处，即大部分的情绪管理问题均是儿童的问题行为，所以教师在进行这一部分的教学时，可以尝试使用"自我管理"或"行为契约"等行为矫正方法。例如，制作"愤怒情绪量表"或"情绪阴雨图"，当儿童的情绪在红色区域时（如图 5-30、图 5-31 所示）要告诉儿童冷静下来，想一想自己出现这种情绪的原因，或者求助于教师、家长一起解决这个问题。"情绪管理色卡"也是很有效的教具材料，给予儿童红黄绿三种颜色的卡片，红色表示愤怒（或者出现问题行为），绿色表示开心（良好地控制住了自己的情绪），并和儿童约定"要一直处于绿色区域"，并通过给予笑脸作为代币奖励，帮助儿童控制管理自己的消极情绪。

图 5-30　愤怒情绪量表

（适用于情绪问题较多的儿童。将情绪分为四个等级，随着愤怒
程度颜色逐渐加深，借助该表儿童可以表达自己的愤怒情绪）

图 5-31　情绪管理色卡

（用于帮助儿童进行情绪与行为管理，红色表示出局，绿色表示很棒，
黄色表示待观察。此教具通常与代币法结合使用）

第六节
文字类教具制作

文字是语言的重要组成部分，是儿童认知事物、与事物建立联系的重要桥梁。教学所依托的就是文字，儿童掌握前人所传授的知识与经验也都是由文字入手。目前学校教学主要是通过文字进行知识与技能的传递。普通儿童在逐渐学习积累文字的同时，也学会使用文字来表达自己的想法与意愿。同时文字的使用也是学校课程教学成果的

检验标准，如期末考试学生各科目的考试成绩就说明了这一点。然而自闭症儿童由于其认知障碍，有不同于普通儿童的学习风格与方式，导致了他们对文字的不敏感性，难以进行文字的认知，不能理解文字所代表的含义，且自闭症儿童的注意力保持较差，很难对方方正正的汉字产生兴趣。这就导致了教师在文字的认知教学中往往会面临许多困难，不能将针对普通儿童的教学形式应用于自闭症儿童身上。因此，教师需要制作一些特别的教具来帮助自闭症儿童学会看文字、使用文字。

由于大多数自闭症儿童的注意力更倾向于多彩的图片，因此教师在制作文字类教具时要注意文字与图片相结合，以吸引儿童的兴趣，保持学习的动机。在制作这部分教具材料时，要注意文字与图片的比例问题，一般教师会采用一比一的比例来安排教具的制作；对于一些需要多种形态介绍的知识，则可能采用文字与图片"一对多"的制作原则，帮助儿童更好地理解文字与图片的内容，以及其所代表的含义。下面将介绍几种常见的文字类教具制作案例以供教师们参考。

一、认知类教具

最常见的并且容易制作的文字类教具就是认知类的教具了。该类教具材料把文字与图片结合，使儿童不仅能理解事物的外形，也可以认知文字的笔画，建立字与实物之间的联系。认知是自闭症儿童教学中的重要内容，是儿童认识世界、掌握技能的基础，儿童认知内容主要包括三部分：第一，认知和理解。包括认识身体部位、基本颜色、基本形状、量的概念、方向位置的概念，以及事物的分类，如动物、玩具、出行方式、衣物、食物、蔬菜、水果等。第二，学前准备。包括视觉辨识大小写的拼音字母及相应的常用字词；基本阅读技能，如常见字词、故事情节、回答问题等；基本语法，如名词、动词、形容词的应用，使用人称代词造句等；手写技能，如书写自己的姓名、数字等。第三，基础数学。包括数概念，如认识数字、数字理解、数字顺序、加法运算、减法运算；生活中的数学，如认识钱币、时间等概念。如图 5-32、图 5-33所示。

图 5-32 认识"对、错"

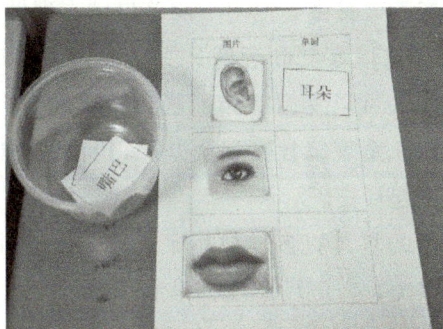

图 5-33 认识身体器官

二、情境教学教具

将常见的生活情境搬到课堂上来进行模拟教学，也是自然教学的一种有效方法。由于生活情境中存在大量的文字信息，若自闭症儿童不理解其含义，就很难正常地生活与学习，甚至可能会存在安全隐患。因此在情境模拟教学中加入文字类的教具，可以帮助儿童理解其含义，帮助他们按照社会规则做事。如图 5-34 所示，在交通情境教学中，"行"与"停"的文字教学可以帮助儿童规避危险。

图 5-34 交通模拟教学示例

三、社会交往类教具

社会交往障碍是自闭症谱系障碍儿童的核心障碍，对儿童未来的生活有着极大的影响。因而社交技能一直是自闭症儿童干预计划的重点内容，也是最具挑战性的内容。利用结构化的教具材料能够让社交变得更加轻松简单，也能促进自闭症儿童社交技能的发展。

许多自闭症儿童的社交障碍是由于他们不能够识别、理解并恰当地回应社交讯号。隐含的交往规则对他们来说难以察觉和理解，所以他们不知道为什么别人要那样做，也不知自己该如何表现。我们可以专门制作一些视觉化、结构化的辅助工具，能让多人使用或参与，以让自闭症儿童理解社交情境并明白自己该如何表现，并让即使没有较强沟通能力的儿童也能发起社交。

在集体教学中，文字类的教具更多地被用于班级规则、社交礼仪等的教学。教师可以根据自闭症儿童具体情况，为班级环境创设制作个性化的教具材料。如图 5-35 所示，在教授如何与朋友相处的规则、礼仪时，可利用文字加图片的方式图文并茂地展示出儿童应该怎么做、不应该怎么做。

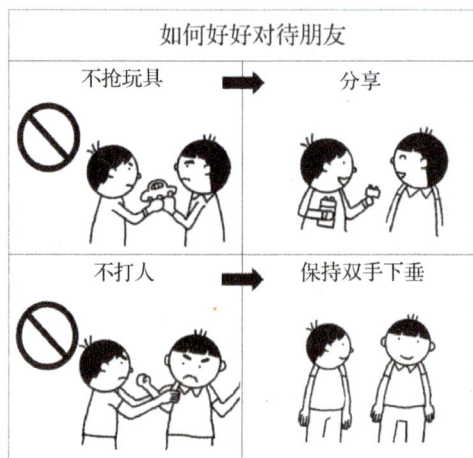

图 5-35　"如何与朋友相处"社交礼仪教具制作示例

在日常生活中，文字无处不在，所有教具里都可能会出现文字的身影。因此只要将文字适当地放入教具材料中就可以最大限度地发挥其教学作用。

小结

自闭症儿童的教具制作对于教师开展教学任务具有重要的辅助作用。结构化、科学化、个性化以及具有视觉优势的教具材料不仅可以使教学目标变得更清晰，也便于儿童理解教学任务的含义。教师可以借助儿童的视觉学习优势，将教学内容视觉化，为儿童提供经过特殊制作的可以训练教学技能的材料。教师根据儿童的个性化需要，制作对应任务的教具，帮助自闭症儿童的各项技能在反复练习中得以维持和泛化。

思考题

一、单项选择题

以下哪一项论述是正确的？（　　）

A. 自闭症儿童的教具和普通儿童的教具毫无差别

B. 自闭症儿童的教具不适用于普通儿童

C. 自闭症儿童的教具只能由教师手工制作

D. 自闭症儿童的教具需要符合自闭症儿童的个体特征和偏好

二、简答题

1. 自闭症儿童的教具制作的基本原则有哪些？

2. 列举几种教师可以选择的教具材料。

三、教具制作题

结合自闭症儿童个案的特点，为其制作 1～2 种情绪管理和语言表达类的教具。

延伸阅读

1. 郭春在：《幼儿教具制作与运用》，台北，洪叶文化事业有限公司，2013。

2. 浮丝曼：《幼儿教具制作与运用》，台北，永大书局，2010。

3. 吴珍梅：《多元智能教具制作与应用》，台北，华立图书股份有限公司，2008。

第六章

自闭症儿童的常规执行教学

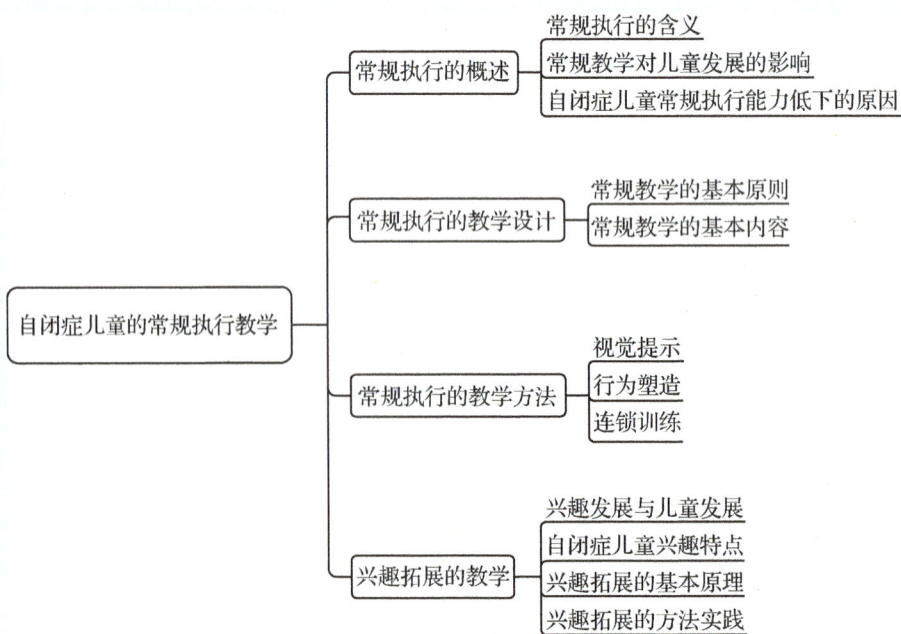

```
                                          ┌ 常规执行的含义
                            ┌ 常规执行的概述 ┼ 常规教学对儿童发展的影响
                            │              └ 自闭症儿童常规执行能力低下的原因
                            │
                            │                 ┌ 常规教学的基本原则
                            ├ 常规执行的教学设计 ┤
                            │                 └ 常规教学的基本内容
自闭症儿童的常规执行教学 ┤
                            │                 ┌ 视觉提示
                            ├ 常规执行的教学方法 ┼ 行为塑造
                            │                 └ 连锁训练
                            │
                            │              ┌ 兴趣发展与儿童发展
                            └ 兴趣拓展的教学 ┼ 自闭症儿童兴趣特点
                                           ├ 兴趣拓展的基本原理
                                           └ 兴趣拓展的方法实践
```

本章概要

1. 自闭症儿童常规执行教学的概念与对儿童发展的影响。

2. 自闭症儿童常规执行教学的基本原则：基于学习方式开展、利用兴趣和强化物开展、加强家校合作。常规执行教学的基本内容：生活自理能力的培养和发展、学习常规的建立和运用、危机事件的应对和处理、社会规则的理解和执行。

3. 常规执行教学的方法有视觉提示、行为塑造、连锁训练。

4. 使用刺激-刺激配对对自闭症儿童进行兴趣拓展。

学习目标

1. 了解什么是自闭症儿童的常规执行教学和常规执行教学对自闭症儿童发展的重要性。

2. 了解自闭症儿童常规执行教学的基本内容，并能结合实际案例，根据自闭症儿童的教学目标，选择合适的常规教学方法，进行自闭症儿童常规教学的设计。

3. 掌握刺激-刺激配对的教学方法，并能应用于对自闭症儿童的实际教学中。

导　读

对自闭症儿童进行教育康复的目的，在于帮助其实现独立自主地生活和学习，为其更好地实现自身发展的可能性提供支持和保障。在诸多针对性的教学设计中，如何帮助自闭症儿童更好地适应身边环境往往被教师和家长所忽略。对于环境的适应主要包括常规执行功能的培养以及兴趣的拓展两方面的内容，其中常规执行能力的掌握可以帮助儿童更好地融入社会活动并保障自身的安全，而兴趣的拓展则是针对自闭症儿童核心障碍之一的"有限兴趣"而发挥的重要教学内容。本章将从常规执行的概述、常规执行的教学设计、常规执行的教学方法以及兴趣拓展的教学四个部分展开，探讨如何通过常规执行和兴趣拓展来帮助自闭症儿童更好地适应社会生活，实现自身发展。

第一节
常规执行的概述

一、常规执行的含义

所谓常规，意指人在日常生活和各项活动中所遵循的基本行为规则。常规的内涵是非常广泛的，小到日常生活中所例行的各项事务，如衣、食、住、行等；大到复杂社交规则的理解和应用，如道德遵从、理解潜规则、发生群体行为等。常规是社会的客观实在，处在一定社会关系和社会组织中的个体必然受到该社会和组织中为大多数人所认可的常规的制约。因此，在个体社会化的过程中，尤其从个体社会化的初始阶段（幼儿期是个体个性形成的重要时期）起，逐步认识、理解和正确掌握这些常规是必要且重要的。

二、常规教学对儿童发展的影响

通过对常规的理解和学习，儿童可以逐步完成自然人向社会人的过渡。当一个新的生命诞生，他的存在与发展是基于生存需要的，充足的食物、水、氧气、睡眠以及温暖的环境等都成为其必须获取的重要资源。母亲角色的重要性在生命初期便显露无疑。作为生命的孕育者和重要的照料者，母亲掌握并提供给新生儿各种生存性的资源，在长期的强化物配对过程中，与母亲建立起来的关系成为儿童社会关系发展的雏形。随着儿童自理能力、活动能力、社交能力的逐步发展，使得其可以接触更多的社会角色，人际关系也开始变得越来越复杂多样。这时候儿童已经逐渐地从自然生存的个体向社会中的个体过渡。在这个过程中，儿童需要接触、理解、应用许多复杂的规范，涉及衣食住行的执行、危险情况的处理应对、社交规则的理解等诸多方面。这里涉及的知识和技能，有些是不言自明无需专门学习的，通过儿童的观察模仿即可掌握，如幼儿可以通过观察父母使用勺子和多次尝试后学会使用勺子进食；有一些规范背后则蕴含复杂的文化背景或者长久以来形成的约定俗成，如交通规则的学习和理解等，对于这些部分则需要专门的常规执行课程对儿童进行教授。通过常规的学习和实践，可以帮助儿童尽快地适应社会规范，融入到社会群体中去，完成从自然人向社会人的过渡。

通过教授常规执行，可以帮助儿童维护自身安全。在日常生活中，存在着许多安全隐患，威胁着认知水平和经验水平有限的儿童。在家庭环境中，学会正确使用电、使用天然气等，不仅可以帮助儿童受益于现代技术产品的发展和进步，更能保障其在独处情况下的人身安全。在外出时，对于红绿灯、斑马线、汽车行驶规范的理解，可以最大可能地保障儿童的安全。当儿童面临危险情境时，如陌生人搭讪、遇到火情、地震等极端情况，儿童掌握一定的应对技巧和处理方案，可以帮助其尽可能地保障自身安全，为救援提供充足的时间。在安全教育中，许多情境不是生活中经常发生的，儿童通过观察模仿的方式习得的机会更少，且观察学习的危险性太高，所以需要教师和家长设计相应的安全常规课程，帮助儿童习得应对方法。

通过常规执行的学习，可以帮助儿童建立良好的社会关系。社会规则的范畴极其广泛，除了作为群体活动参与的准入条件外（课堂常规的遵守保证儿童可以在教室中学习而不会影响其他人），还包含着社交的诸多规则。在医院环境中，个体应当保持较低的说话声音而不去影响他人；看见一个穿着深色衣服胸口戴白花的人，儿童应当理解其含义并采取相应的社交策略（保持安静或者给予安慰，而不是去开玩笑）；在乘坐公共交通工具时，理解不同的社会角色，不去和司机搭讪以免带来危险。通过基于社交的常规教学，可以帮助儿童发展良好的社会关系。

三、自闭症儿童常规执行能力低下的原因

对于普通发展的儿童而言，可以在成长的过程中潜移默化地学习和理解常规并加以执行。对于自闭症儿童而言，由于他们在社会认知、动作模仿和规则理解等方面的发展局限，可能会在生活自理、自主学习和工作等方面表现出障碍。导致自闭症儿童常规执行能力低下的主要原因有以下几个方面。

(一)自闭症儿童无法理解常规，导致学习困难

对于常规执行的发展而言，第一步就是要儿童理解常规本身的功能、意义和使用情境。常规的表现形式非常多样，有的规则本身是非常显见的，如绿灯亮起行人可以通行；有的规则是比较隐晦的，如遇见触电晕倒的人不能直接去扶起来，因为可能导致自己触电；有的规则是比较固定的，如根据菜谱进行制作可以得到一份美味的菜品；有的规则是比较灵活的，如饭后的休息时间儿童可以选择看故事书、玩拼图或者搭积木中的任何一种娱乐方式。自闭症儿童在理解规则，特别是那些较为隐晦、需要灵活处理的规则方面存在困难，体现为执行功能的缺陷。基于自闭症儿童理解的困难，教师和家长设计常规教学的时候应当创造尽量多的尝试机会，通过不同人物、场景的泛

化帮助儿童理解和掌握常规。

(二)自闭症儿童无法通过观察、理解和学习常规，导致其学习进程缓慢

正常发展的儿童在日常生活和学习中可以通过观察性的学习、替代性的强化等方式习得新的技能。当一个儿童看到别人刷卡乘坐公交车后，在自己独自乘坐公交车时也会去寻找刷卡机进行刷卡乘车；儿童在等待绿灯亮起通过马路时，发现身边的行人在有红灯但无车辆的时候集体过马路，久而久之，儿童也学会了这样"钻空子"的群体行为。对于自闭症儿童而言，由于缺乏对于人的关注，特别是对人面部的识别和观察，这无疑使得观察、理解和学习成为一种很困难的学习方式。当遇到复杂的学习情境时，正常儿童会选择主动提问的方式获得进一步的帮助，进而掌握常规技能；但是由于社交障碍，自闭症儿童社交发起的困难又让其损失了大量的学习机会。长此以往，自闭症儿童对于常规执行的学习进程便会变得越来越缓慢。

(三)自闭症儿童家长对于常规执行能力的不重视，导致儿童丧失大量的学习机会

在实际的教学过程中，由于受到儿童入托、入学困难的压力，家长在养育自闭症儿童的过程中更加注重学业能力和认知能力的针对性干预，很多机构中的儿童可能具有很强的命名能力，但提要求的能力却非常低。家长教育的侧重点导致了分配给常规执行能力的总时间相对较少，特别是对于做入学准备的儿童，家长更加关注的是儿童学习常规的养成，如安坐、轮流等技能的学习，因而忽视了生活自理、安全教育以及社交等方面的常规训练。在家庭环境中，很多家长因为"自闭症"的标签，而为儿童包办代替，儿童在很多生活技能上的学习和练习机会就这么丧失掉了。从儿童长远的可持续发展而言，常规执行的教学其重要性远高于学业和认知能力的教学，常规执行是学业认知的基础能力，关乎个体独立的生存和发展。家长对于自闭症儿童常规执行能力的忽视，一定程度上限制了儿童更好的发展和独立。

(四)由于缺乏专业的技术支持，可能限制儿童学习的进程

众所周知，自闭症儿童的干预训练不仅需要投入大量的时间精力，更需要专业人员的技术支持。当前自闭症儿童教育行业的师资水平尚处于起步阶段，很多教师并没有接受过系统的专业化训练，甚至在使用教授普通儿童的方法对自闭症儿童进行教学。对于自闭症儿童专业教师而言，首先要明确自闭症是什么，了解其特定的学习风格和认知风格，掌握专业化而严谨的干预方法，关于自闭症儿童学习特点和教学方法将在接下来的部分详细探讨。自闭症儿童的教师不仅是儿童的教师，更是家庭的重要支持力量，通过有效的家校合作，可以帮助自闭症儿童更快更稳定地习得常规执行能力。

第二节
常规执行的教学设计

一、常规教学的基本原则

在对普通发展的儿童进行常规教学时，实务工作者们已经有了丰富的经验。诸如创设丰富、适宜的环境，可以为儿童营造更多的常规学习机会；运用儿歌、戏剧等表现形式，可以在激发儿童学习兴趣的前提下帮助其学习和理解常规；小组式的活动可以帮助儿童巩固和实践所习得的常规；教师运用口头表扬、实物奖励等方式可以强化儿童所表现出来的常规执行。这些方法和策略都是教授儿童常规理解和执行的宝贵经验和策略支持，但是对于自闭症儿童而言，我们需要结合其自身特点进行更为个性化的教学实践。

(一)基于学习方式开展自闭症儿童的常规执行教学

人们在学习过程中会采用不同的学习方式，根据获取信息的感官通道的不同，可以将其划分为视觉学习者、听觉学习者等类型。在众多的学习方式中，人们往往会选择一种自己所擅长的加以广泛应用。虽然人们经常会更多地依赖某一种学习方式，但是不可否认其他的学习方式同样对我们大有裨益。

自闭症儿童和我们一样，也会有多种多样的学习风格和方式。但是根据众多的研究和经验发现，自闭症儿童在接受性语言存在困难的情况下，无法有效地接受或处理听觉信息，可能是影响学生问题行为产生的重要因素之一。自闭症儿童更倾向于选择视觉优先的学习方式，即他们在获取信息方面眼见胜于耳闻。研究表明，视觉提示可以帮助自闭症儿童获得多方面的支持和帮助，具体表现为：①更快地进行学习；②减少攻击性行为和自伤行为；③减少挫败感和焦虑感；④更好地适应学校和家庭生活；⑤自己独立完成工作；⑥增强其独立性。

(二)利用儿童兴趣和强化物开展自闭症儿童的常规教学

所谓兴趣是最好的老师，对于自闭症儿童一样是适用的，这里的兴趣即其强化物或者强化活动。由于在自闭症儿童常规教学中需要频繁地使用到正增强的策略，来增加目标行为在未来出现的频率，教师就需要做好强化物的评估和使用。

在选择干预所用的强化物时教师可采用"多重刺激不复位评估"的评估方法。在强化物的使用过程中，教师需要注意以下几个方面：首先，由于强化物可能会出现变化，所以每次干预之前都要进行评估；其次，为了防止强化物的饱足而失去强化效用，一次干预中可以使用多种强化物，随机出现；最后，当儿童表现出目标行为时候，教师需要立刻给予强化，但在给予食物、玩具等强化物之前要先给予口头表扬或者肢体接触的强化。可能有的儿童并未发展出来社会性强化，通过社会性强化与食物、玩具的配对亦可以帮助儿童拓展新的强化物。

多重刺激不复位评估的操作流程：①咨询儿童的主要照顾者，获得5种儿童偏好的物品，包括玩具或食物，食物需要控制大小，最好是一口可以吃掉的；②教师与儿童面对面坐在桌子两边；③教师在桌子上将5个物品排成一排，发出指令"你想要哪一个"或"挑一个你喜欢的"，只允许儿童选择1个物品；④若儿童选择了食物，就可以直接吃完；若选择了玩具，就可以玩15～30秒，然后将这个玩具撤出视线范围；⑤依照步骤3和4，评估者让评估对象在剩下的4个物品中选出1个喜欢的物品，遵循着在多个剩下的物品中做出一个选择的原则，直至只剩下1个物品。儿童在评估过程中所选择的前三个物品即可作为干预所用的强化物。

(三)加强家校合作

对自闭症儿童进行常规执行教学时应当发挥家校合作的力量，为其行为的习得和泛化提供全方位支持。常规执行能力的应用场景非常广泛，需要注意不同场景、对象之间能力的维持和泛化。针对自闭症儿童的常规执行教学，需要发挥家校的合作机制，教师作为专业人员为家庭提供技术支持，家长积极配合学校的干预计划。家校合作的重点主要有以下三个方面。

其一，学校和家庭、教师和家长，在对儿童进行常规教学的过程中需要统一标准和方案，当目标行为出现时，无论是在学校还是在家，都需要给予最适切和最及时的强化；当希望消退的问题行为出现时，家长和教师都应当保持一致的忽视策略，不对问题行为给予强化。

其二，应当创造更多的学习和练习机会，帮助儿童习得技能，如在学校教师的帮助下开始对儿童进行穿衣服的训练，家庭中也应积极开展配合，停止家长全面包办为其穿衣服的行为，给儿童更多的机会去尝试。

其三，相比于家庭享有的人际资源和物质资源而言，学校的环境所能为儿童提供的泛化场景、对象相对有限。家长可以利用自己所掌握的各项资源，通过家长互助组织、融合小组或者外出旅行等诸多机会，为儿童提供泛化其常规执行能力的机会。

二、常规教学的基本内容

自闭症儿童在行为和思维方面往往表现出一定的刻板性，这恰恰为常规执行习得后的维持提供了一定的帮助。在理解了自闭症儿童的基本学习特质和认知风格以后，我们需要帮助儿童理解常规执行的基本逻辑思路——事情发生的先后顺序。我们在日常生活中经常会面临先后顺序的问题，如先做作业再看电视，先洗手再吃饭等，这一基本能力是开展常规教学的基本前提。在学校和家庭的教学中，教师和家长可以通过示范、言语辅助、肢体辅助、区别性增强等多种方式帮助儿童理解先后顺序，配合以视觉化的日程表和结构化的教学环境、家庭环境等支持条件，帮助其按顺序做事。

关于常规教学的内容设计，可以从生活自理、学习常规、危机事件和社会规则四个方面展开。

(一)生活自理能力的培养和发展

生活自理能力涉及自闭症儿童生活的各个方面，如吃饭、穿衣、卫生等，这些能力的发展可以帮助自闭症儿童独立地生活，对其长期的生存和发展具有重要的意义。自闭症儿童的生活自理能力往往存在较大的差异。一般而言，年龄较大、智力水平和适应性水平更高的自闭症儿童往往表现出较好的生活自理能力；而年龄较小，智力水平和适应性水平较低的自闭症儿童往往表现出较差的生活自理能力。除此之外，自闭症儿童接受生活常规教学的经验、家长的教养方式都会对其生活自理能力的表现有重要的影响。

家庭作为儿童主要的生活场域，是其发挥生活自理能力的主要情境。在家庭中对自闭症儿童进行生活自理能力的培养和发展，可以从饮食习惯、卫生习惯、做出选择三个方面开展。在饮食习惯方面，可以对儿童进行食物多样性的拓展，帮助其改善挑食的习惯；教导正确使用各种餐具，维持就餐时的礼仪；使用如水杯、吸管、塑料瓶等多种方式饮水。在卫生习惯方面，可以对儿童进行如厕训练、着装训练、洗漱训练、清洗衣物训练等。在做选择方面，家长可以为其在日程表的某一时刻(如休息时间)提供多种选项，如看书、拼图、积木，引导儿童自行选择；当儿童能力提升后，可以由儿童自行设定选项。

(二)学习常规的建立和运用

学校是儿童完成其社会化的重要组成部分，适应和融入学校生活是学龄儿童的重要任务。学习常规即在学校教学情境中学生需要掌握和表现出来的一系列行为技能，当儿童无法遵守学习常规时，往往无法跟随学校课程进行学习，学习效率低下，可能会破坏课堂秩序影响其他学生的学习，这时候教师就要花费更多的时间和精力解决儿童的问题行为。只有当儿童遵守相应的学习常规时，才能够不影响正常教学秩序，可以更为有效地进行学习。

学校作为儿童学习的主要场域，是其发挥学习常规的主要情境。在学校中对自闭症儿童进行学习常规的教学，教师可以从一日常规、活动转衔、课堂常规等几个方面展开。一日常规的教授，可以帮助儿童理解在学校内的时间和任务安排，结构化、计划性的提示可以有效地降低儿童的焦虑情绪，使其在富有安全感的心情下学习。活动转衔涉及固定的学校活动转衔和突发的活动调整，对于固定的活动安排，教师可以采用视觉日程表的形式进行教学；对于突发的活动调整则可以通过提前告知、改变日程表等方式开展。课程常规主要包括安坐、举手回答问题等行为习惯的养成，教师可以通过视觉卡片提示和差别性强化等策略教授。

(三)危机事件的应对和处理

安全教育的意义在于保障儿童的身体、心理等各方面的健康，危机事件的处理是安全教育的重要方面。普通的学生在面临威胁自身安全、健康的事件时有着本能的反应，如逃脱、求助等。但是自闭症儿童似乎对安全和健康问题并没有那么的敏感，甚至会出现一定的自伤或者攻击行为。对自闭症儿童进行安全教育，特别是危机事件的处理，关系到儿童的生存，是学校教师和家庭教育的重要方面。

生活中可能会遇到的危机事件包括触电、火灾、地震等不可抗因素带来的伤害，陌生人或者熟人对儿童造成的伤害（拐卖、性侵）等。在日常的教学中可以从识别危险信号、寻求解决措施、求助他人等几个方面展开。在家庭环境中，要明确哪些地方存在安全隐患，如插线板、天然气等，可以用视觉提示的方式教导儿童不要用手指触摸插线板孔，不要用湿的手插拔电源。通过故事读本、视频等载体，教授儿童在突发险情的情况下如何应对，如火灾时不能乘坐电梯，地震时要第一时间离开房屋等。此外，还要对儿童进行性教育，让其明白身体的哪些部位是不能暴露的，哪些部位是不能被别人触碰的，如果发生了性侵事件要向家长和教师求助。

(四)社会规则的理解和执行

社会沟通与交往障碍是自闭症儿童的核心障碍之一，严重影响了儿童参与社会活动、建立良好的社交关系。关于社会交往的常规执行教学，主要涉及的内容是帮助自闭症儿童理解一定的社交礼仪和规范，如果有能力，可以对一些文化性的社交规则进行教导。

在社会规则的教授中，比较基础的教学内容包括礼貌地回应、适宜地打招呼、冲突的解决以及分享信息。对于他人发起社交的礼貌回应，教师可以通过训练儿童的共同注意、目光对视、依据脚本演练回应的方式进行。当儿童有主动引起他人注意发起社交的需求时，教师要逐步引导儿童以适宜的方式发起社交，可以发展替代性行为（用轻轻拍对方的手臂来引起他人的注意，而非敲打），可以用禁止类的视觉提示卡片预防问题行为的发生并发展出相应的替代性行为。儿童在与同龄人的互动中发生冲突是很常见的事情。当看到了喜欢的玩具会去抢夺时，教师或者家长就需要教授儿童使用正确的冲突解决方案（如提出"我可以玩一玩吗"或者"我用小汽车和你换一换可以吗"的请求）。当儿童希望与他人进行沟通但是无法准确表达自己的想法时，教师或者家长可以为其提供信息分享表，帮助其实现沟通。

第三节
常规执行的教学方法

一、视觉提示

在自闭症儿童的教育过程中，视觉提示可以帮助自闭症儿童更好地理解自己所处的世界：可以让儿童明确自己应当遵守的规则，减少问题行为的出现；帮助儿童对自己一天的生活学习安排有事先的了解，明确接下来会发生什么；帮助儿童理解如何完成一项任务、参与一项活动并在结束后告知他人；帮助儿童更好地完成活动转衔，减少由于活动、场景变化而带给儿童的焦虑感；此外，视觉提示还可以为儿童提供一种表达自身需求的方式，帮助儿童进行有效的沟通。在日常生活与学习中，一些传统的教学技术和方法往往很难在自闭症儿童身上发挥作用，因为它们可能并不符合自闭症儿童的认知学习风格。基于自闭症儿童视觉优势的特点，为其提供更为明确的可视化的任务指导，给任务赋予更明确的意义，不仅可以吸引儿童的注意力，还可以帮助他们更好地进行理解和学习。

视觉提示主要包括视觉指令、视觉组织和视觉注释三方面的内容。视觉指令可以帮助自闭症儿童更好地理解家长或者教师对他们的行为预期，这是任务组成中的重要部分。在常规执行的教学过程中，视觉指令被广泛地运用到自闭症儿童对于规则的理解和遵守方面，如卫生间门口贴着的小朋友排队的图片提示自闭症儿童在等待如厕的过程中应当保持的行为特征，课桌上一张"不要趴在桌子上"的图片提示自闭症儿童上课时应当端坐而不是趴在桌子上。

图 6-1　排队的视觉提示

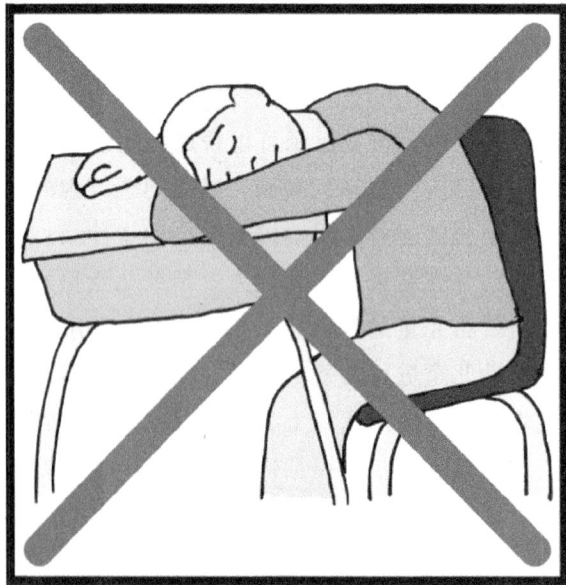

图 6-2　不要趴在桌子上

　　自闭症儿童在组织任务材料方面的能力非常有限，杂乱无章的材料呈现和组织，可能会导致他们分心走神、焦虑甚至是情绪崩溃。在日常生活中，家长和教师应当根据顺序性、新颖性和尽量小的刺激性原则对儿童的任务材料进行合理的视觉组织和结构化呈现。图 6-3 展示的就是小石头放学回家后的日程安排。

日程表

□　到家了

□　脱衣服

□　吃晚餐

□　洗澡

□　看故事书

□　睡觉

图 6-3　小石头放学回家后的日程安排

　　视觉注释的作用是为了帮助自闭症儿童更好地明确任务中的重点和要点。在多样的任务材料、多步骤的任务执行中，自闭症儿童可能会茫然无措，无法理解任务的要求和规则；将任务进行分割，并提供重点注释、视觉提示，往往可以帮助他们更好地理解。例如，教师在进行分类任务的教学中，可以通过加强不同物品之间的差异性（高对比度的颜色、更易于区辨的形状和属性等）来进行视觉注释。再如，需要教导学生完成擦玻璃的任务时，可以在玻璃上涂抹色彩鲜明的颜料，增强"玻璃脏了"的概念。此外，还可以借助荧光笔、胶带等材料来突出儿童需要完成的任务内容和重点。

　　视觉提示的载体形式是非常丰富的，并非仅仅局限于图片。当教师需要设计一个视觉提示的时候，需要考虑让提示更加符合使用者的能力水平，更倾向于其偏好，表现手段更加简单明了。例如，同样是一日常规的日程表，有的学生使用照片或者卡通图片即可，有的学生可能就需要使用实物来呈现（如代表刷牙活动时放置一个牙刷，代表晚饭的时间时放置一双筷子等）；同样是提示学生上课时不能吃东西，有的学生可以从一张给汉堡打叉的图片中获取此信息，而有的学生仅需要一张写有"不要吃东西"的字卡就可以。虽然根据学生的实际水平和偏好情况，视觉提示的设计和载体非常丰富和个性化，但是教师和家长切忌在视觉提示中加入教学成分，如希望在日程表中增加学生认字的机会，便对一个汉字掌握并不精熟的学生使用文字版的视觉提示是很不可取的。

二、行为塑造

行为塑造法是一种使用系统性的区别性增强逐步接近目标行为的策略，是发展新行为的有效方法。教师或者家长计划使用行为塑造法时，需要明确该方法的核心要点，即系统性、区别性增强以及渐进性：所谓系统性是指教授新行为的过程中保证教学目标的统一，任何一部分的教学活动和教学决策都是为最终目标行为的实现而服务的，切勿在塑造过程中随意改变教学标准；所谓区别性增强是指每一阶段的教学过程中，仅对符合目标定义的行为进行增强，对于不符合目标行为特质的行为不予增强；所谓渐进性，是指根据儿童的实际表现和学习能力，调整教学的进度（所增强的行为特征）。下面的例子即展示了教师如何使用行为塑造法帮助豆豆吃胡萝卜的行为。

🔗 案例

豆豆非常讨厌吃蔬菜，在进餐时完全拒绝食用蔬菜，王老师准备用行为塑造法来发展豆豆吃胡萝卜的行为。豆豆端坐在餐桌前时，王老师将一个装有胡萝卜的盘子放在豆豆面前。王老师发出指令"把胡萝卜拿起来"，当豆豆完成时，王老师立即给予豆豆口头表扬；王老师发出指令"闻一闻胡萝卜"，豆豆将胡萝卜放在鼻子前面闻了一下，王老师立即给予豆豆口头表扬和一小片薯片；王老师发出指令"舔一舔胡萝卜"，豆豆将胡萝卜放在鼻子前面闻了一下，王老师重复指令"舔一舔胡萝卜"，豆豆将胡萝卜放在嘴边伸出舌头舔了一下，王老师立即给予豆豆口头表扬和一小片薯片；王老师发出指令"咬一小口胡萝卜"，豆豆咬了一小口胡萝卜，王老师立即给予豆豆口头表扬并在她咽下去后给予一大片薯片。

新行为的学习和掌握，需要大量的时间和努力，对于自闭症儿童而言更是充满了挑战，当教师准备使用行为塑造法教授一个新的行为时，应当做好长期改变的准备。对于豆豆而言，克服对于蔬菜的排斥是一个长期目标，没有什么方法和策略可以帮助其迅速改变挑食的问题，所以教师选择一种蔬菜（即实例中的胡萝卜）作为系统性改变行为的起点。在进行行为塑造的过程中特别需要注意的是区别性的强化策略。对于豆豆而言，"把胡萝卜拿起来"远比"闻一闻胡萝卜"简单且易接受，这时候对于相对困难任务给予的强化等级便要高于简单任务，所以教师除了给予口头表扬外还给予了一小片薯片（于豆豆而言更大的强化物）；当豆豆错误反应"舔一舔"的指令时，她做出了之前已经被强化过的"闻一闻"反应，这时候是违背渐进性塑造行为的原则的，所以教师对其错误反应予以忽略并重新发起"舔一舔"的指令；第一次完成"咬一口"的任务难度对于拒绝食用胡萝卜的豆豆而言是最困难的，所以当豆豆完成后教师立刻给予豆豆口头表扬和远高于其他任务的强化（一大片薯片）。通过使用有效的区别性增强，可以逐步建立起豆豆食用胡萝卜的行为。

使用行为塑造的方法发展新的行为时，教师需要注意以下几个方面。

①确定合适的目标行为。很多时候教师面对的学生往往需要改变或者发展多个行为，这时候优先选择一个目前亟须改变的行为显得尤为重要。对于合适的目标行为的确定应当充分考虑个体在这一行为改变后可以从环境中获得额外强化物的可能。

②确定需要增强的初始行为。当确定好了目标行为也就是行为塑造的终点时，我们应当选择一个合适的起点来开始系统的行为塑造。选择初始行为一方面要选择与目标行为相关的行为，如触摸胡萝卜之于吃胡萝卜，嘴唇的运动之于表达性语言的训练等；另一方面，初始行为应当是学生已经掌握的技能和反应，这样可以大大减少初始行为发生的难度和等待时间。

③确定行为达标的标准，即目标行为应达到的测量维度，如反应的形态（塑造一个双手平举齐肩的行为）、持续时间（塑造一个每节课安坐 20 分钟的行为）、速度（塑造一个每分钟做一道题到每分钟做三道题的行为）等。需要注意的是，行为达标标准的确立并不仅提示目标行为塑造的结束，还展现了初始行为到目标行为之间的差距，进而帮助教师确定系统性和渐进性塑造的阶段目标。

④限制每一个阶段的尝试次数。在用行为塑造法建立一个新的行为过程中，可能会出现在某一个阶段的尝试中长期停滞不前的状态（如在豆豆的例子中，可能会出现一直无法完成"舔一舔"的要求而进行多次尝试的可能）。出现这种情况的原因可能是阶段性目标太高导致学生无法达标或者是整个行为塑造程序的进程过于缓慢，这时候教师应当一方面对阶段性的目标进行调整，另一方面提供适当的辅助或者提升强化物的强度帮助学生尽快进入下一个阶段。

⑤达标后进行持续性的增强。目标行为的达成并非行为干预的终点，因为对于一个新掌握的行为而言，如果得不到持续性的增强可能会出现目标行为遗失或者表现水平下降的现象，这时候便需要教师和家长持续性地对新达标行为进行增强，直至达到行为维持的标准为止。

三、连锁训练

行为塑造法为发展一个新的行为提供了有效的策略支持，但是日常生活中我们往往需要应对更为复杂的生活、工作事件，这时候仅使用行为塑造的方法便有些不合时宜，我们需要运用更为有效的支持策略。自闭症儿童常规学习的最终目标在于能够发展出独立的生活技能（例如，使用公共设施、进行自我照护、执行交通规则以及适切的社交互动等）。只有这些技能顺利地发展，自闭症儿童才能更有效地在最少受限的环境中独立生活，或者能在不需要监督的情况下参与各种活动。这些自闭症儿童所需要接受、学习和发展的任务和技能，可以使用行为连锁的方式进行教授，以帮助儿童表现出更高的自我独立性。

所谓行为连锁训练，是指将特定的任务或技能通过工作分析的方式进行分解，形成数个组成单元，每个单元之间相互连接，通过教授学生依次完成各个单元的连锁反应以达到任务或技能学习的策略。日常生活中行为连锁的例子有很多，我们也在通过行为连锁的方法来学习新技能或者执行任务。对于一个不会做油焖大虾的人来说，当他想去做这道菜便有可能会在网上查询制作油焖大虾的菜谱，这里的菜谱就为完成油焖大虾提供了行为连锁的指导。通过对照菜谱，可以知道制作过程包括备菜、处理虾线、热油、依次加入虾和各种调料、盖锅盖焖至汤汁浓稠、摆盘完成。在对照菜谱完成过一次后，有经验的人以后再做油焖大虾时就无需对照菜谱，会根据个人口味调整调料的比例以满足自己的偏好。通过菜谱的学习，掌握做一道菜的技能甚至进行个性化的调整，是我们学习的结果，但是做菜的顺序依然是按照菜谱所提示的每个步骤进行，这里菜谱所提示的各个步骤即为行为连锁的组成单元。

如果教师希望以行为连锁训练的方法开始一个新技能的学习，进行准确的工作分析便是教学准备的第一步。工作分析是指将一个复杂的行为划分为小的、可教导的单元，并使之成为连续序列的任务步骤以达到习得新技能的目标。工作分析对于目标技能的划分并不是千篇一律的固定章法，而是充分体现个别化，可以依据自闭症儿童的年龄、认知水平、先备技能程度以及个人的学习经验进行设计。虽然每个拆分单元的大小以及难度是根据个体情况决定的，但是基本原则在于所有划分单元的呈现必须是序列性的。按照一定的顺序完成各个单元即意味着任务技能的完成。为了确保教师对目标技能的工作分析是准确而有效的，可以通过如下方式进行确认：①观察有能力完成该技能的个体完成技能的过程中所展现的步骤；②对于特定的专业技能（如修补衣服、制作蛋糕等）可以咨询精熟于此项技能的专业人员；③教师可以自己执行一次目标技能并对其步骤进行总结表述。

给予行为连锁训练的原理，发展出多种具体的教学操作，如顺向行为连锁训练、全工作行为连锁训练、逆向行为连锁训练、限时行为连锁训练等。下面的例子即展示了教师通过顺向行为连锁的方式教导学生刷牙的技能。

🔗 案例

李老师希望通过行为连锁训练的方式教导儿童猫猫学会刷牙。通过工作分析，李老师将刷牙划分为八个步骤：漱口、挤牙膏、刷牙齿外侧、刷咬合面、刷牙齿内侧、吐掉泡沫、漱口、清洗牙具。按照工作分析的顺序，当猫猫完成漱口的动作后，李老师立刻给予口头表扬并在猫猫的代币板上贴上一枚代币作为奖励；在猫猫熟练掌握漱口的技能后，加入挤牙膏的步骤，只有当猫猫先完成漱口，再完成挤牙膏这两步动作后李老师才会给予口头表扬和代币增强；当漱口、挤牙膏两步动作精熟后，加入第三步刷牙齿外侧，只有当猫猫依次完成三步动作后李老师才会给予口头表扬和代币增强……

采用顺向的行为连锁训练，要求学生按照工作分析所展示的具体步骤依次完成所有的单元，而教师需要控制给予强化的时机。当学生可以完成第一个拆分单元后，教师应当立刻给予增强，下一次学生如果想要得到强化时，就必须依次完成单元1和单元2，再下一次的强化需要学生依次完成单元1、单元2和单元3，以此类推直至学生可以独立完成所有的单元即掌握该技能。顺向的行为连锁训练的优点是显见的，学生可以通过的反复的练习来维持已经掌握的单元的精熟度。相应地，由于在学习技能的过程中，每一次的教学仅局限于已掌握的部分单元和当下学习的特定单元，学生无法完整地训练整个技能的操作，无法获得技能操作本身所带来的自然强化。

全工作行为连锁训练是顺向行为连锁训练的一个变式。顾名思义，全工作行为连锁训练中，学生每次尝试都可以完成新技能的所有步骤。学生在正确完成步骤时教师不予反馈，当学生无法完成某一步骤时教师给予辅助，下一个步骤继续交给学生独立尝试，直至完成所有的单元。以李老师教导猫猫刷牙为例，李老师可以发指令"猫猫刷个牙吧"，猫猫开始独立进行刷牙，首先漱口，然后挤牙膏，挤完牙膏后开始刷牙齿外侧、咬合面，刷完咬合面后猫猫准备吐掉泡沫，李老师在旁边提示"还要刷一刷牙齿里面哦"，猫猫开始刷牙齿内侧，最后吐泡沫、漱口、清洗牙具完成刷牙的全过程。

逆向行为连锁训练是指，除了工作分析中的最后一个行为外，其他单元的行为均由教师完成，当教师完成之前所有的步骤后交予学生来做最后一个步骤，学生正确反应，教师立刻给予强化；接下来，教师会留下最后两个步骤交予学生完成，学生正确反应，教师立刻给予强化；干预继续，教师会留下最后三个步骤交予学生完成，学生正确反应，教师立刻给予强化；直至学生可以完成该技能的所有步骤为止。通过逆向行为连锁训练的方法教授一个新的技能，学生可以反复观察技能完成的步骤，自己在每一次尝试后都可以得到技能的自然强化。此外，逆向行为连锁训练的另一个优点是可以帮助学生发展出功能关系。

限时行为连锁训练是在工作分析的每一个单元的反应达到标准上增加了时间限制的要求，只有当学生同时满足每个单元的反应形态以及时间限制的要求后，才可以得到增强。限时行为连锁在日常生活中也是很常见的，如在使用银行取款机时需要在指定的时间限制内输入正确的取款密码才能取到钱；再如使用公共电话时，投币后需要在指定的时间限制内完成拨号才能打出去电话，否则会退币。在进行限时行为连锁训练时，教师可以采用逐渐提高的标准帮助学生完成目标技能的学习。

当学生可以熟练地进行行为连锁完成技能后，教师还可以通过行为中断的方式帮助其发展新的技能。使用行为连锁中断策略的前提是学生已经可以独立、熟练地完成某技能。这时候教师在某一个单元后进行中断，可以引发一个新的行为出现。例如，可以使用行为连锁中断策略教导学生提要求。当学生已经可以独立完成且熟练掌握如厕技能后，教师可以在其冲马桶前挡住冲水按键，这时候引导学生以口语的形式提出"请让一让，我要冲水"的要求。

第四节
兴趣拓展的教学

一、兴趣发展与儿童发展

所谓兴趣，是人们在从事某些活动时所表现出来的特定心理倾向，对个体的发展和成熟具有重要意义。关于兴趣的产生，目前有需要假说、认知假说和信息假说三种理论。需要假说认为人的兴趣产生于特定对象对于个体需要的满足；认知假设认为人的兴趣产生于个体学习中的智力活动或思维过程；信息假设则认为智力活动能够降低或消除心理不确定性，如困惑、疑问等内容信息的获得对兴趣的产生起关键作用。

兴趣作为个体发展的一个重要方面，其形成同样受先天、后天等因素的影响：一是个体出生以后，受遗传、环境、群体、社会文化等因素的影响，在与环境相互作用过程中自发形成；二是儿童在成长过程中，通过参与各种社会实践活动（包括游戏）而发展起来，这类兴趣有可能是儿童在自己设计的活动或游戏中自发形成的，也有可能是家长、教育者通过有意设计刺激物或活动（兴趣指向对象）来引起儿童注意，儿童因体验到了活动或活动结果带来的愉悦而逐渐产生的。据此，我们将兴趣分为两类：一类源自个体的内在需要，是儿童在成长过程中，在没有外界力量（有意）干预的情况下自发形成的对某些事物、活动所特有的一种指向性态度，这种兴趣或者是与生俱来的，或者是在儿童的自主活动中自发产生的，我们将其称为"内在兴趣（个人兴趣）"；另一类兴趣源自个体之外的各种刺激，是通过父母或教师提供的外部刺激（活动结果）而产生的，这类兴趣我们将其称为"外在兴趣（情境兴趣）"。

内在兴趣是儿童本性的一种流露，这类兴趣由于是儿童对活动本身有愉悦情感而自发产生的，其自发性特征意味着儿童处于一种活动的自主状态，这种自主活动使儿童摆脱了成人的控制与监督，儿童在某种程度上主动地控制周围的环境而不是顺从或依赖于成人。例如，为了使活动更好地进行下去，儿童会自觉思考问题、制定规则。

如果不是被成人遏止，内在兴趣通常是持久的。外在兴趣是在教育者精心设计或安排的环境与活动中，通过人为引导（提供外部刺激）而形成。例如，父母通过给予孩子物质奖励来鼓励孩子参加某些活动，学校通过设立"三好学生"、奖学金等来鼓励学生努力学习等。这类兴趣最初是不稳定的，容易随着外部刺激的消失而消失。但是，正如情境兴趣在一定条件下可以发展为个人兴趣一样，如果教育方法得当，引导得好，外在兴趣也可以转化为内在兴趣，成为儿童的一种内在需要，从而保持下来。

二、自闭症儿童兴趣特点

根据 DSM-5 中对于自闭症儿童核心障碍的定义，行为方式、兴趣或活动内容狭隘、重复，至少要符合以下 4 项中的 2 项：①语言、动作或物体运用刻板或重复（如简单刻板动作、回声语言、反复使用物体、怪异语句）；②过分坚持某些常规及言语或非言语的仪式行为，或对改变过分抵抗（如运动性仪式行为，坚持同样的路线或食物，重复提问，或对细微变化感到极度痛苦）；③高度狭隘、固定的兴趣，其在强度和关注度上是异常的（如对不寻常的物品强烈依恋或沉迷，过度局限或持续的兴趣）；④对感觉刺激反应过度或反应低下，对环境中的感觉刺激表现出异常兴趣（如对疼痛、热、冷感觉麻木，对某些特定声音或物料表现出负面反应，过多地嗅或触摸某些物体，沉迷于光线或旋转物体）。

可见自闭症儿童的兴趣狭窄问题是非常严重的，构成了核心障碍，影响到其正常的生活和学习。兴趣的狭窄同时也会对自闭症儿童的社会交往和沟通产生严重的影响。正常发展的儿童在与家长、同伴互动的过程中，表现出来对于他人的兴趣，进一步增强了他们的社交动机。但是对于很多自闭症儿童而言，对人的兴趣特别是同伴的兴趣似乎很难建立。低龄或重度自闭症儿童对于人的兴趣缺乏表现为：对人的声音无反应、无法持续关注人脸、无法形成目光对视等。由于对人的兴趣无法建立，给自闭症儿童的学习带来了重重困难。一方面，严重影响了自闭症儿童的学习效率，由于缺乏对人声和人脸的制约增强，儿童在学习过程中往往无法有效地提取有效信息，学习进程会落后正常儿童两倍甚至以上。另一方面，由于对人的兴趣缺乏无法建立良好的互动关系，在教学活动中儿童会表现出很低的参与度，无法完成长时间、复杂的教学任务。

感知觉的异常以及偏执沉迷，是自闭症儿童又一个重要表现。对于感知觉高敏的问题，教师可以考虑使用行为阻隔、系统脱敏等方法进行改善。对于感知觉低敏的儿童，在排除器质性病变导致的生理性低敏外，则应当考虑是否是对于各感官通道的刺激没有发展出制约增强所致。人在接受信息时虽然存在优势能力（如一些自闭症儿童表现为视觉优势的学习者），但是调动多感官通道对信息进行收集反馈，是个体认识世界的重要方式。当多感官通道的信息获取能力发展受损时，信息的不完整性会严重制约儿童的学习效率。此外，除了支持学习的信息通道外，感觉反馈还肩负发出危险信号保护个体安全的重要作用。在实际生活中，如果缺乏对于某种特定感官刺激的反馈，儿童往往会无法意识到所处的危险情境，也就无法做出及时的应对或者求助。

通过对自闭症儿童兴趣活动的拓展，发展其对人的兴趣可以有效地改善其刻板行为和问题行为。当儿童通过建立新的行为，可以从更多的活动中获得愉悦体验并得到增强时，其自伤、攻击等行为会得到有效的改善。而对于人的制约增强的实现，可以帮助儿童获得更为丰富的发展机会，为社会交往提供可能。

三、兴趣拓展的基本原理

帮助自闭症儿童拓展兴趣，其实质在于使得儿童可以发生新的行为并能够得到持续的增强效果。在实际教学中，我们可以采用刺激-刺激配对（stimulus-stimulus pairing）的方式进行。所谓刺激-刺激配对是指，将一个儿童的中性刺激（目前对行为没有引发作用的刺激，如声音、人脸、活动等）与非制约刺激（无需学习即可对食物等引起反应的刺激）或制约刺激（玩具等）进行反复的配对呈现，且不优先呈现中性刺激，最终使得原本的中性刺激发展为具有强化效能的制约刺激，以引发新的行为反应。

经典的刺激-刺激配对的例子也许就是巴甫洛夫对狗进行的实验。铃声在实验前并不能引发狗分泌唾液的行为，便是一个中性刺激，而肉含在口中会影响狗的唾液分泌，这一反应是无需学习天生就有的，所以肉就是一个非制约刺激。在实验的过程中，摇铃响起然后给狗一块肉，狗就开始分泌唾液。经过反复的配对试验后，只摇铃狗也可以分泌唾液，这时候铃声已经从一个中性刺激被配对成了一个同样会引发唾液分泌这一行为的刺激物，即被称为制约刺激。

在使用刺激-刺激配对的实践操作过程中，需要特别注意的有两点：其一，需要注意选择适当的强化物，这个强化物要具有相应的强化能力，为了保证每一次的干预都能够顺利地进行，在干预前需要对强化物进行评估，具体方法在前文中已经有了详细的描述。其二，需要注意强化物给予的时机，我们希望建立刺激与刺激间的相同的强化作用，就要求我们在目标行为出现后立刻给予增强。

除了应用刺激-刺激配对的原理拓展自闭症儿童的兴趣外，我们还可以尝试使用普雷马克原理（Premark Principle，又称为祖母法则）来拓展自闭症儿童的活动。所谓普雷马克原理是使用高频的行为来作为低频行为发生的强化后果，最终可以提高低频行为在未来的发生率。对于挑食的儿童而言，可以使用普雷马克原理帮助儿童拓展其食谱。当一个儿童喜欢吃肉而拒绝吃菜的时候，吃肉就是一个高频行为，吃菜就是一个低频行为。当我们使用普雷马克原理进行干预时，就要求儿童先吃一口菜，再吃一口肉；通过逐步增加吃菜的确定或者不确定的数量来给予吃肉的机会，进而实现拓展其食谱的效果。

四、兴趣拓展的方法实践

兴趣拓展主要使用刺激-刺激配对的教学流程。在进行刺激-刺激配对的教学过程前需要先收集当前自闭症儿童目标行为的表现情况，下表 6-1 即为收集目标行为观察记录的数据表格。对于活动类（如看绘本、做手指操等）的任务，我们一般会选择 5 分钟的观察时段，将其拆分为 5s 一个时距共计 60 个时距，分别记录出现的行为。记录行为的方式主要包括两种：一种是全时距记录，即在 5s 的时距内行为持续发生则记录为＋；另一种是部分时距记录，即在 5s 的时距内行为一旦发生则记录为＋。观察的过程中我们主要记录四种行为：目标行为（TA）、钝态行为（P）、刻板行为（S）和其他行为（OA），其中目标行为采用全时距记录，钝态行为、刻板行为和其他行为采用部分时距记录。

表 6-1　扩大强化物来源数据记录表

姓名		活动			场景		记录人		时间	
	1		2		3		4		5	
1	TA	P	TA	P	TA	P	TA	P	TA	P
	S	OA	S	OA	S	OA	S	OA	S	OA
2	TA	P	TA	P	TA	P	TA	P	TA	P
	S	OA	S	OA	S	OA	S	OA	S	OA
3	TA	P	TA	P	TA	P	TA	P	TA	P
	S	OA	S	OA	S	OA	S	OA	S	OA
4	TA	P	TA	P	TA	P	TA	P	TA	P
	S	OA	S	OA	S	OA	S	OA	S	OA
5	TA	P	TA	P	TA	P	TA	P	TA	P
	S	OA	S	OA	S	OA	S	OA	S	OA
6	TA	P	TA	P	TA	P	TA	P	TA	P
	S	OA	S	OA	S	OA	S	OA	S	OA
7	TA	P	TA	P	TA	P	TA	P	TA	P
	S	OA	S	OA	S	OA	S	OA	S	OA
8	TA	P	TA	P	TA	P	TA	P	TA	P
	S	OA	S	OA	S	OA	S	OA	S	OA
9	TA	P	TA	P	TA	P	TA	P	TA	P
	S	OA	S	OA	S	OA	S	OA	S	OA
10	TA	P	TA	P	TA	P	TA	P	TA	P
	S	OA	S	OA	S	OA	S	OA	S	OA
11	TA	P	TA	P	TA	P	TA	P	TA	P
	S	OA	S	OA	S	OA	S	OA	S	OA
12	TA	P	TA	P	TA	P	TA	P	TA	P
	S	OA	S	OA	S	OA	S	OA	S	OA

刺激-刺激配对的干预过程主要包括配对和测验两个部分，第一次的干预尝试中配对和测验的时长均为 5s。在配对过程中，首先教师需要获得儿童的注意力，通过指令或者辅助的方式让儿童开始目标行为。当儿童开始目标行为后教师便开始计时，在接

下来的时间里只要儿童保持目标行为的持续出现，教师就给予其增强。当目标行为持续 5s 即停止计时，视为配对成功即进入测试阶段；当目标行为未达到 5s 时则需要计时归零重新开始配对，直至达成 5s 的配对成功标准。进入测试期时，儿童目标行为需持续表现 5s，则记为＋，若目标行为没有持续发生达 5s，则记录为－。测试阶段完成后重复进行下一轮的配对和测试，直至完成 20 个测试为止。当 20 个测试的结果达到连续正确率超过 90% 两次即视为通过而进行因变量的测试。测试过程和前测一样，需要达到连续正确率超过 90% 两次即视为干预结束。如果测试结果不达标则需要重新进行刺激-刺激配对的干预流程，且将配对和测试部分各增加 5s，依次进行，直至完成目标行为的达标标准。

需要注意的是，在配对过程中强化物的给予。如果使用食物或者饮料作为强化物，需要保证其量较少可以快速吃/喝完，除了食物类的强化物外，还可以使用身体的抚摸、低声的口头表扬作为强化物。在每一个配对时距内平均给予 2～3 次强化，且配对时距内的第一秒和最后一秒不予增强。在测验阶段开始计时之前需要确认儿童口中的食物或者饮料已经吃/喝完，才能开始测验阶段的计时。在测试阶段，对于儿童的目标行为不予增强。

教学范例

• 对于声音的兴趣拓展教学

建立自闭症儿童对于人声的制约增强，可以帮助儿童有效地从其他声音中区辨人声。当别人进行呼名时，儿童可以转向目标，是发展社交回应的基础技能。通过拓展自闭症儿童对于人声的兴趣可以帮助其完成听者指令以及相应的课程。在可以有效地从人声中获取信息的基础上，自闭症儿童可以更快地进行学习。同时，当儿童对人声产生兴趣后，可以更为自然地在环境中关注他人，拓展了其参与活动的丰富性，如在自由活动中选择听大人讲故事等。

材料：录音机、录有学生家人或教师读故事的录音带、7.5cm 的方形蓝色按钮两个、计时器、记录表、学生喜欢的食物。

训练流程：

配对-测试阶段

①初始阶段包括 5s 的配对部分和 5s 的测试部分，记录其中测试部分的按键听故事行为；

②配对部分开始时，如果学生没有按住播放故事录音的按钮，教师则提供辅助；

③配对部分，学生持续按压按钮时教师给予强化（食物强化或者身体的触摸等），每个部分中提供 2～3 次对于目标行为的强化，注意配对时距的第一秒和最后一秒内不予强化；

④配对部分结束后进入测试部分，撤除对于目标行为的强化，对目标行为进行全时距记录；

⑤测试部分结束后进入下一个配对-测试，直至完成20个测试；

⑥连续配对-测试阶段达标90％两次即视为通过，进入偏好探测阶段。

偏好探测阶段

①放置两个按钮，一个按钮按下可以播放读故事的录音，另一个无反应；

②五分钟的观察时间划分为60个时距，5s一个时距；

③观察开始后，以全时距记录按下播放按钮听故事行为，以部分时距记录语言刻板行为；

④连续两次90％的目标行为达标即视为通过；

如未通过则返回配对-测试阶段，并将每部分时距＋5s，重复以上流程，直至偏好探测阶段达标。

• 对于人脸的兴趣拓展

当对人脸的制约增强没有建立的时候，自闭症儿童无法做到主动观察人脸以获取信息。通过刺激-刺激配对的原理，将自闭症儿童看人脸的兴趣进行拓展后，他们可以主动地观察人的面部，可以进一步地发展眼神注视，与他人有良好的眼神接触。人的面部可以传达许多社交信号，人脸的制约增强可以为与他人进行良好的互动打下基础，可以为社会化水平和认知发展水平做好准备。可以通过对他人面部细节的观察以获取信息，自闭症儿童可以达到交流和学习的目的。在观察的过程中，儿童可以注意、理解他人的表情变化，建立与他人进行深入的沟通的基础。观察人脸与声音制约增强的建立，可以使得儿童接触和发展更多的社会性后效。

第一步：获得儿童的注意力，使其看向实验者的面部。

实验者使用非语言（弹嘴唇、发出大声的亲吻声"mua"、乐器声等）或语言使儿童转向其面部。例如，叫儿童的名字或者直接说"看我"。

第二步：当儿童看向实验者面部时即记为一次配对并开始计时。

实验者采用多种形式对儿童进行反馈，活泼丰富的情绪表达、和儿童讲话、唱歌，实施摸摸儿童的脸、头或者胳膊等身体接触。

第三步：配对终止并停止计时。

儿童将目光从实验者的面部移开超过1s即视为本次配对结束并停止计时。

第四步：重复步骤一到步骤三，直至完成20次配对则本次干预结束。计算20个配对中儿童看向实验者面部的时间总和，若超过160s则视为通过。

备注：看向实验者的面部包括儿童看实验者脸的任何部分，包括但不限于前额、脸颊、头发、眼睛、下巴、嘴巴等。

小结

  本章主要介绍了自闭症儿童的常规执行教学。教师在制订教学目标与计划时，要注意结合自闭症儿童个体学习特点和实际水平，利用儿童的兴趣和强化物以提高儿童的配合度。家长要配合教师开展好家庭教育，家校合作有利于儿童各方面技能的发展。同时，视觉提示、行为塑造与连锁训练是常规执行教学的有效教学方法，教师和家长要将这些方法贯穿于教学过程的方方面面。

思考题

一、单项选择题

连锁训练不包括以下哪一项？（ ）

A. 正向连锁

B. 反向连锁

C. 全连锁

D. 部分连锁

二、简答题

1. 相比于普通发展儿童，自闭症儿童的常规执行能力有哪些特点？

2. 在进行常规执行能力的教学过程中，教师可以使用哪些教学策略？

三、论述题

1. 结合自闭症儿童个案的特点，阐述如何使用刺激-刺激配对的方式帮助自闭症儿童拓展兴趣物。

2. 设计一个教导自闭症儿童学习使用洗衣机的教学方案。

3. 设计一个教导自闭症儿童用适当的速度进食的教学方案。

延伸阅读

  〔美〕Adel C. Najdowski，*Flexible and Focused：Teaching Executive Function Skills to Individuals with Autism and Attention Disorders*，Academic Press，2017.

第七章

自闭症儿童情绪管理能力及其教学

- 自闭症儿童情绪管理能力及其教学
  - 自闭症儿童情绪障碍理论及其教学策略
    - 自闭症儿童情绪障碍理论
    - 自闭症儿童情绪管理能力的教学策略
  - 自闭症儿童情绪识别能力的教学
    - 面部表情的识别
    - 情境中情绪的识别
  - 自闭症儿童情绪表达能力的教学
    - 面部表情的表达
    - 情境中情绪的表达
  - 自闭症儿童情绪回应能力的教学
    - 学会提供帮助
    - 学会寻求帮助
  - 自闭症儿童情绪调控能力的教学
    - 学会情绪调控
    - 情绪调控的方法
  - 自闭症儿童情绪管理能力的综合教学

1. 自闭症儿童情绪障碍理论的主要内容，以及自闭症儿童情绪管理的教学策略，如多重范例教学、回合式教学、辅助程序、教学内容调整程序等。

2. 情绪识别为进行进一步情绪教学的先备技能，本章介绍了自闭症儿童情绪识别的教学方法。

3. 自闭症儿童情绪表达能力的教学方法。

4. 自闭症儿童情绪回应能力的教学方法。

5. 自闭症儿童情绪调控能力为一项高阶技能，本章也对情绪调控能力的教学方法进行了说明。

学习目标

1. 了解自闭症儿童情绪管理有哪些可以实施的教学策略及方法。

2. 了解情绪发展与教学的脉络，结合实际案例设计情绪管理能力的教学计划。

导　　读

自闭症儿童的两大核心障碍是"社会交流与社会互动障碍"和"限制性、重复的行为或兴趣"。自闭症儿童在社会交往中的一个突出特点就是情绪理解困难，难以理解自己和他人的情绪状态，并且难以基于情境正确地表达自我情绪和回应他人的情绪。其中，自闭症儿童不能通过非言语线索（面部表情、肢体动作、语音语调等）来理解他人的情绪状态，进而做出适当地社会反应。另外，自闭症儿童的刻板行为和有限兴趣使其难以适应动态的环境，表现为他们不能根据情境的需要调节自我情绪，从而适应变化了的环境。所以，有必要对自闭症儿童进行系统性的教学，从而提高自闭症儿童对自身情绪和他人情绪的认识与驾驭的能力，也就是提高自闭症儿童的情绪管理能力。自闭症儿童的情绪管理能力主要包括情绪识别能力、情绪表达能力、情绪回应能力和情绪调控能力四个部分。

第一节
自闭症儿童情绪障碍理论及其教学策略

一、自闭症儿童情绪障碍理论

社会认知缺陷和社会动机不足是自闭症儿童情绪障碍的两个主要原因。

(一)社会认知缺陷

在社会认知层面，我们主要讨论的是心理理论(Theory of Mind)。心理理论，也称作心理化，是指个体对他人情感、愿望、意图、信念等心理状态的理解能力，以及依此对他人的行为做出解释和预测的能力。这种能力是进行社会互动的重要技能，是建立社会关系的重要条件。一般发展的儿童可以很快地习得心理化的能力，大约在 5 岁时，就可以理解比较复杂的社会情境，如错误信念、假装、欺骗以及善意的谎言。但自闭症儿童整体缺乏心理理论，对心理状态的归因存在着缺陷。心理理论与情绪知觉和情绪表达是相联系的，若自闭症儿童不能理解他人的内在想法，就无法理解愿望和信念如何导致某种情绪的发生，也就无法评估他人的情绪状态。

当个体对他人的意图、信念和欲念进行推论时，社会脑网络系统中的三个主要区域会被激活：前额叶皮质、颞上沟以及杏仁核。而大多数自闭症儿童在这三个区域存在着异常，进而也会导致社交行为的异常。前额叶皮质的核心功能就是个体观察他人所做出的反应，并根据他人的反应灵活地调节自身行为的能力。当这个区域功能出现异常时，个体就对他人的需求反应不敏感，而趋向于固执地关注自己感兴趣的主题。这种对社交反馈的不敏感正是自闭症儿童的常见特征。颞上沟专对生命运动的感知，是儿童察觉和理解如面部表情等社交信息的非常重要的解剖部位。杏仁核为各种刺激分配情绪价值，包括正性价值(奖赏)和负性价值(恐惧或惩罚)。假如儿童为周围所有的刺激都分配了同样的情绪价值，或者儿童为不寻常的刺激分配了情绪价值，那么这个儿童的注意力也许游离不定或被一些不相关的刺激(如旋转的吊扇)所吸引，而不能专注于环境中有意义的事情。这也就有助于解释为什么自闭症儿童通常对社交环境中有意义的事情很少关注。目前，针对自闭症儿童在心理理论方面存在的不足，有关人员展开了提高自闭症儿童心智解读能力的实践，其中包括了情绪方面的教学。

(二)社会动机不足

在社会动机层面,我们需要了解社会动机理论(Social Motivation of Theory)。从最远的层面上看,社会动机来自与生存相关的协作活动的压力,从而构成了一种进化的适应性,旨在提高个体在协作环境中的适应能力。从最近的层面上看,社会动机可以被描述为一组心理倾向和生物机制,并由行为表现出来(见图7-1)。社会动机包括了个体倾向于融入人类社会世界(社会导向)、个体寻求和享受社会交往(社会奖励)和个体努力培养和维持社会纽带(社会维持)。自闭症儿童在"社会导向""社会奖励"和"社会维持"三个方面存在着缺陷,进而体现为社会动机的不足,直接影响了自闭症儿童的社会发展,也就包括了情绪管理能力的发展。除了与脑发育异常有关之外,社会动机的不足还与自闭症儿童后天的学习有直接的关系。在人与人的积极交往沟通过程中,个体的社会动机得到了不断的增强。但是,自闭症儿童在人际交往中,所体验到的冷落、排斥等负面的感受多于正面的感受,这使得他们的社会动机被削弱,更本能性地疏远周围人。

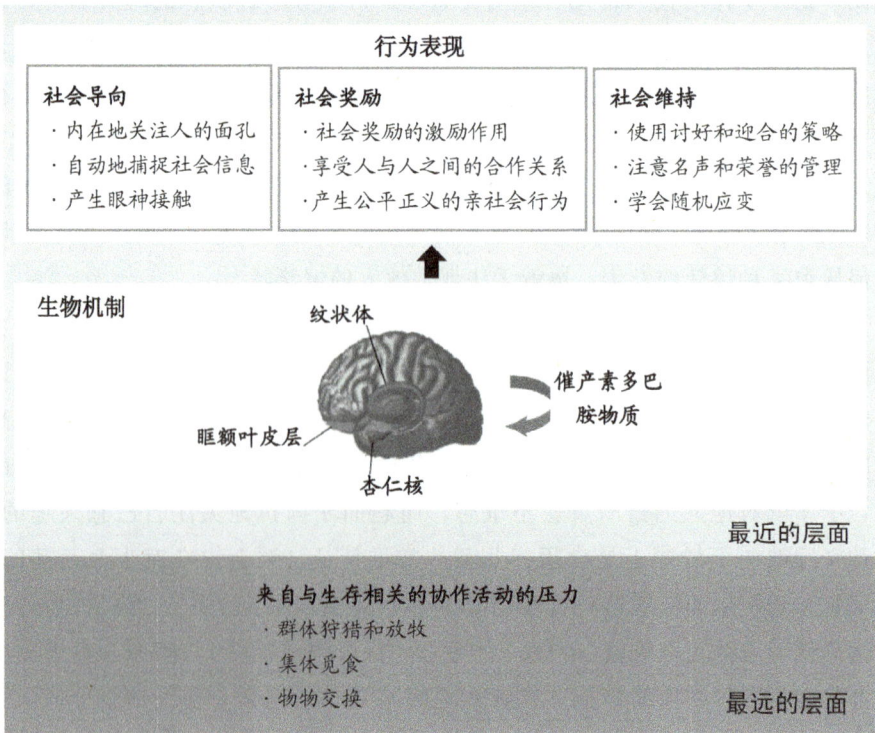

图 7-1　社会动机理论示意图

综上可知,在自闭症儿童情绪管理能力的教学中,一是需要提高自闭症儿童在情绪方面的认知能力,二是需要增加自闭症儿童积极的情绪体验,从而增强其动机。

二、自闭症儿童情绪管理能力的教学策略

自闭症儿童情绪管理能力的教学主要采用多重范例教学策略、回合式教学策略、辅助程序和教学内容调整程序。

(一)多重范例教学策略

多重范例教学策略(Multiple Exemplar Training)是指在教授某一主题，特别是抽象概念时，为了使儿童更好地理解和泛化，需要使用多种形式、不同对象、不同情境、内容丰富的例子，实现抽象概念的具体化。因为情绪是抽象的，为了实现教学的具体化，也就需要使用多重范例。较之一般发展儿童，自闭症儿童对情绪的理解能力较弱，对情绪理解的泛化能力不足。所以，当要对自闭症儿童进行情绪方面的教学时，更需要采用多重范例。因此，所使用的教学材料应该包括不同的内容，即表情、肢体语言、人物、情境等都应该是多样的。这样才能帮助自闭症儿童理解：不同情绪具有不同的面部特征和肢体动作，不同的人会出现同一种情绪，不同情境也会出现同一种情绪。目的就是为了提升自闭症儿童的情绪管理能力。

最常用到的教学材料就是情绪图片，可分为面部表情图片和情境性图片两种。为了实现多重范例的教学，面部表情图片和情境性图片均应包含不同情绪、不同人物、不同情境的描述(见表7-1)。其中，面部表情图片包括两种形式，一种是不含肢体动作的(见图7-2)，另一种是含肢体动作的(见图7-3)；情境性图片有两种形式，一种是单张图片(见图7-4)，另一种是一组图片(见图7-5)。另外，情境性图片还包括人物面部表情被遮住的形式(见图7-6)。

表 7-1 十种情绪的情境描述

情绪名称	情境描述	举例
快乐	某人获得喜爱的东西或者做喜爱的事情。	小芳得到了一个洋娃娃。 小阳喜欢画画，他在画画。
愤怒	某人喜爱的物品被他人弄坏或弄丢了；某人被他人故意地捉弄，或者受到严厉批评。	小玲的画被妹妹涂坏了。 小海的糖果被同学抢走了。
悲伤	某人喜爱的物品被自然力量弄坏了，或者被自己不小心弄坏或弄丢了；某人关系密切的人暂时离开或去世了。	小韩的气球被大风吹走了。 小毛不小心把喜爱的水杯摔坏了。 小田的爸爸出差了，不能陪她。 小田的爷爷去世了。

续表

情绪名称	情境描述	举例
害怕	某人遇到突然出现而超过自身承受能力的事情或遇到危险的事情。	小兰看到了一只大蜘蛛。 小慧在公园里迷路了。 小军的家里着火了。
惊奇	某人遇到奇特、异乎寻常、出人意料的事情。	小倩看到魔术师变出了一只兔子。 小西通过望远镜看到了太空中的星球。
厌恶	某人的鼻子闻到、嘴巴尝到、耳朵听到、眼睛看到、身体触摸到令人恶心的刺激。	小宁闻到袜子的臭味。 小静走路时踩到了狗屎。
焦虑	某人对某事过度担心，或者遇到难以预测、难以应付的事情。	放学了，妈妈还没来接小北回家。 考试快结束了，小南还没做完试卷。
害羞	某人因他人的赞美而不好意思，或者因怕生而难为情，或者因做错了事怕被人嘲笑而心中不安。	教师夸小美的裙子真漂亮。 小倩第一次在全班同学面前唱歌。 同学发现小娜把裤子穿反了。
轻蔑	某人因自身的优越感或他人不善的行为而看不起他人，或者因某事渺小而对其轻视。	小菲考了 90 分，而发现班长只考了 50 分。 在街上，小婷看到有人随手乱扔垃圾。 班级表演时，小丹只能演一棵不动的树。
自豪	某人因自己、他人或者集体取得的荣誉、成就而感到光荣。	小冉在全国奥数比赛中获得第一名。 小勇所在的篮球队获得了比赛第一。

图 7-2 六种基本情绪　　　图 7-3 四种复杂情绪　　　图 7-4 单张图片

图 7-5 一组图片　　　　图 7-6 面部遮住图

（二）回合式教学策略

回合式教学策略（Discrete Trial Training，简称 DTT）是应用行为分析中的一种具体教学策略，是教授自闭症儿童掌握技能的一种常用方法。回合式教学的基本步骤是把一个任务分解成数个子任务，每一子任务由数个回合组成，每一回合包括前事—行为—结果，有明确的开始和结束标志(见图7-7)。回合式教学策略能够将具有相同社会意义的不同刺激连接起来。例如，将"高兴"的面部表情、"高兴"的书面文字和"高兴"的发音这三种不同的刺激建立连接，共同体现"高兴"的意义。

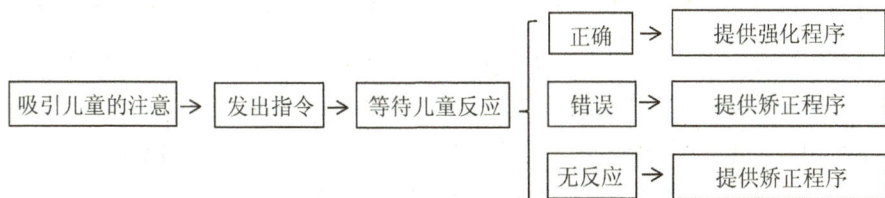

图7-7　回合式教学步骤

在教学中，儿童会出现正确反应、错误反应和3秒内无反应(亦可5秒内无反应，根据实际情况而定)三种情况。当儿童正确反应，教学者提供强化程序，包括描述性反馈(如"放对啦""指对啦""答对啦"等)和社会性表扬(如"你真棒""顶呱呱""你真厉害"等)。当儿童错误反应或者3秒内无反应，教学者提供矫正程序。若儿童在矫正程序中做出了正确反应，教学者不需要强化，但是为了提高儿童参与的积极性，教学者可以强化其他好的行为，如对儿童说"你很配合老师""你的小手放得很好""你的眼睛在看老师"等。

当教学指令要求儿童"指一指"时，儿童需要做出"听者行为"；当教学指令要求儿童"说一说"时，儿童需要做出"说者行为"。由此，矫正程序就包括"听者行为"矫正形式和"说者行为"矫正形式两种。"听者行为"矫正形式是指教学者首先使用手势提示和语言提示，即手指着正确的位置，并说出指导性话语，引导儿童做出正确反应；若在手势提示和语言提示下，儿童还未做出正确反应，教学者需要提供肢体辅助(半辅助或者全辅助)，引导儿童做出正确反应。"说者行为"矫正形式是指教学者使用语言提示，直接说出答案，引导儿童跟着说出答案；若儿童还未跟着说，教学者再使用语言提示，说"请跟老师说(答案)"，引导儿童跟着说出答案。

(三)辅助程序

教学者提供辅助程序的目的就是为了帮助儿童做出正确反应，以期在多次练习之后，儿童能够独立地做出正确反应，掌握某些知识和技能。按照"由最多到最少"的辅助等级，辅助主要有五种形式：①全辅助；②半辅助；③示范提示；④语言提示；⑤线索提示，包括眼神、位置、手势和突出大小等。矫正程序中，教学者使用的是全辅助、半辅助、语言提示和手势提示四种形式。其中，全辅助和半辅助合称为肢体辅助。

矫正程序所遵循的是"由最少到最多"的辅助顺序。

在教学中，若儿童学习新知识和新技能，教学者则需要使用"立即辅助程序"。立即辅助程序是指在呈现材料和发出指令后，教学者立即提供辅助，引导儿童做出正确的反应，然后提供强化程序。所以，若儿童未掌握某项内容，如连续两次前测独立反应的正确率均为0（次数和比率可根据实际情况进行调整），那么教学者在第一次教学时就需要采用立即辅助程序。在立即辅助程序下，儿童逐渐掌握了该项内容，如独立反应的正确率能够达到70％及以上，那么教学者需要撤销立即辅助程序，即发出指令后，等待3秒，以期儿童独立做出正确反应。立即辅助程序所使用的辅助形式和步骤可与矫正程序的相同，但是教学者也需要根据实际情况，进行一定的调整，如基于自闭症儿童视觉优势的特点，可在立即辅助程序中使用字卡提示，帮助他们更好地掌握情绪的表达。

(四)教学内容调整程序

在教学前，教学者需要就拟定的教学内容对儿童进行测试，即为前测。若儿童对某一项内容的独立反应正确率能够连续两次达到100％（次数和比率可根据实际情况进行调整），则表明儿童已经掌握该项内容，无需再进行教学；若儿童对某项内容的独立反应正确率连续两次均为0，那么教学者在第一次教学时就需要采用立即辅助程序。在教学后，教学者需要就已教授的内容对儿童进行测试，即为后测。若儿童对某一项内容的独立反应正确率能够连续两次达到90％或者一次达到100％（次数和比率可根据实际情况进行调整），则表明儿童已经掌握该项内容，无需再进行教学。但是，为了提高儿童参与的积极性，也可将已掌握的内容纳入教学当中。因为按照一定比例，在已掌握的项目中加入需要学习的项目，儿童就可以在获得成功体验的同时也能学到新东西。

教学内容的顺序是：①先教六种基本情绪，再教四种复杂情绪；②先教面部表情，再教情境中的情绪；③先教情境中他人的情绪，再教情境中自己的情绪；④先教情绪的识别和表达，再教情绪的回应和调控。在教学中，教学指令的表达方式应该是多样的，包括询问方式以及情绪名称的变化。例如，"哪一个人感到开心"和"哪一个人的心情是快乐的"，"这个人的心情是怎样的"和"这个人的感受是怎样的"。与教学指令一样，教学回应的表达方式也应该是多样的。例如，"他感到很伤心"和"他的心情是难过的"。同时，教学者也需要向儿童描述各种情绪的面部特征，帮助他们更好地区辨不同的情绪（见表7-2）。

表 7-2 十种情绪的近义名称和面部特征描述

情绪名称	近义名称	面部特征描述
快乐	高兴、开心、愉快	眉毛弯弯的，眼睛闪着光，面颊上提，嘴角上翘
愤怒	生气、恼怒、气愤	眉头皱着，眼睛瞪着，鼻翼扩张，嘴巴抿紧
悲伤	难过、伤心、沮丧	眉心向内皱，眼睛可能会流泪，嘴角下拉，下巴上推且中心鼓起来
害怕	恐惧、畏惧、惧怕	眉毛上扬，眼睛睁大，鼻孔张大，嘴角拉向两边，嘴巴微张
惊奇	惊讶、吃惊、诧异	眉毛上扬，眼睛瞪大，嘴巴张大，下巴掉得很低
厌恶	讨厌、厌烦、嫌弃	眉头向下、向内收紧，眼睛变窄，鼻子挤向鼻梁处，上嘴唇抬起来
焦虑	着急、紧张、焦躁	眉头紧锁，眼睛向下看，眼神无光，用手捂头
害羞	羞涩、腼腆、忸怩	头微微低下，眼睛向下看，脸颊或耳朵变红，嘴角微微上翘
轻蔑	蔑视、鄙视、不屑	嘴角翘起且只展露在脸部一侧，头侧向一边，眼睛侧望一边
自豪	骄傲、高傲、傲慢	头昂起来，嘴角止不住上扬，下巴翘起来

第二节
自闭症儿童情绪识别能力的教学

情绪的识别是情绪管理的基础，也是进行社交互动的基石，包括六种基本情绪（快乐、愤怒、悲伤、害怕、惊奇、厌恶）和四种复杂情绪（焦虑、害羞、轻蔑、自豪）的识别。通过此部分的学习，儿童能够根据面部表情（如嘴巴、眼睛、眉毛等）、肢体语言、语言声调和具体情境等信息来识别情绪。情绪识别能力的教学由"面部表情的识别"和"情境中情绪的识别"两部分构成。其中，面部表情识别包括"面部表情的配对"和"面部表情的区辨"；情境中情绪的识别包括"区辨情境中他人（自己）的情绪"和"匹配情境中他人（自己）的情绪"。

一、面部表情的识别

（一）面部表情的配对

面部表情配对的教学目标是儿童能够把相同的面部表情图片组到一起。教学者需要准备数张不同情绪的面部表情图片，开始时可以只使用两种情绪，随着儿童能力的提高，再加入另一种情绪。教学时，教学者呈现两种情绪的图片各一张，并说"这个是

A情绪（描述面部特征），另一个是B情绪（描述面部特征）"。教学者递给儿童一张图片，并说"这个是A情绪，请把相同的放一起"，儿童能将目标图片进行配对。

范例1　教师呈现"快乐"和"悲伤"的图片各一张，并说"这个是快乐的表情，眉毛弯弯的，咧着嘴；另一个是悲伤的表情，皱着眉头，嘴角下拉"。教师拿出另一张图片，并说"这个是快乐的表情，请把相同的放一起"，儿童将目标图片放到正确的位置。

(二)面部表情的区辨

面部表情区辨的教学目标是儿童能够通过面部特征和肢体语言等信息来识别情绪。教学者需要准备数张不同情绪的面部表情图片，开始时可以只使用两种情绪，随着儿童能力的提高，再加入另一种情绪。教学时，教学者呈现两种情绪的图片各一张，询问"指一指，哪一个人是A情绪"，儿童能指出目标图片。

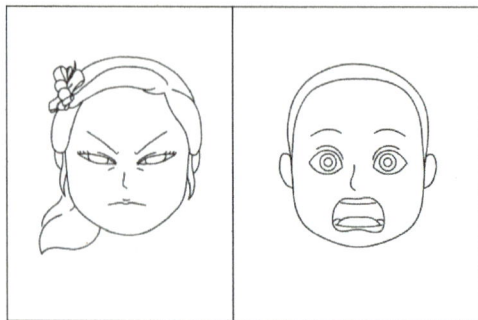

范例2　教学者呈现"愤怒"和"害怕"的图片各一张，询问"指一指，哪一个人是害怕的"，儿童指着"害怕"图片。

二、情境中情绪的识别

(一)区辨情境中他人(自己)的情绪

区辨情境中他人(自己)情绪的教学目标是儿童能够通过面部特征、肢体语言和情境线索等信息来识别他人(自己)的情绪。教学者需要准备数张不同情绪的情境性图片,开始时可以只使用两种情绪,随着儿童能力的提高,再加入另一种情绪。区辨情境中他人情绪的教学时,教学者呈现两种情绪的图片各一张,分别描述情境,询问"指一指,哪一个人的心情是 A 情绪",儿童能指出目标图片。区辨情境中自己情绪的教学时,教学者呈现两种情绪的图片各一张,说明"图片中的这个人是你",并逐一指出,然后分别描述情境,询问"指一指,哪个图片中,你的心情是 A 情绪",儿童能指出目标图片。

范例 3　教学者呈现"快乐"和"悲伤"的情境性图片各一张,说"小男孩在玩积木"和"小男孩的卡车摔坏了",询问"指一指,哪一个人是快乐的",儿童指着"快乐"图片。

范例 4　教学者呈现"害怕"和"愤怒"的情境性图片各一张,说"这个人是你,你看到了一只凶猛的狗"和"这个人是你,妈妈不让你出去踢球",询问"指一指,哪个图片中,你的心情是愤怒的",儿童指着"愤怒"图片。

(二)匹配情境中他人(自己)的情绪

匹配情境中他人(自己)情绪的教学目标是儿童能够通过肢体语言、情境线索等信息来识别他人(自己)的情绪。教学所使用的图片与"区辨情境中他人(自己)的情绪"的图片是相同的,但是图片中人物的面部表情是被遮住的。另外需要准备每种情绪的面部表情图片各一张,开始时可以只使用两种情绪的面部表情图片作为选项,随着儿童能力的提高,再加入另一种情绪。匹配情境中他人情绪的教学时,教学者呈现一张情绪图片,描述情境,并说"从这两个图片中,指出这个人的心情",儿童能指出目标图片。匹配情境中自己情绪的教学时,教学者呈现一张情绪图片,说明"图片中的这个人是你",然后描述情境,并说"从这两个图片中,指出你的心情",儿童能指出目标图片。

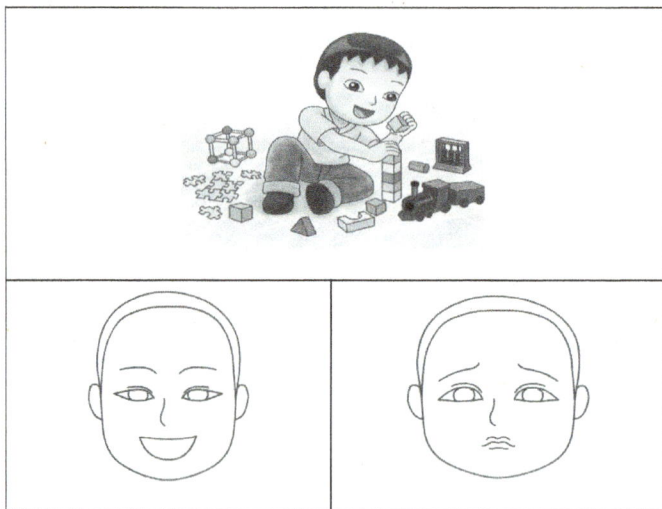

范例5　教学者呈现一张"快乐"的情境性图片以及"快乐"和"悲伤"的面部表情图片各一张,说"小男孩在玩积木,这个是快乐,另一个是悲伤",并说"从这两个图片中,指出这个人的心情",儿童指着"快乐"图片。

范例6　教学者呈现一张"害怕"的情境性图片以及"害怕"和"愤怒"的面部表情图片各一张,说"这个人是你,你看到了一只凶猛的狗,这个是害怕,另一个是愤怒",并说"从这两个图片中,指出你的心情",儿童指着"害怕"图片。

最后,自闭症儿童情绪识别能力的教学注意事项有:①先教基本情绪,再教复杂情绪;②先教情境中他人的情绪,再教情境中自己的情绪;③教学材料包括真人图片和简笔画;④描述各种情绪的面部特征和肢体动作;⑤使用"听者行为"的矫正程序。

第三节
自闭症儿童情绪表达能力的教学

情绪表达能力是儿童用各种方式来表现情绪的能力。情绪的表达不仅具有沟通的功能，也是缓解自己情绪状态的主要方式。作为一个社会人，情绪的表达还需要符合社会规范。对于自闭症儿童来说，用恰当的方式表达自己的情绪也是解决许多问题行为的方式之一。通过此部分的学习，自闭症儿童能够用恰当的语言、表情、声音语调和身体姿势等方式表达相应的情绪。自闭症儿童情绪表达能力的教学由"面部表情的表达"和"情境中情绪的表达"两部分构成。其中，面部表情的表达包括"面部表情的组合""面部表情的模仿"和"面部表情的命名"；情境中情绪的表达包括"表达情境中他人的情绪"和"表达情境中自己的情绪"。

一、面部表情的表达

(一)面部表情的组合

面部表情组合的教学目标是儿童能够将眉毛、眼睛、鼻子、嘴巴、耳朵五个部位的组件拼成某一面部表情。教学者需要准备数张不同情绪的面部表情图片，并将各面部表情上的眉毛、眼睛、鼻子、嘴巴、耳朵五个部位裁剪下来。教学时，教学者呈现一张情绪图片，并说"这是 A 表情（描述面部特征）"；再呈现一张空白的"脸"和五个部位的组件，并说"请你用这些材料拼出 A 表情"，儿童能拼出目标情绪。

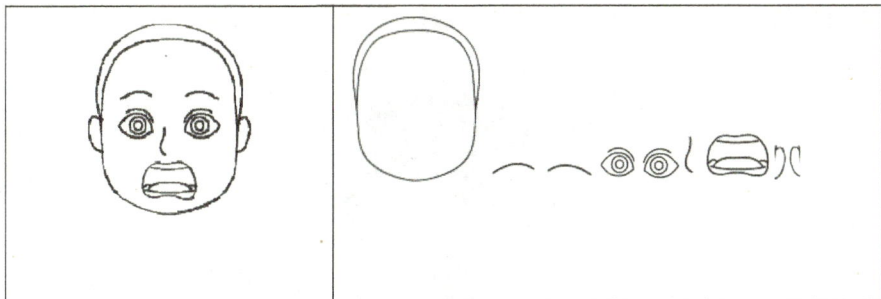

范例 7　教学者呈现一张"害怕"的面部表情，并说"这是害怕的表情，眉毛上扬，眼睛会睁大，鼻孔张大，嘴角拉向两边，嘴巴微张"；再呈现一张空白的脸和眉毛、眼睛、鼻子、嘴巴、耳朵的组件，并说"请你用这些材料拼出害怕的表情"，儿童拼出"害怕"的表情。

(二)面部表情的模仿

面部表情模仿的教学目标是儿童能够正确地做出面部表情。教学者需要准备数张不同情绪的面部表情图片和一面镜子。教学时，教学者呈现一张情绪图片，并说"这是 A 表情（描述面部特征），请你做出 A 表情"，儿童能够做出面部表情。开始时，教学者可以与儿童做一些脸部肌肉练习，如"晃一晃脑袋""动一动眉毛""转一转眼珠""动一动鼻子""动一动嘴巴""揉一揉耳朵"等，帮助儿童了解自己脸部的具体部位。在整个过程中，教学者可以使用镜子，帮助儿童认识到自己是否已经正确地做出面部表情。

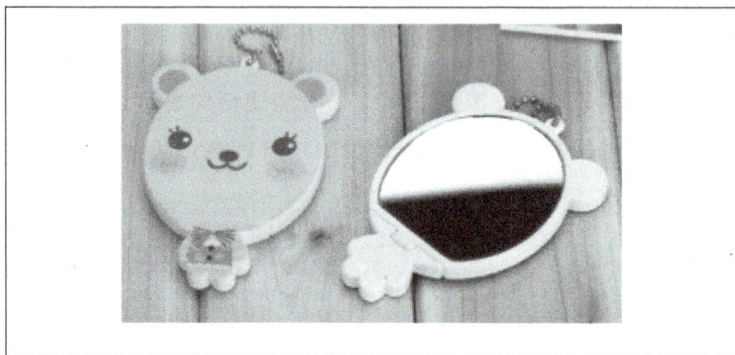

范例 8　教学者呈现一张"快乐"的图片，并说"这是快乐的表情，眉毛弯弯的，眼睛闪着光，面颊上提，嘴角上翘，请你做出快乐的表情"，儿童做出"快乐"的面部表情。

(三)面部表情的命名

面部表情表达的教学目标是儿童能够通过面部特征和肢体语言等信息来表达情绪。教学者需要准备不同情绪的面部表情图片数张，开始时可以只使用两种情绪，随着儿童能力的提高，再加入另一种情绪。教学时，教学者呈现一张情绪图片，询问"这个人的心情是怎样的"，儿童能说出该情绪的名称。

范例 9　教学者呈现一张"惊奇"的图片，询问"这个人的心情是怎样的"，儿童回答"惊奇"。

二、情境中情绪的表达

(一)表达情境中他人的情绪

表达情境中他人情绪的教学目标是儿童能够根据情境性图片，表达他人的情绪，描述情境，说明他人出现某种情绪的原因，以及学会使用"因为他……所以他……"的逻辑作答。教学者需要准备数张不同情绪的情境性图片，开始时可以只使用三种情绪，随着儿童能力的提高，再加入另一种情绪。另外，教学者也可根据儿童的能力，决定是否需要使用人物的面部表情被遮住的情境性图片。教学时，教学者呈现一张情绪图片：①描述情境，询问"他的心情是怎么样的"，儿童能说出"(他的心情是)A 情绪"；②描述情绪，询问"他发生了什么事呢""他在做什么呢"或者"他遇到什么事情了"，儿童能描述该情境；③描述情境和情绪，询问"为什么他的心情是 A 情绪"，儿童能够使用"因为他……所以他……"的逻辑正确作答。教学者在"立即辅助程序"中可加入字卡提示，包括"因为……所以……"等内容。

范例 10　①教学者呈现一张"悲伤"的情境性图片，说"小男孩走路时被石头绊倒了"，询问"他的心情是怎样的"，儿童回答"(他的心情是)悲伤的"；②又说"小男孩的心情是悲伤的"，询问"他发生了什么事呢"，儿童回答"他走路时被石头绊倒了"；③再说"小男孩走路时被石头绊倒了，他的心情是悲伤的"，询问"为什么他的心情是悲伤的"，儿童回答"因为他走路时被石头绊倒了(所以他的心情是悲伤的)"。

(二)表达情境中自己的情绪

表达情境中自己情绪的教学目标是儿童能够根据情境性图片，表达自己的情绪，描述情境，说明自己出现某种情绪的原因，以及学会使用"因为我……所以我……"的逻辑作答。教学所使用的图片与"表达情境中他人的情绪"的图片是相同的，也是准备数张不同情绪的情境性图片，开始时只使用三种情绪，随着儿童能力的提高，再加入另一种情绪。另外，教学者也可根据儿童的能力，决定是否需要使用人物的面部表情被遮住的情境性图片。教学时，教学者呈现一张情绪图片，说明"图片中的这个人是你"：①描述情境，询问"你的心情是怎样的"，儿童能说出"我的心情是 A 情绪"；②描述情绪，询问"你发生了什么事呢""你在做什么"或者"你遇到什么事情了"，儿童能描述该情境；③描述情境和情绪，询问"为什么你的心情是 A 情绪"，儿童能够使用"因为我……所以我……"的逻辑正确作答。教学者在"立即辅助程序"中可加入字卡提示，包括"我的心情是……""因为我……所以我……"等内容。

范例 11　①教学者呈现一张"快乐"的情境性图片，说"这个人是你，你过生日时，同学送了你一张贺卡"，询问"你的心情是怎样的"，儿童回答"我的心情是快乐的"；②又说"你的心情是快乐的"，询问"你遇到什么事情呢"，儿童回答"同学送给我一张生日贺卡"；③再说"你收到了一张生日贺卡，你的心情是快乐的"，询问"为什么你的心情是快乐的"，儿童回答"因为我收到了一张生日贺卡（所以我的心情是快乐的）"。

最后，自闭症儿童情绪表达能力的教学注意事项有：①先教基本情绪，再教复杂情绪；②先教情境中他人的情绪，再教情境中自己的情绪；③教学材料包括真人图片和简笔画；④教学指令和教学回应采用不同的表达方式；⑤使用"说者行为"的矫正程序；⑥可与"情绪识别能力"的内容一起进行教学。此外，若儿童对于"你"和"我"称谓的使用情况不能清楚地区辨时，教学者需加入此方面的训练，以有助于情绪表达方面的教学。

第四节
自闭症儿童情绪回应能力的教学

情绪回应能力是指儿童在具备基本情绪识别与表达能力的基础上，对外界的刺激或是他人的情绪和行为产生情绪上的反应能力。通过此部分的学习，儿童能够与情境中的信息或刺激建立联系，产生情绪反应。一是能觉察他人的情绪和需求，站在他人的角度为他人着想，并用恰当的情绪和行为回应他人的情绪；二是能觉察自身的情绪和需求，向他人寻求帮助。自闭症儿童情绪回应能力的教学由"学会提供帮助"和"学会寻求帮助"两部分构成。学会提供帮助是指当他人表现出负面情绪时，儿童能够提供帮助并表示安慰；学会寻求帮助是指当自己表现出负面情绪时，儿童能够寻求帮助并说明情况。

一、学会提供帮助

学会提供帮助的教学目标是当他人经历愤怒、悲伤、害怕、焦虑四种负面情绪时，儿童能够向他人提供帮助，并能安慰他人。教学者需要准备数张四种负面情绪的情境性图片和数张快乐情绪的情境性图片。教学时，①教学者呈现三张情绪图片（一张负面情绪，二张快乐情绪），说明"图片中的这个人是你"，分别描述情境，询问"哪张图片中，有人遇到了困难，需要你帮助呢"，儿童能找出目标图片，教学者继续呈现目标图片；②描述情境，询问"这个人的心情是怎么样的"，儿童能说出"他的心情是 A 情绪"；③描述情境和情绪，询问"这时候，你可以怎么做呢"，儿童能说出"我可以帮助他"；④描述方法"你可以帮助他"，询问"你可以和他说什么来安慰（鼓励）他呢"，儿童能说出"别难过，我会帮助你的""别着急，我会帮助你的"等。教学者在"立即辅助程序"中可加入字卡提示，包括"我可以帮助他""我会帮助你的"等内容。

范例 12　①教学者呈现一张"难过"的情境性图片，二张"快乐"的情境性图片，说"这个人是你，你在吃蛋糕"，"这个人是你，你看见小女孩的鞋带开了，没法好好走路，她在大哭着"和"这个人是你，你得到了一个新杯子"，询问"哪张图片中，有人遇到了困难，需要你帮助呢"，儿童指出目标图片，教学者继续呈现难过图片；②又说"小女孩的鞋带开了，没法好好走路，她在大哭着"，询问"她的心情是怎样的"，儿童回答"（她的心情）难过的"；③再说"小女孩的鞋带开了，她很难过"，询问"这时候，你可以怎么做呢"，儿童回答"我可以帮她把鞋带系好"；④接着说"你可以帮助她把鞋带系好"，询问"你可以和她说什么来安慰她呢"，儿童回答"别难过了，我会帮你把鞋

带系好"。

二、学会寻求帮助

学会寻求帮助的教学目标是当自己经历愤怒、悲伤、害怕、焦虑四种负面情绪时，儿童能够向他人寻求帮助，并能向他人说明情况。教学者需要准备数张四种负面情绪的情境性图片和数张快乐情绪的情境性图片。教学时，①教学者呈现三张情绪图片（一张负面情绪，二张快乐情绪），说明"图片中的这个人是你"，分别描述情境，询问"哪张图片中，你遇到了困难，需要帮忙呢"，儿童能找出目标图片，教学者继续呈现目标图片；②描述情境，询问"你的心情是怎么样的"，儿童能说出"我的心情是 A 情绪"；③描述情境和情绪，询问"这时候，你该怎么办呢"，儿童能依照指令正确说出"我可以找别人帮忙"；④描述方法"你可以找别人帮忙"，询问"你可以和别人说什么，让他帮助你呢"，儿童能说出"请你帮帮我""我需要你的帮助"等。教学者在"立即辅助程序"中可加入字卡提示，包括"我可以找别人帮忙""请你帮帮我"等内容。

范例 13　①教学者呈现一张"生气"的情境性图片，二张"快乐"的情境性图片，说"这个人是你，你在过生日"，"这个人是你，你得到了一件新裙子"和"这个人是你，这个男生要抢走你的故事书"，询问"哪张图片中，你遇到了困难，需要帮忙呢"，儿童指出目标图片，教学者继续向儿童呈现生气图片；②又说"这个男生要抢走你的故事书"，询问"你的心情是怎样的"，儿童回答"我的心情是生气的"；③再说"这个男生要抢走你的故事书，你很生气"，询问"这时候，你该怎么办呢"，儿童回答"我可以找老师帮忙"；④接着说"你可以找老师帮忙"，询问"你可以和老师说什么，让她帮助你呢"，儿童回答"老师，这个男生要抢我的故事书，我很生气，请你帮帮我"。

最后，自闭症儿童情绪回应能力的教学注意事项有：①完成"情绪识别能力"和"情绪表达能力"的教学后才可进入此部分的教学；②教学内容主要涉及愤怒、悲伤、害怕和焦虑四种负面情绪；③教学材料包括真人图片和简笔画，且需选取儿童要获得他人帮助才能解决问题的情境性图片；④教学指令和教学回应采用不同的表达方式；⑤使用"听者行为"矫正方式和"说者行为"矫正方式。

第五节
自闭症儿童情绪调控能力的教学

　　情绪调控能力是指控制自己的情绪活动以及抑制情绪冲动的能力。情绪调控能力是建立在对情绪状态的自我知觉基础上的，也指一个人如何有效地摆脱愤怒、悲伤、害怕、焦虑等消极情绪的能力。这种能力的高低会影响一个人的工作、学习与生活。通过此部分的学习，儿童能够调控自己的负面情绪，保持情绪稳定。

一、学会情绪调控

　　学会情绪调控的教学目标是当自己经历愤怒、悲伤、害怕、焦虑四种负面情绪时，儿童能够采用合理的方法调节自我的情绪，并学会进行自我肯定。教学者需要准备数张四种负面情绪的情境性图片和数张快乐情绪的情境性图片。教学时，①教学者呈现三张情绪图片(一张负面情绪，二张快乐情绪)，说明"图片中这个人是你"，分别描述情境，询问"哪张图片中，你遇到了不好的事情，犯情绪了"，儿童能找出目标图片，教学者继续呈现目标图片；②描述情境，询问"你的心情是怎么样的"，儿童能说出"我的心情是 A 情绪"；③描述情绪，询问"这时候，你可以用哪些方法让自己放松呢"，儿童能说出至少两种情绪调控的方法；④描述情绪，询问"你可以对自己说什么，来安慰(鼓励)自己呢"，儿童能说出"我是最棒的""我很勇敢"等。教学者在"立即辅助程序"中可加入字卡提示，包括"深呼吸""数数""我很勇敢""我是最棒的"等内容。

范例 14　①教学者呈现一张"害怕"的情境性图片，二张"快乐"的情境性图片，说"这个人是你，你在吃甜品"，"这个人是你，你帮爷爷拿东西，得到了表扬"和"这个人是你，医生要给你打针"，询问"哪张图片中，你遇到了不好的事情，犯情绪了"，儿童指出目标图片，教学者继续向儿童呈现害怕图片；②又说"医生要给你打针"，询问"你的心情是怎样的"，儿童回答"我的心情是害怕的"；③再说"你很害怕"，询问"这时候，你可以用哪些方法让自己放松呢"，儿童回答"深呼吸和数数"（儿童需要练习深呼吸和数数各 3 次）；④接着说"你很害怕"，询问"你可以对自己说什么，来鼓励自己呢"，儿童回答"我不要害怕，我很勇敢"。

最后，自闭症儿童情绪调控能力的教学注意事项有：①完成"情绪识别能力"和"情绪表达能力"的教学后才可进入此部分的教学；②教学内容主要涉及愤怒、悲伤、害怕和焦虑四种负面情绪；③教学材料包括真人图片和简笔画，且需选取儿童要独立解决问题的情境性图片；④教学指令和教学回应采用不同的表达方式；⑤使用"听者行为"矫正方式和"说者行为"矫正方式；⑥可与"情绪回应能力"的内容一起进行教学。此外，教学时，教学者需要根据具体情况，教给儿童相应的情绪调控的方法，并与儿童进行多次的练习。

二、情绪调控的方法

在情绪调控方面，与普通儿童可以意识到自己的情绪并根据社会的一般准则来调节情绪不同，自闭症儿童通常意识不到自己的情绪，也不了解社会交往中的潜规则，无法根据他人的看法来调整自己的情绪。当焦虑、愤怒、害怕或伤心时，自闭症儿童常常会采取一些不恰当或不对的方式来解决。例如，下面是一些不良方式。

- 自伤行为，如用头撞墙；
- 破坏、报复行为，如乱摔东西；
- 惩罚行为，如踢打小动物；
- 攻击他人，如用手打他人的身体；
- 朝他人吐唾沫、对他人进行辱骂或对他人做侮辱性的手势；
- 大声哭喊、尖叫；
- 躲藏起来，让别人找不到；
- 一直念叨别人的不足，总是想一些消极的事情。

因为自闭症儿童常常会存在情绪调控困难的问题，所以当面对这样的情况时，教学者应及时采取措施。首先需要让儿童知道以上的方法是不对的，对自身的问题解决没有帮助；其次需要教儿童学会采用其他合理的方法，最后当儿童开始采用恰当的方法解决情绪问题，教学者应及时给予强化。在这三个步骤中，非常重要的一点就是，什么是不对的、什么是对的、因为什么而获得奖励(受到惩罚)都应该具体明确地告诉儿童，并考虑儿童的理解能力和接受能力。教学者可以引导自闭症儿童采用转移注意力、释放能量、调节认知等方法来调控情绪。

•物理方法：儿童学会做一些增加心率和释放能量的事情，至少持续 10 分钟，如打球、跳舞、跳绳、散步、跑步、蹦床等。

•放松方法：儿童学会做一些消缓能量的事情，尽量能自己独处一会儿，如深呼吸、数数、冥想、睡觉、舒展身体、按摩、洗澡、阅读等。

•社交方法：儿童学会向他人寻求帮助，并学会倾诉，如面对面与家人谈心、打电话给朋友、摸一摸小猫、给小狗喂食、和小鱼说说话等。

•调节认知方法：儿童学会进行自我暗示，增强自信心，如对自己说"我很棒""我可以控制自己的情绪""我能保持镇定""爸爸还是爱我的""想一些开心的事情"等。

•基于爱好的方法：儿童可以做一些平时喜欢的事情，转移注意力，愉悦身心，如画画、玩乐高、拼图、吹泡泡、打游戏等，但是教学者需要注意好时间，尽量有一定的时间限制，不然儿童由此学会通过"发脾气"来获得想要的东西。

除了以上的方法，教学者还可以带领儿童尝试做一些之前未做过但新奇的事情，如教儿童学会幽默，可以哈哈大笑几声。教学者也可以准备一些小东西，包括耳塞、泡泡糖、橡皮泥、可捏的玩具、有香味的物品等，帮助解决儿童的"小烦恼"。教学者也可采用"社交故事法"，帮助儿童了解交往的步骤和规则。在这个过程中，教学者需要尽量鼓励儿童，适时地提供建议和解决方法。

第六节
自闭症儿童情绪管理能力的综合教学

自闭症儿童情绪管理能力的综合教学是将情绪识别、情绪表达、情绪回应和情绪调控四个方面结合起来的教学。综合教学的目的一方面是要提高自闭症儿童的情绪管理能力，另一方面也是要提高自闭症儿童的问题解决能力。简言之，对儿童来说，就是要解决"你的心情是怎样的"和"你应该怎样做"这两个关键问题。

综合教学的目标是儿童能理解情绪性事件的发展顺序，识别自身情绪以及出现该情绪的原因，掌握解决问题的方法。教学者需要准备一组图片，第一部分是描述人物、地点等背景环境，第二部分是描述引发情绪产生的事件，第三部分是描述人物的具体情绪，第四部分是描述解决问题的方法或预测的事件。开始教学时，教学者可以每部分使用一张图片，随着儿童能力的提高，再增加各部分的图片数量。教学时，①教学者呈现一组顺序已打乱的图片，分别描述图片内容，并说"请你把这些图片按照时间先后顺序排列出来"，儿童能将图片正确排序，教学者继续呈现已排好序的那组图片；②询问"你的心情是怎样的"，儿童能说出"我的心情是 A 情绪"；③询问"为什么你的心情是 A 情绪"，儿童能够使用"因为我……所以我……"的逻辑正确作答；④询问"接下来你该怎么做呢"，儿童能说出解决方法。

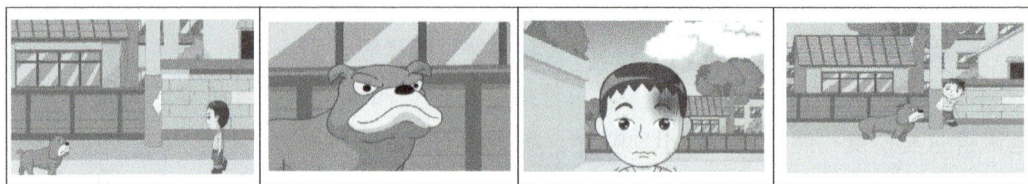

范例 15　①教学者呈现四张图片，说"你走在路上看见了一只狗"，"这只狗看起来很凶猛"，"你感到很害怕"，"你躲到电线杆旁边，让这只狗自己走掉"，并说"请你将这四张图片按照时间先后顺序进行排序"，儿童将四张图片正确排序，教学者继续呈现已排好序的四张图片；②又询问"你的心情是怎样的"，儿童回答"我的心情是害怕的"；③再询问"为什么你的心情是害怕的"，儿童回答"因为我看到了一只凶猛的狗"；④接着询问"你很害怕，这时候你该怎么办呢"，儿童回答"我可以躲到电线杆旁自己走掉"，"我可以鼓励自己说，不要害怕"等。

在教学中，教学者也可以只呈现前三张图片，然后和儿童一起讨论多种解决问题的方法。讨论时，教学者和儿童可以讨论积极的方法和消极的方法以及各自所产生的影响。同时，教学者可以将"寻求他人帮助"和"调节自我情绪"的教学内容融入进来（见表 7-3）。

表 7-3　"寻求他人帮助"和"调节自我情绪"的教学内容（举例）

序号	背景	事件	情绪	解决方法
1	在公园里放风筝	风筝挂到树上	焦虑	找大人帮忙
2	在学校操场踢足球	膝盖磕破了	难过	找校医帮忙
3	新买了一盒水彩笔	同桌把水彩笔抢去用了	生气	找教师帮忙
4	在果园里摘果子	爬到很高的树上下不来	害怕	找大人帮忙
5	数学考试时	很多题都不会做	焦虑	放松、自我鼓励
6	养了一只乌龟	乌龟不见了	难过	向他人倾诉
7	要睡觉了，动画片没播完	妈妈将电视关掉	生气	自我安慰、沟通
8	长蛀牙了	医生给补牙	害怕	放松、自我鼓励

范例16　教学者对儿童说："你在操场上玩飞机玩具，一个女孩突然把你的玩具抢走了，你很生气，这时候你该怎么办呢?"一种积极的方法是儿童向教师寻求帮助，和教师说："老师，我的玩具被她抢走了，请你帮帮我。"在教师的帮助下，女孩将玩具归还给儿童。一种消极的方法是儿童将女孩推倒，从女孩手中夺回玩具；而在两人肢体碰撞的过程中，女孩可能会受伤，并且在两人的抢夺中，玩具可能会被不小心弄坏。

范例17　教学者对儿童说："你拿着新买的手枪玩具到外面玩，可是不小心手枪掉到了地上，各种部件都散开了，你很难过，这时候你该怎么办呢?"一种积极的方法是儿童将手枪的各个部件都收集好，并安慰自己说："没关系的，不要难过，我可以拿回家让爸爸给我修好。"见到爸爸时，儿童可以对爸爸说："爸爸，我的手枪不小心摔坏了，请你帮帮我。"一种消极的方法是儿童跑回家和爸爸大声哭闹，要求爸爸再买一把新的手枪，爸爸可能因为儿童不爱护玩具以及哭闹的行为而批评儿童。

最后，自闭症儿童情绪管理能力的综合教学注意事项有：①完成"情绪识别能力""情绪表达能力""情绪回应能力"和"情绪调控能力"的教学后才可进入此部分的教学；②教学内容主要涉及愤怒、悲伤、害怕和焦虑四种负面情绪；③教学材料包括真人图片和简笔画，且需选取事情发展逻辑明确的一组情境性图片；④教学指令和教学回应采用不同的表达方式；⑤使用"听者行为"矫正方式和"说者行为"矫正方式。

小结

自闭症儿童情绪管理能力的发展是一个进阶的、动态的过程，所以我们在教学过程中需要用发展的、变化的态度来看待。情绪识别、情绪表达、情绪回应以及情绪调控是自闭症儿童情绪教育的重要内容。情绪识别是最为基础的技能，是后三者的先备技能，也是教学中最易受忽视的一个先备技能，所以需要重点关注。情绪表达和情绪回应是日常生活中自闭症儿童的必备技能，自闭症儿童有权表达积极或消极的情绪，并且对此进行回应。情绪调控是一项高阶技能，也是影响自闭症儿童社会生活适应的重要技能。学习完本章，你应该可以梳理出一个情绪发展和教学的脉络，并且结合儿童特点制订针对性的情绪管理计划。

思考题

一、单项选择题

自闭症儿童情绪教学包括（　　　）

A. 情绪识别教学、情绪表达教学、情绪调控教学

B. 情绪识别教学、情绪体验教学、情绪观察教学

C. 情绪体验教学、情绪观察教学、情绪控制教学

D. 情绪体验教学、情绪表达教学、情绪观察教学

二、简答题

1. 自闭症儿童情绪识别能力的教学包括哪些内容？

2. 自闭症儿童情绪表达能力的教学包括哪些内容？

3. 自闭症儿童情绪调控能力的教学包括哪些内容？

三、论述题

1. 如何将"情绪管理能力"的教学和"问题解决能力"的教学结合起来？

2. 请选择一个个案，根据儿童的特点制订一个或者一套情绪干预方案。

延伸阅读

1. 胡晓毅、刘艳虹：《学龄孤独症儿童教育评估指南》，北京，北京师范大学出版社，2017。

2. 徐云、柴浩：《孤独症儿童心智解读能力训练》，北京，科学出版社，2015。

3. 凤华、周婉琪等：《自闭症儿童社会—情绪教育实务工作手册》，重庆，重庆大学出版社，2015。

4. ［美］卡罗尔·格雷著，鲁志坚译：《社交故事新编：教会孤独症谱系障碍儿童日常社会技能的 158 个社交故事》，北京，华夏出版社，2015。

5. ［美］弗恩·克拉克著，姚梅林、庞晖、姚枫林译：《SOS! 救助情绪：

处理常见情绪问题实用指南》，北京，北京师范大学出版社，2011。

6.［美］Raymond G. Miltenberger 著，石林等译：《行为矫正——原理与方法》(第五版)，北京，中国轻工业出版社，2015。

第八章

自闭症儿童的
语言教学

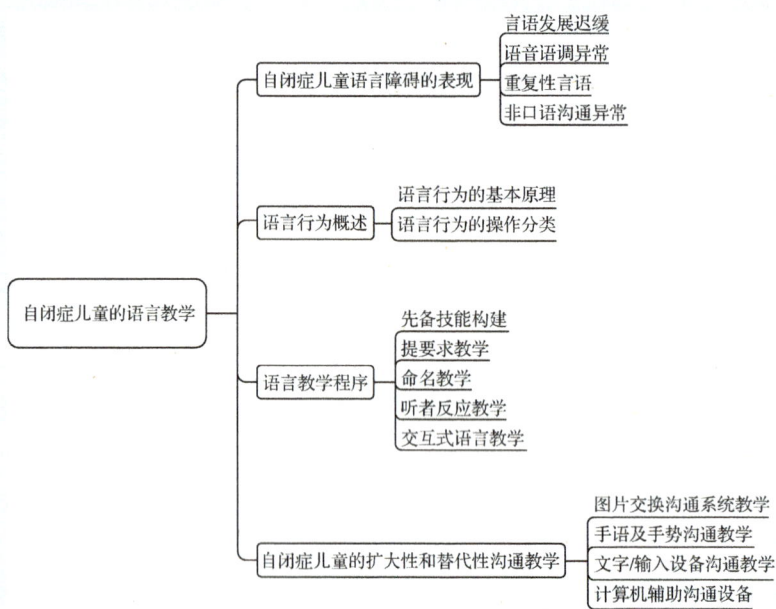

```
                                          ┌ 言语发展迟缓
                                          ├ 语音语调异常
                  ┌ 自闭症儿童语言障碍的表现 ┤
                                          ├ 重复性言语
                                          └ 非口语沟通异常

                  ┌ 语言行为概述 ┬ 语言行为的基本原理
                                └ 语言行为的操作分类

自闭症儿童的语言教学 ┤
                                          ┌ 先备技能构建
                                          ├ 提要求教学
                  ┤ 语言教学程序 ┤ 命名教学
                                          ├ 听者反应教学
                                          └ 交互式语言教学

                                                        ┌ 图片交换沟通系统教学
                                                        ├ 手语及手势沟通教学
                  └ 自闭症儿童的扩大性和替代性沟通教学 ┤
                                                        ├ 文字/输入设备沟通教学
                                                        └ 计算机辅助沟通设备
```

本章概要

1. 自闭症儿童语言障碍的表现有言语发展迟缓、语音语调异常、重复性言语、非口语沟通异常。

2. 语言行为是斯金纳根据应用行为分析的原则提出的一个概念，本章对语言行为的理论和操作类型进行了介绍。

3. 以部分基本的语言操作为示例，进行教学解析，通过具体的实例说明如何针对自闭症儿童的特点进行语言教学。

4. 图片交换沟通系统、手语及手势语沟通教学、文字/输入设备沟通、计算机辅助沟通等方式为自闭症儿童的扩大性和替代性沟通教学方式。

学习目标

1. 了解自闭症儿童语言障碍的表现形式，并能对不同个案表现出的语言障碍类型进行分析。

2. 语言行为的理论基础及主要教学程序，并能根据实际案例设计具体的语言行为教学方案。

3. 了解自闭症儿童有哪些扩大性和替代性沟通教学的方式，并了解每种方式的适用性、具体内容。

导　读

语言发展障碍是自闭症儿童常见的一种伴随障碍，直接影响了自闭症儿童的社交和学业技能的表现。区别于以语言结构为基础的教学，斯金纳率先引入语言的功能性的概念，强调根据语言的功能区分不同的语言操作，并且运用应用行为分析原理对自闭症儿童进行有针对性的语言技能训练。本章将着重介绍适用于自闭症儿童的常见的语言行为教学策略，以帮助广大教师发展语言行为教学技能，并根据儿童特点进行语言行为教学。

第一节
自闭症儿童语言障碍的表现

尽管言语并不是自闭症儿童诊断的必要条件，但不可否认的是，大部分被诊断为精神障碍或者自闭症的儿童可能都会伴随语言发展的缺陷。相较于社会交往、象征游戏、情绪管理这些难以克服的障碍来说，自闭症儿童的言语通过密集教学后相对来说干预效果更为显著。自闭症儿童的言语障碍程度和特点各不相同，但是共同的特点是他们并没有学会像普通儿童那样的沟通方式。有些自闭症儿童甚至终生都没有发展出口语技能，也有一些儿童可能需要寻找其他的非口语沟通方式。尽管有些自闭症儿童具备口语能力，或者在早期干预下已经发展出了部分词汇，但是他们可能会说一些无意义的话语。对于高阶的对话技能，很多自闭症儿童都答非所问，或者声调缺乏变化，语言语调异常。通常来说，自闭症儿童的言语障碍表现在以下几个方面。

一、言语发展迟缓

很多自闭症儿童都伴随言语发展迟缓，相较于普通儿童而言，在言语发展的时间上似乎也要晚许多，即在应该学会说话的年龄还没有发展出相应的口语技能，甚至有一部分自闭症儿童在言语发展的关键阶段还不会发音和吐字。部分自闭症儿童可以说出一大段的话表达自己的所思所想，但是咬字不清晰，常人难以辨别。他们对名词和动词的理解要易于形容词、副词、介词、代词。发生在自闭症儿童身上的常见现象是人称代词的错位，"你"和"我"经常混淆或错误使用。在进行对话时，他们经常会专注于一个自己感兴趣的话题，拘泥于一个话题，对于他人引入的话题不感兴趣，很难完成话题转换。在回答问题时，自闭症儿童的答案往往比较单一，缺乏发散性和多样性的回应。

二、语音语调异常

并不是所有伴随言语障碍的儿童都会存在语音语调的问题，但是一些自闭症儿童可能会在语音、语调、说话速度、音高等方面存在异常。有些自闭症儿童可能不会发第二声和第三声的音调，所以在说话和唱歌时不会切换音调。在一些需使用重音、长音、短促音的时候，自闭症儿童往往也有困难，不能达到抑扬顿挫的效果。尽管自闭症儿童可能伴随发音障碍，但实际的案例中却有很大比例的自闭症儿童存在说话语速过快的现象，这可能更易加大他们语言不清晰、语调异常、语序混乱的困难。

三、重复性言语

尽管很多普通发展的儿童在婴幼儿阶段也会出现重复性言语，但这种现象不会持续很久，通常只在言语发展的初期才会出现，然后随着言语技能的提升而消退。但对于很多伴随言语障碍的自闭症儿童来说，可能会持续很长时间，甚至发展成为刻板的、重复性的语言模式。自闭症儿童可能会从电视节目、广告、动画片或他人的对话中习得某个词语，然后高频地重复这个词语，这种模仿语言没有任何实际意义。尽管他们可能已经能够准确地发出这个词语的读音，但是却不会在真实的情境下恰当地使用该词语。这种重复性言语往往来源于自闭症儿童自身的强化，尽管家长或成人要求停止或安静，自闭症儿童仍然很难管理自己，不由自主地重复该言语。

四、非口语沟通异常

部分自闭症儿童的障碍不仅仅体现在口语部分，也体现在非口语的沟通上。事实上，非言语信息在自闭症儿童与他人的社交互动中有着重要的作用。他人的眼神、面部表情、手势及动作等都能成为重要传递社交线索，而自闭症儿童恰恰不能识别这些信息。口语能力的缺陷再加上非口语信息的解读困难使得自闭症儿童在沟通上需要克服更多的障碍。

为什么有些自闭症儿童没有言语或者仅能发展出部分言语技能？这个问题的答案尚不得而知。然而言语技能的不足使得自闭症儿童在实际生活和学习中面临着诸多障碍，非常显而易见的是言语技能不足的自闭症儿童可能会伴随高频的负向行为，如发脾气、尖叫、破坏行为、攻击行为、社交动机不足等。如果儿童没有言语这项工具，他们便可能寻求这些负向行为作为沟通的主要方式。自闭症儿童的技能和负向行为通常是一种此消彼长的关系，言语技能的缺失可能使得自闭症儿童的负向行为更为严重。

这些言语问题背后的生物机制非常复杂，也使得家长和教师不得不追赶儿童言语发展的黄金干预期。有时家庭成员会将这种现象片面理解为"开口晚一点"和"说话慢一点"，还有些非专业人员将儿童言语发展迟缓归结于个体差异，这两种观点可能会错过自闭症儿童言语干预的关键期，也会使得自闭症儿童的言语干预事倍功半。当家长或教师察觉到自闭症儿童有上述言语发展异常的表现时，需立即寻求专业人员的帮助，以便尽早对儿童进行早期干预。

第二节
语言行为概述

自从 DSM-5 中将自闭症儿童的核心障碍归于社会交往和沟通障碍之后，几乎所有的自闭症儿童的干预都囊括了"社会沟通"项目，由此教授自闭症儿童沟通工具——言语也分外重要。尽管传统的生物学和认知理论中已经有大量的对人类语言的解释，然而，对于自闭症儿童来说，词汇和语言结构的掌握似乎并不能帮助他们更准确地使用语言。很显然的是，一些自闭症儿童的词汇和句法结构并没有问题，他们可以背诵大段的文章和句子，但是他们却不会使用语言进行有效沟通。相较于从语言结构的视角出发，斯金纳提出语言是一种操作性行为，是通过后天的经验习得的，人们习得语言的方式也是通过后天的强化形成的，因此，应用行为分析的基本原则也同样适用于语言行为。而一个词语可能具有多种功能，我们要教授的不仅是词语本身，更重要的是帮助儿童使用这个词语。

一、语言行为的基本原理

在斯金纳看来，所有通过他人强化的行为都是语言行为，也就是说，语言行为是一个双向互动的行为，而不仅局限于我们日常理解的说者的行为，还包括听者的行为。斯金纳希望能找到一个词能够诠释这样一种双向的互动关系，他认为"language"这个术语太普通，因此，他选择使用"verbal behavior"（语言行为）来涵盖所有的说者和听者的沟通形式，包括口语、手势、手语、书面语、图片等，语言行为强调的不是语言的结构和形式，而是语言的功能性，但斯金纳并不否定语言结构的重要意义。语言行为如同其他操作性行为一样，都是通过后天的观察和学习习得的，语言行为的发展过程如同儿童习得阅读、数学、生活技能一样，他们都是通过后天他人的强化或者自我的强化逐渐发展的。

斯金纳将语言行为视为一种操作性行为，那么操作性行为的分析也同样适用于语言行为，而且恰恰是不同的前事和后果使得语言行为的类型多样而有区别。斯金纳区别于之前将语言划分为"表达性言语"和"接受性言语"的概念，将语言行为进行了说者行为和听者行为的区分，并且又对说者行为进行了更为细致的分析和分类。只有将语言操作进行最细小单位的划分，才可以更有针对性地进行教学。例如，能说"糖"这个词语，并不意味着儿童已经掌握了词语"糖"，儿童是否能在不同的前事条件下正确说出"糖"呢？当一开始见到"糖"的时候儿童可能想要吃糖而说出"糖"；当饱足之后，儿童说"糖"可能只是简单地命名糖而没有想要得到糖的动机；当别人问起他刚才吃什么了，儿童说"糖"仅是回答他人的提问，而不是想要得到糖。只有在不同的前事刺激下，儿童都能准确自如地表达和回应，才说明儿童掌握了这个词语的功能。

二、语言行为的操作分类

针对不同的前事和后果刺激，斯金纳对语言行为进行了具体的划分，在此我们将列举一些基本的语言操作信息，以便对儿童的语言行为进行更为具体的测评和教学。

（一）提要求

提要求通常被认为是儿童最重要而且应该首先教学的一种语言操作。提要求是指一个讲者能够向他人表达出他想要的，即听者能够通过说者的行为了解到他想要什么，并根据他的要求给予他反馈。例如，一个儿童渴了，他想喝水，于是他对妈妈说"水"，妈妈立即给他倒了一杯水。这个儿童的行为即是提要求行为，在动机操作（渴了）之下，他通过口语表达出他想要的物品或者期待的活动，他人立即强化了他，之后儿童每次口渴的时候，都会通过说"水"来表达。除了使用口语提要求，人们通常还会使用多种形式来表达自己的需求。例如，当一个无口语的儿童想要玩滑梯时，他可以通过拿取一张滑梯的图片给家人，以让他人了解他的需求，当家人看到滑梯图片后，便带儿童下楼玩滑梯。在这个例子中，儿童给家人滑梯图片的行为也被视为提要求行为。一个儿童的行为是否是提要求行为，取决于当下儿童的动机，即他是否有意愿得到该物品或者进行该活动，如果儿童在无动机下说出词语"水"，那便不是提要求行为，更多关于提要求的示例请见下表。

表 8-1　提要求行为示例

前事	行为	后果
小张肚子饿了，看见饼干。	小张说："我想吃块饼干。"	妈妈递给小张饼干。
洋洋走到麦当劳门前渴了。	洋洋说："我能喝杯饮料吗?"	爸爸带洋洋去买饮料。
小宝看见妈妈在收拾积木。	小宝说："妈妈，别动，我还要玩。"	妈妈停止了收积木。
哥哥在推木木荡秋千。	木木说："太高了，我要下来。"	哥哥抱木木下来。
童童在画太阳。	童童说："红色的笔不见了，帮我找找吧?"	教师帮童童找红色的笔。

斯金纳之所以选择了提要求（Mand）这个术语，是因为它来自普通英语单词"指令（command）""命名（demand）""批评（reprimand）"和"必要（mandatory）"等词汇中的mand。从操作性行为分析的角度看，提要求是指在动机操作和特定的强化物的控制下

的语言行为操作，其前事是这个提要求行为在过去带来了物品或活动，并且说者当下有得到该物品或进行该活动的需求。提要求的动机可强可弱，可以是习得的，也可是先天的；可以是为了得到某物，或者为了去除某物；可以是进行一个活动，也可以是中止一个活动；可以是物品/活动材料在眼前，也可以是不在眼前；可以是有形的物品/活动材料，也可以是无形的抽象的信息（如借提问了解信息）。

(二)命名

命名是一种对环境事物或事件进行贴标签的技能，将自己听到的、看到的、闻到的、感觉到的与一个名字进行联系。例如，儿童看见了天空中一个风筝，随即脱口而出"风筝"，此时儿童只是因为看见了风筝，想吸引他人共同关注而说出"风筝"，并不是想要得到风筝。再如，一个儿童被蚊虫叮咬了，妈妈给他涂上止痒液，儿童对妈妈说"冰冰凉凉的"，此时儿童对他的肌肤的感觉进行了命名，认为这种感觉是"冰冰凉凉的"而不是"火辣辣的"。命名这种语言操作区别于提要求，因为命名行为的发生并不受动机操作的控制，而是受"非语言刺激"的控制，所以命名的前因都是非语言性的。

表 8-2 命名行为示例

前事	行为	后果
一家人吃火锅。	豆豆说："锅底沸腾了。"	妈妈说："真好，可以涮肉了。"
厨房发出一阵阵臭味。	妈妈说："太臭了。"	爸爸说："唉，忘倒垃圾了。"
彤彤在画画。	妈妈说："你画的海真蓝呀。"	彤彤说："我喜欢这样的大海。"
牛牛在唱歌。	爸爸说："你在唱《我爱幼儿园》呢？"	牛牛继续大声唱起来。
明明拿出试卷。	妈妈说："哇，一百分！"	明明笑了笑。

斯金纳之所以选择使用"Tact"这个词是因为它表明了讲者与自然环境有所接触，也表明命名是在非语言区辨刺激的功能性控制下的语言操作。在命名行为发生之后，通常伴随的是社会性的强化，而不是实物强化，以区分提要求技能。这也是当前我们在教授命名技能时需要非常注意的。命名的内容不仅仅是物品或事件的名称，还可以是事物的功能、特性、类别。命名是儿童语言技能发展的基础技能，命名技能水平直接决定了儿童是否能发展高阶的对话技能。

(三)仿说

仿说，顾名思义，模仿说者的口语行为，重复他人说话的声音、语言、语调、音高、音长等。仿说是儿童在语言发展初期的常见形式，也是教授其他语言行为常用的辅助形式，因此仿说是日后其他高阶语言技能发展的基础。例如，当一位妈妈对婴儿不停地示范说"妈妈"，婴儿在妈妈的示范下努力说出了"ma"的音，这便是仿说。在我们学习英语单词的时候，通常教师先读出单词的音，然后我们跟随教师读出，这也是仿说。

表 8-3　仿说行为示例

前事	行为	后果
妈妈说："ba。"	儿童说："ba。"	妈妈笑了。
教师说："che。"	学生说："che。"	教师说："读得很好。"
同伴说："红色的车。"	小明跟着说："红色的车。"	妈妈说："对啦。"

通过上述示例，我们可以发现，仿说区别于提要求和命名技能的地方在于，其前事刺激是一个具体的语言刺激，而所做出的行为则是与前事刺激具有一一对应关系的语言行为，而其后果是一个非具体的强化。通常，在成人或他人示范了几个回合之后，儿童便能够准确说出这个读音。然而，因为自闭症儿童模仿能力的欠缺、嘴部肌肉发育异常、教学控制等问题，仿说对他们来说通常并不是一个简单的技能，有时需要经过多次的重复和练习才能学会。

(四)听者反应

提要求、命名、仿说都是说者行为，斯金纳也非常强调听者行为，听者往往是给予说者强化的人，因此我们需关注作为听者的人的反应。作为听者，是否能理解说者的意图，理解之后，是否能准确执行说者的指令，这是在教授听者反应时需要注意的问题。我们还需注意的是，在说者之后，如果听者做出了口语上的反馈，那这个过程便视为两个说者的对话技能。当听者在听到说者说的话之后，他做出动作上的反馈，我们才将此过程视为听者反应。听者反应如此之重要以至于有些人认为听者技能要优于说者技能，因为听者技能将直接影响我们对外界信息的关注或获取。

表 8-4　命名行为示例

前事	行为	后果
教师说："起立。"	全班同学都站起来。	教师说："同学们好。"
爸爸说："帮我把鞋子拿过来。"	小明去拿鞋子。	爸爸说："谢谢你。"
妈妈问豆豆："哪个是水果呀?"	豆豆指了指苹果。	妈妈说："正确。"
妈妈说："帮我找找擦桌子的。"	咚咚去厨房取了一块抹布。	妈妈接过抹布擦桌子。
叮叮说："我想喝点有味道的。"	妈妈给叮叮倒了一杯果汁。	叮叮咕咚咕咚喝完了。

儿童的听者反应可以帮助我们判断他对于他人的语言理解和执行的能力。通常自闭症儿童对抽象词语和复杂句子的理解比较困难，因此需要针对听者反应进行专门的训练。在日常对话中，大家在聊天时有时并不会直接说出物品名称，而是说出物品的

功能、特性和类别，这便对儿童的语言理解提出了更高的考验。我们需要评估当儿童在听到描述和谈论某些事物和活动但没有具体提到其名时，他是否也能做出正确的非语言行为。

(五)对话

对话是一种更为复杂的语言行为，是指讲者对他人的话语做出语言反应。通常我们想到的对话可能是与他人谈天说地，但根据斯金纳对对话的解释，对话的前事刺激是语言刺激，而随即做出的行为也是语言反应，但二者不是一一对应的关系，以区别于仿说行为。一个讲者首先开启了话题，作为听者的人随即也进行了语言回应，成为另一个讲者，二者之间的互动过程称之为对话。

表8-5　对话行为示例

前事	行为	后果
爸爸问："今晚吃可乐鸡翅吧？"	小明说："太好了!"	爸爸去厨房做可乐鸡翅。
妈妈说："好像明天会下雨。"	咚咚说："天气预报说会下雪。"	妈妈上网查天气预报。
咚咚唱歌："一闪一闪亮晶晶。"	叮叮接唱："满天都是小星星。"	咚咚继续接唱。
阿姨说："早上好呀。"	咚咚说："阿姨早。"	阿姨说："好孩子。"

对话的内容非常广泛，很多提问、补充句子、接唱等活动都是对话行为。普通发展的儿童往往能自如地就一个主题发展多个回合对话，他们会在讲故事、日常聊天、儿歌戏剧等活动中进行提问和回答问题。从技术上说，对话是指一个语言刺激引发出一个与语言刺激没有一一对应关系的语言反应，非常强调灵活性和变通性，也是自闭症儿童在发展了提要求、命名、仿说等技能后需要练习和累积的高阶技能。

第三节
语言教学程序

在进行语言教学解析之前，需要重申的一点是斯金纳并没有否定语言结构的意义。他认为在确定了正确的语句结构和词性分类系统之外，还需注重语言行为的功能。因此，在教学中通常按照语言行为分类进行教学，但是会考量到词法和句法的规则。此外，在进行语言行为教学时，教师应该根据儿童的语言技能学习的进展进行刺激控制转移，帮助儿童更恰当地根据语言的功能习得和泛化语言技能。为了更好地梳理语言教学，本节将从语言教学的先备技能着手，再根据语言行为的分类进行详细分析。

一、先备技能构建

不论教授自闭症儿童何种技能，都需进行先备技能的构建，如儿童安坐、基本指令的顺从、强化活动的中止等。语言技能教学的特殊之处在于教学中经常使用仿说进行辅助，因此我们在进行语言行为教学准备时需着重构建自闭症儿童的动作模仿和仿说技能。动作模仿和仿说可以培养自闭症儿童对周围环境和任务的观察技能，是自闭症儿童学习能力的一个重要标识，也是后期自闭症儿童进行同伴学习和社交互动的重要基础技能。

没有仿说技能的儿童，往往要先从动作模仿技能开始练习。动作模仿不仅能够发展自闭症儿童的模仿意识，还能为那些不足以发展出口语的儿童提供另一个语言发展的通道——手势/手语。动作模仿的教学项目往往先从最简单的身体大动作模仿开始，如"拍手""拍肩""举手""起立""蹲下"等，这些动作模仿是儿童观察起来最为简易的，可以帮助儿童在模仿项目上获得成功。在儿童能够准确完成一定数量的大动作模仿之后，我们可以加入精细动作和面部动作模仿，如比画"OK"要伸出大拇指和食指，比画数字"8"要伸舌头。这些一步动作如果儿童能够完成30～50个，我们可以逐步加入一些二步模仿项目，以建构儿童观察持久性的能力。动作模仿的前事刺激是一个非语言刺激，可以理解为他人正在进行的一个示范动作。在教学时，一定要避免生硬的、机械的模仿教学，过度追求儿童动作执行的标准性而忽略儿童模仿的主动性。在进行动作模仿教学时，教学的目标是儿童能够主动观察和发起对他人的模仿，因此需要注意及时撤出肢体、动作等辅助。

在儿童动作模仿能力建构的同时，还需要及时嵌入仿说技能的练习。仿说的目的并不是发展儿童困难词汇的清晰度，而是发展自闭症儿童仿说的意识。仿说项目的前事刺激是教师示范的声音，儿童听到后，立即进行仿说，仿说的内容要求一一对应。通常，教学的初始阶段会从自闭症儿童已掌握发音的词汇中选择目标进行教学，如一个儿童已经能自主发出"ma""ba""da""yi"的音时，我们便可将"ma"等作为仿说项目练习的目标。在儿童建立起仿说技能之后，我们可从儿童已掌握的词汇中去加工新的词汇，如儿童能发出"ma"和"yi"的音，那我们便可试探教授儿童仿说"ya"的音，然后不断拓展自闭症儿童的词汇丰富度和难度，但是这要在自闭症儿童的技能基础之上发展，不至于太困难以至于儿童放弃模仿。在尝试教授仿说单音节词和叠词之后，教师可逐步增加词组和短句的仿说。教师在示范发声时，起初可把音稍稍加重或拖长，如"a——""ba——"，以帮助儿童观察和准确模仿，但不可过度变形。在教学时，教师为了让儿童能够听清声音，在仿说教学时通常会提高音量，久而久之，儿童不论在仿说或者提要求等语言项目的练习上都会使用高于常人的音量大声说话。而由于习得历史久远，儿童这一不恰当的仿说性格和说话行为难以消退。因此，教师需要做出正确而到位的示范，不可过度演绎。此外，仿说项目的练习还需避免使用强化物进行强化，以区别于提要求项目。

二、提要求教学

对自闭症儿童来说，我们最先教授的技能便是提要求，因为提要求是唯一一个能够直接给说者带来益处的语言行为。在儿童提要求之后，家长或其他成人通常会将儿童要求的物品递给儿童或者带儿童去做他喜欢的活动。所以提要求技能是随着人的出生和发展最先习得的技能。当一个婴儿哭闹时，成人便立即意识到婴儿可能有需求，可能是饿了需要喝奶，也可能是不舒服需要换尿布，还可能是很久没有人关注，所以想要抱抱。久而久之，哭闹成为了婴儿最先习得的提要求方式。随着年龄的发展，口语逐渐取代了哭闹，成为儿童主要的提要求方式。

不论儿童是否有口语技能，不可否认的是，他们都有提要求的动机，他们都一样会需要食物，喜欢一些偏好活动或者表达拒绝。在这些动机操作下，儿童都会表现出提要求的技能。在面对不同的儿童进行提要求之前，我们需要明确以下三个问题。

首先，寻找儿童喜欢的强化物。在儿童入学之后，我们需要对儿童进行强化物评量。在实际的教学中，很多教师会将偏好物和强化物进行混淆，简单地认为强化物就是儿童喜欢的东西。喜欢是强化物的一个必要条件，但不是充分条件。强化物是指自闭症儿童为了得到该物品而愿意去付出努力，因此，我们不仅要关注强化物的品类，还要关注儿童期望消费的剂量、方式等。在教授提要求时，我们首先针对那些对于自闭症儿童有足够吸引力的强化物进行教学，最好从儿童的强化物清单中进行选择。有些儿童喜欢食物如饼干、糖果、薯片等，有些儿童可能更偏好玩具，如小汽车、拼板、积木、玩偶等，强化物没有标准，每个人都有所差别。对于那些喜好变化的自闭症儿童，强化物清单中的物品需要随时注意更新，因为提要求教学需要确保在自闭症儿童有动机的情况下进行教授。需明确的是，无动机，则无提要求教学。

其次，确定适合儿童的提要求形式。由于自闭症儿童个体差异非常大，有些儿童已经发展出部分口语或者具备仿说的技能，而有些儿童没有能发展出口语，语音非常有限，提要求的形式必须依据儿童的基本功能水平和偏好进行选择。由于口语是大众最为广泛使用的提要求方式，因此教授使用口语进行提要求是第一选择，在尝试教授口语提要求持续没有进展后，可寻找适合儿童的提要求方式，如使用图片、手语和手势、文字等。

最后，在明确了儿童的强化物以及提要求形式后，我们需针对不同的儿童或者不同的学习阶段的儿童进行区别化的教学。针对无口语和仿说的儿童，我们可以在发展仿说技能的同时，教授使用手语或手势进行提要求，具体见第四节。针对有部分口语和仿说的儿童，我们可以通过使用辅助及辅助撤销策略来实现刺激控制转移，帮助自闭症儿童习得独立使用口语提出要求的能力。

表 8-6 利用仿说-控制转移程序教授提要求技能

前事	行为	后果
确立动机操作（饿了） 言语刺激（"你想吃什么？"） 非言语刺激（豆豆摆在面前） 仿说辅助刺激（示范说"豆"）	"豆"	食物（立即递给食物） 口语表扬（说："豆！""对啦！"） 肢体互动（挠痒痒、抱一抱、击掌）

⇩

前事	行为	后果
确立动机操作（饿了） 言语刺激（"你想吃什么？"） 非言语刺激（豆豆摆在面前）	"豆"	食物（立即递给食物） 口语表扬（说："豆！""对啦！"） 肢体互动（挠痒痒、抱一抱、击掌）

⇩

前事	行为	后果
确立动机操作（饿了） 言语刺激（"你想吃什么？"）	"豆"	食物（立即递给食物） 口语表扬（说："豆！""对啦！"）

⇩

前事	行为	后果
确立动机操作（饿了）	"豆"	食物（立即递给食物）

如表 8-6 所示，对于一个具备基础仿说和发音能力的儿童，目标行为是儿童通过使用口语"豆"来提要求。不论是动机教学的哪一个阶段，都需明确儿童当下对于"豆"有需求的动机。在初始阶段，为了尽可能地帮助儿童积累成功的体验，所以会提供言语刺激、非言语刺激、仿说辅助这些前事策略以避免儿童出错，当儿童跟随说出后立即给予豆豆，并伴随口语强化"豆！""对啦！"，此时还可以进行一些肢体互动，以帮助儿童有更多成功的乐趣体验。当儿童能够在高辅助水平下完成时，要注意及时撤出辅助，辅助撤出的力度和层次可根据不同的儿童的特点进行考量。以上表为例，如儿童能够准确仿说后，便可撤销该辅助，只在动机操作、语言刺激和非语言刺激下，诱发儿童说出"豆"的行为。当儿童能够达到这一层级之后，再逐渐将辅助降低到只提供言语刺激"你想吃什么？"，儿童便说出"豆"的行为，教师再立即给予食物和口头强化。最后，

我们希望儿童仅在动机操作的控制下，尽管豆豆不在面前，他也能自发地说出"豆"来表达他的需求。这种刺激控制转移程序是在进行提要求教学时常用的基本程序，但并不是所有儿童的提要求训练都需经历此阶段。此外，我们在进行提要求教学时还需考量其他因素，具体如下。

(一)寻找最有力的强化物

在选择强化物时，必须确保该物品是儿童当下最想要的，这需要教师技巧性地使用动机操作策略。当要教授儿童提关于食物的要求时，需要教师在教学前剥夺食物来源，阻断儿童与该食物接触的可能性，以确保在教学时儿童具有最强的动机来得到该物品。如儿童的强化物来源于肢体间的互动，如抱、击掌、转圈等，那么在教授提要求技能前，也要避免学生因为得到了过多的肢体互动或者进行了多样的互动游戏而缺乏提要求的动机。在提要求教学时，当学生做出期望的目标行为后，需要立即给予强化，这之间的时间间隔越短越好，不宜超过1秒。而且给予的强化物或者强化活动必须是学生当下提的要求。当学生看着"糖"说"豆"时，教师既不能给学生糖，也不能给学生豆，需注意对目标行为进行准确判断。

(二)穿插练习不同的项目

在提要求教学时，通常会同时教授3～5个要求以发展区辨能力，如"糖""积木""纸巾""球""车"，如学生学习速度和效率比较高，也可以增加更多的提要求项目。在提要求教学时，需要注意避免一教到底，如果只针对一个项目进行教学，儿童便不能发展出区辨的技能。例如，当只教儿童提关于"糖"的要求，儿童可能见到其他东西(巧克力、积木、玩偶)等也会说"糖"，他不能从练习中区辨物品名称的不同。此外，穿插教授不同的项目还可以保护自闭症儿童对该物品的动机，避免因为饱足而失去兴趣，同时，自闭症儿童的情绪也可能因为项目的变化而减少烦躁感，从而更专注地配合教师教学，更具主动性地进行学习。

(三)初期阶段教授具体词汇

有些教师可能会在教学一开始教授学生说"玩""要""给""帮忙"等词汇，这类万能词似乎对很多不同的物品要求都有效。在学生积累了五十个要求以上后，我们可以逐渐进行加入这些词汇的提要求教学。但是在提要求教学初期，这类教学不应提倡。自闭症儿童可能会从万能词中获益太多，从而失去了学习使用更多物品名称进行提要求的学习动机。为了鼓励儿童发展出多样化的更为丰富的提要求技能，教师需要教授学生使用具体的名称进行提要求。

(四)明确物品的呈现与撤出

在教学的一开始，教师通常会将儿童想要的物品或活动材料呈现在儿童面前，有时教师甚至会拿起物品在儿童眼前晃一晃，当儿童伸手想拿或者转头关注时，我们便了解到儿童有想得到此物的动机，从而进行提要求教学。随着儿童提要求技能的发展和娴熟，后期教师将会把儿童所需的物品藏起来，或者不直接暴露在儿童面前，以此来增加项目的难度，进一步提升动机操作对儿童提要求行为的控制，弱化言语刺激或非言语刺激对该行为的促进作用。

(五)逐渐丰富语料

提要求教学的目的是帮助儿童获得强化物，提升其幸福感。然而，在教学过程中，一味地追求词法和句法结构复杂的现象比比皆是。很多儿童可能还不会说词组，教师就将其目标行为定义为说句子。尽管儿童很努力地跟随教师的示范仿说长句子，但是随之而来的挫败感或者强化间隔时间过长极易使儿童失去耐心，在教学中不积极合作。因此，提要求教学使用的词法和句法结构在一开始可以比较简单，如仅是名词或者动词，随着儿童能力的积累和仿说的清晰度提升，再逐渐加入复杂的语言成分，如形容词、副词、数词、介词、代词等。

三、命名教学

命名是一项非常基础而重要的语言技能。在我们还是婴儿的时候，我们学会的第一个命名技能是命名"妈妈"和"爸爸"，当儿童在面对妈妈时说出"妈妈"，在面对爸爸时叫"爸爸"，此时儿童便具备了区辨的命名技能。随着儿童的成长，他对周围环境的探索越来越多，更为丰富和多样化的刺激不断走近他，他得到了更多的与外界环境互动的机会。由此，儿童的命名技能一点点储备，并通过口语的发展不断显现出来。久而久之，儿童渐渐会看着奶瓶说"奶"，看着杯子说"杯子"，见到阿姨会叫"阿姨"，看见数字会说"1"等，命名技能的发展由此伴随着儿童活动的多样化和刺激的丰富而发展起来。

然而看似简单的命名对于自闭症儿童来说却非常不易，由于命名技能的前事控制是非言语刺激，即自闭症儿童的所见所闻所感等，这就要求自闭症儿童具有主动性和自发性才能进行更多次的命名练习。观察性学习和表达性言语却是自闭症儿童的弱势能力，这也是为什么我们在教授命名时要使用言语刺激"这是什么？""你看到了什么？""你听到了什么？"来诱发自闭症儿童做出命名行为的原因。

由于语言行为之间具有相似性，我们仍然可通过刺激控制转移帮助自闭症儿童发展命名技能。以下将介绍仿说-命名刺激控制转移程序和提要求-命名刺激控制转移程序。

表 8-7　利用提要求-仿说-命名控制转移程序教授命名技能

前事	行为	后果
动机操作(想要玩杯子) 非语言刺激(呈现杯子图片) 语言刺激("这是什么?") 仿说刺激("杯子")	"杯子"	给予实物(递给杯子) 表扬("说对啦!") 肢体互动(挠痒痒、抱一抱、击掌)

$$\Downarrow$$

前事	行为	后果
非语言刺激(呈现杯子图片) 语言刺激("这是什么?") 仿说刺激("杯子")	"杯子"	表扬("说对啦!") 肢体互动(挠痒痒、抱一抱、击掌)

$$\Downarrow$$

前事	行为	后果
非语言刺激(呈现杯子图片) 语言刺激("这是什么?")	"杯子"	表扬("说对啦!") 肢体互动(挠痒痒、抱一抱、击掌)

$$\Downarrow$$

前事	行为	后果
非语言刺激(呈现杯子图片)	"杯子"	表扬("说对啦!")

　　在仿说-命名控制转移程序中,会逐渐撤出仿说刺激和语言刺激,直至由儿童独立说出目标物品的名称。通常,命名的出现是由于想获得他人的共同关注,然而自闭症儿童缺乏这种自我发起能力,所以在命名教学初期会加入语言刺激的辅助"这是什么?",当儿童能够在辅助下完成后,再逐渐撤出辅助,仅提供最少量的辅助让儿童说出物品名称。需要注意的是命名的前事条件是非语言刺激,所以在教授命名时要关注语言刺激的使用和及时撤出,而在进行强化时,要尽可能地撤出实物强化,只给口头表扬。在进行命名项目的教学时,要注意以下几点。

(一)从已掌握的提要求/仿说项目清单中选择命名的教学目标

　　在教授命名时,应从儿童已掌握的提要求/仿说项目清单中选择新的教学目标,这样做可以帮助自闭症儿童快速实现刺激控制的转移,但是需要注意的是在提要求教学时，我们呈现给学生的和最后给予的强化都是实物，而在提要求-命名刺激控制转移教学中，我们需呈现强化物的图片而不是实物，只是进行单纯的命名以避免诱发儿童想得到该实物的动机。但是在实际的生活中，很多时候儿童的语言行为并不能确定是命名还是提要求，而大部分语言行为其实都是受多重控制的。

(二)逐渐提升命名项目的难度

在教授命名的时候，要避免教自闭症儿童太多太难的词汇。命名的前事控制是非言语刺激，那么我们便可以根据这些刺激呈现的形式与直观性来判断先教什么。在各类感官中，视觉刺激最为直接和显著，同时也是自闭症儿童相对更擅长区辨的刺激。因此，我们先教儿童看到的刺激，包括看到的常见生活物品、人物及其活动、生活事件等。当我们选择自闭症儿童最为熟悉的物品先进行教学时，也意味着自闭症儿童在教学环境之外能够获得更佳的泛化环境和练习机会。之后，我们可以教授自闭症儿童命名听到的刺激，如小狗的声音——汪汪汪、小猫的声音——喵喵喵、关门的声音——哐哐哐、下雨的声音——淅淅沥沥。在视觉和听觉之后，我们还可教授自闭症儿童触觉类的刺激命名，如冰凉的、热乎乎的、软的、硬的、粗糙的、光滑的、尖尖的等。当然，味觉刺激也可在后期逐渐加入，如甜的、酸的、辣的、苦的、呛人的等。总的教授原则便是先教直接性的感官刺激体验的命名项目，再教授抽象性的命名项目。

从语言结构上说，在教授命名时，首先教授的是名词和动词，在儿童积累了上百个词汇之后，教师便可逐渐引入一些形容词、副词、介词、数词、量词，以丰富自闭症儿童的词汇。有时，教师和家长还会教授很多关于物品的功能、特征和类别的命名，这非常重要，这些高阶的命名技能是后续自闭症儿童发展对话技能的基础。然而，切忌过早教授太难的词汇，自闭症儿童的学习特点使得夯实基础分外重要。

四、听者反应教学

相较于"接收性"这个词语，听者反应更为强调听者在语言行为中的重要意义，而不仅是被动地接收讲者的信息。其实，在我们还未发展出提要求、命名、仿说技能时，自闭症儿童的听者反应技能已经率先表现出来了。当还是婴儿的时候，我们便会在大人的"点点头""拍拍手""再见"等指令下做出身体动作以回应，此时大人经常会表现得很兴奋或很开心，这种情绪进一步强化了我们演绎身体动作的行为，这便是我们最早发展出的"听指令"能力。追溯到早期，我们的脑袋便会跟随讲者脚步的移动而转动，不停地寻找声源或者熟悉的人的声音，这种能力在我们两个月龄的时候便具备了。然而，尽管一些自闭症儿童可能并不存在听力的问题(当然也有些自闭症儿童伴随听力损伤)，但似乎总是表现得置若罔闻，对周围的动静和人声缺乏兴趣。听者反应强调两点：一点是作为听者的儿童听到了声音，理解了讲者所要表达的意思；另一点是还能够根据该指令做出具体的动作，这其中关联到儿童注意力、物品区辨和动作区辨等技能。例如，当爸爸对叮叮说"你去帮爸爸把鞋子拿过来"，我们期望叮叮做出的目标行为是在听到爸爸的话后，叮叮能够立即走到鞋架旁，找到爸爸的鞋，再把鞋子拿到爸爸跟前。尽管是一个一步指令，但是对于听者来说已经是一个不小的考验。

在进行听者反应教学时，家长和教师非常关注的一个问题是儿童是否对自己的名字有反应。我们希望当他人在谈话中说起儿童名字时，他能够立即进行关注。听名反应练习非常适用于情境化教学，如果只是和儿童在桌子旁面对面坐着，听名训练似乎看起来并不自然。在听名反应练习前，需要特别注意的是不要将儿童的名字与负向指令联结在一起，这种配对会让自闭症儿童认为被喊名字是一件不好的事情。所以在练习听名反应时，要动员所有人时刻注意切断名字与负向指令的关联。我们在练习听名反应时，要将名字与正向指令联系在一起。例如，"栋栋，来吃草莓啦"（儿童偏爱草莓）、"栋栋，你吃光光啦，可真是个好孩子"、"栋栋，你的飞机飞过来啦，接好啦"。当儿童对这些正确指令没有反应时，此时需介入第二个成人的辅助，在辅助时，为了避免儿童的辅助依赖，将采用从最少到最多的辅助策略。如一开始在说出正向指令时，只伴随一个手势提示以试探儿童是否对自己的名字有兴趣，如儿童无反应则提高辅助水平，成人在儿童身后轻轻推一下以辅助儿童走向说者。

有时，成人给予的指令可能太多太难，自闭症儿童往往只能捕捉部分信息，从而导致指令执行错误。例如，爸爸对儿童说"你的衣服又乱丢在沙发上，你应该捡起来挂在你的衣架上"，这条指令信息非常复杂，句式冗长，儿童可能会混淆其中的部分信息，儿童听完后可能随手捡起一个袋子挂在衣架上，因为他的听者能力使其局限在短句子的理解上。再如，教师在教学时经常会发布多步指令，"去跟老师打个招呼吧，再把外套脱掉，把书包放好，再去前面玩玩具吧"，儿童可能只能听到最后部分的信息"玩玩具"从而忽视了前面的指令信息。针对这类情况，在教学时，一定要由简到繁、由浅入深，不可对自闭症儿童擅自教授过度困难的任务，从而影响儿童作为听者的积极性。

除了教授一步指令和多步指令，针对功能、特性、类别的听者反应也是练习的关键内容。随着自闭症儿童年龄的发展，周遭环境的语言刺激将更为丰富和抽象，当人们在谈论起一些物品或事件的某些特征但是又不直接提物品或事件的名称时，自闭症儿童的听觉区辨能力便会受到考验。为了教授自闭症儿童高阶的听者区辨技能，教师可教授自闭症儿童区辨一些物品的功能、特性和类别。例如，教师可以在学生面前呈现三个实物，分别是小鱼、老虎、小猫，教师可对学生进行提问"请问哪个小动物在水里吐泡泡？"，目标反应是学生指一指小鱼或者拿起小鱼给教师，这个问题便是提及了物品的特征，但是并没有直接对该物品进行命名。在区辨教学时，教师提供的样本量也可以逐渐递增，由三个一组区辨一直到十二个一组区辨。

当儿童在练习听者反应技能时，应优先使用模仿技能辅助，而不是肢体辅助。模仿技能辅助本身便是一种技能的学习，而且相较于肢体辅助，模仿辅助更易于撤销。此外，刺激内辅助也是听者反应练习常用的辅助形式，教师可以通过改变目标物品/图片的位置、大小、背景颜色来帮助自闭症儿童做出正确的目标反应，从而减少失败的体验。

五、交互式语言教学

最为综合的语言能力体现在交互式语言上，它集合了提要求、命名、仿说、听者反应等多个语言要素，是一种多重控制的语言操作。交互式语言的前事刺激是语言刺激，但要求行为者做出不一样的语言行为，二者区别于仿说，不是一种一一对应的关系。例如，下面的对话就包含了多种语言操作。

"妈妈，我想吃饼干。"（提要求）

"好的，你想吃什么味道的?"（提要求）

"我想尝尝巧克力味的。"（交互式语言）

"你看看这块是什么口味的?"（提要求）

"草莓味的，不是巧克力味的。"（命名）

"好的，给你巧克力味的。"（交互式语言）

"太美味了，我能再吃一块吗?"（命名，提要求）

这段话包括了提要求、交互式语言、命名三种语言操作。在交互式语言中，提要求有时不仅仅是要求物品或活动，在成人的大部分对话中，是使用问句要求对方反馈信息，如"你吃了吗?""你要去买什么?""什么时候可以看电视呀?""爸爸去哪里了?""你要哪一支笔呀?"等。相较于要求物品和活动，使用问句要求信息是自闭症儿童普遍缺乏的技能，这是需要教师经过系统的教学后才能引导出的能力。有时候要求信息或者教授提问往往需要循环往复的练习，可能要等待数月时间儿童才能自我发起提问，但这项技能也被视为儿童语言和社交发展的里程碑。一旦儿童习得提问技能，他便有更多主动学习的机会，得到更多他人的关注和回应，从而更有效率地提升自己的综合技能。

通常，针对要求信息技能的教学，大家都会想到 5W 句型（what/where/when/which/why），但很多自闭症儿童恰恰缺乏获得信息的动机。因此在教学时可以进行要求物品和要求信息的过渡教学，使用"可以吗?""能吗?""行吗?"来帮助自闭症儿童去要求他人的信息。下面是教授一个学生使用提问句来要求信息的例子。

教师："你想吃什么?"

学生："我想吃核桃。"

教师："核桃是张老师的，你去问张老师可以给你吗？"

学生："张老师，我想吃核桃，可以吗？"（教师提供仿说辅助）

教师："可以，给你核桃。"

在提供仿说辅助时，要根据学生的个体情况进行引入和撤销，在教授时还需注意教授多重范例，如"……可以吗？""……好吗？""……行吗？""我能……吗？""我可以……吗？"等。

这类句式可以帮助儿童从要求物品到要求信息进行过渡，而且随着自闭症儿童年龄的增长，使用请求句进行提问会更为礼貌和符合其年龄的话语特性。

在交互式语言中，除了提要求技能，还包括大量的高阶命名技能。如前面部分讨论的，命名累积的词汇数量和丰富度是对话技能的基础。在对话中，命名主要是为了获得他人的关注和表扬等社会性强化，所以命名会转向评述性的语言，如"你的衣服是新的，真漂亮！""这个玩具坏了，换一个新的""今天下雨了，明天再出发吧"，就对命名的句子长度和句子结构有要求。

交互式语言由于是一个综合的技能，有时教师觉得无从教起，但在实际生活中交互式语言随处可见。例如，儿童接唱也是交互式语言的一种形式，当教师唱起"一闪一闪亮晶晶，满天都是＿＿＿＿"，儿童听到后接唱"小星星"；教师问"小狗＿＿＿＿"，学生接"汪汪汪"，这样的交互式语言既简单又非常有趣，可以极大地激发儿童对成人的语言回应。下面是一个完整接唱儿歌的例子。

教师："公车上的轮子转呀转，转呀＿＿＿＿"

学生："转。"

教师："公车上的轮子转呀转，转呀＿＿＿＿"

学生："转。"

教师："公车上的轮子转呀转，跑遍＿＿＿＿"

学生："城市。"

教师："公车上的门呀，开开关关，开开关关，＿＿＿＿"

学生："开开关关。"

在唱到需要接唱处时，教师可提高音量或者拖长音，等待1～3秒，给予学生反应的时间，也可以根据学生的需求给予仿说辅助提示。如果学生无反应，则继续唱下去，在第二句的时候给予学生接唱机会。

除了唱歌接词之外，我们还可使用功能、类型、类别等信息对学生进行填句练习。例如，"红色的水果是＿＿＿＿（草莓、苹果、火龙果）""紫色的蔬菜是＿＿＿＿（茄子）""糖果的味道是＿＿＿＿（甜甜的）"。如学生不能独立回应，则可以加入图片提示，以帮助学生有直观的学习体验。

当学生能够完成多种接唱和填句后，我们便可加入回答 5W 句型的提问。在提问前，教师必须确保自己知道这个问题的答案，以便在学生错误反应或无反应状态下进行辅助。例如，"今天天气怎么样?""你喝水了吗?"，不要尝试问"你早晨吃了什么?""你几点起床的?"，这些问题可能具有多种选项而且教师可能并不一定了解答案。此外，在提问后，教师往往在学生只回答了一个答案后便开始强化。针对"什么""怎么样""为什么""哪里"这些问题都可以有多样化的回答，在教学时应鼓励学生发散思维，提供多样化和变化的回应。下面是一些鼓励学生在交互式对话练习时提供多种回应的问题示例。

什么东西是红色的?（苹果、火龙果、草莓、辣椒、红灯、西红柿）

笔可以用来做什么?（写字、画画、涂色）

交通工具都有哪些?（汽车、火车、公交车、飞机、自行车）

水里都有什么呀?（鱼、虾、水草、石头、沙子）

这些问题不仅是教师能够预想到答案可以对学生进行提示的，而且可以启发学生开动脑筋，多加思考，并且在强化时使用区别化的强化策略，正确答案越多，给予的强化物越多。

第四节
自闭症儿童的扩大性和替代性沟通教学

我们教授自闭症儿童语言是为了帮助他们与他人进行沟通和交流，从广义来说，语言不局限于口语，还包括身体动作、面部表情、文字、手语等。有时教师在教学中会感到受挫，似乎教师在每个环节都尽可能地做到最好，但儿童的口语技能却似乎止步不前，没有出现期待的变化。从强化物、教学方法、儿童口肌检查等多个环节去找原因，但似乎并没有问题，这也启发教师是否能在其他沟通方式上进行尝试，为自闭症儿童寻找到一个有效的沟通途径。本节主要介绍了图片交换沟通系统教学、手语及手势语沟通教学、文字/输入设备沟通教学、计算机辅助沟通设备，以帮助学生找到一个适合的替代性和扩大性的沟通方式。

一、图片交换沟通系统教学

图片交换沟通系统是一套用于教授自闭症儿童使用图片进行日常沟通的系统，是一种替代性和扩大性的沟通方式。在确定自闭症儿童是否适合使用图片交换沟通前，需要对自闭症儿童的一些先备技能进行评量，如视觉搜索、视觉区辨的技能、实物和图片的配对技能等。使用图片交换沟通并不等于否认或放弃发展自闭症儿童的口语技能，而是在当下综合儿童的优势和特点为其选择一个沟通表达的路径。使用图片交换沟通系统时，自闭症儿童需要随身携带图片交换沟通本，儿童沟通本要随着儿童的需求不断进行填充、变化和更新，会耗费一定的人力和物力。而且当沟通本不能满足当下儿童的沟通需求时，如缺少某一张图片，可能会诱发儿童的情绪行为问题，所以要尽可能地做好前事预防。不同的儿童使用图片交换沟通系统会遇到不同的问题以及带来不同的便利，重点是评估图片交换沟通系统是否能为儿童提供一条便利沟通的途径，是否能帮助儿童主动发起更多的社交交往和沟通。教授自闭症儿童使用图片交换沟通系统一共包括六个阶段。

(一)第一阶段：以图换物

此阶段练习的目的是帮助自闭症儿童建立以图片交换实物的行为，教师和自闭症儿童面对面坐，辅助教师坐在儿童后方，以便及时提供肢体辅助。当儿童表现出想要获得物品的动机时，教师做出张开手掌要图片的动作，并说出"你想要××（物品名称）啊"，辅助教师立即从后方肢体辅助儿童拿取面前的图片放置在教师手中，教师应对自闭症儿童的目标行为进行及时强化并减少张开手的提示，辅助教师应根据自闭症儿童的反应逐渐减少肢体辅助的提示，直至自闭症儿童独立做出以图换物的行为。

(二)第二阶段：增加自发性及主动性

在自闭症儿童精熟了以图换物的程序后，教师可与儿童逐渐增加物理距离，图片的呈现方式需从桌面摆放更改到粘贴在沟通本中。当儿童有需求动机时，快速地从沟通本中找到图片，并取出图片走向教师，把图片放在教师的手里。当儿童感到有困难或者有不当行为发生时，辅助教师可以进行肢体辅助。

(三)第三阶段：区辨图片

1. 第三阶段1：简单区辨图片

在前两个阶段的练习中，自闭症儿童选择的图片是单一的，没有区辨的练习。在第三个阶段，目标行为的难度进一步提升，自闭症儿童需要从沟通本的多张图片中选择自己想要的物品图片进行交换。为了帮助自闭症儿童获得成功，在初始练习时提供的图片通常有一个是儿童获得动机特别强烈的偏好物，另外一个是中性物品或者非偏好物。当儿童有需求动机时，需要区辨性地选择自己想要的物品所对应的图片，并立即给教师进行交换。当自闭症儿童在拿取和交换的过程中出现错误行为，教师需要立即使用错误纠正程序：示范正确的目标行为，辅助儿童完成目标行为，穿插干扰活动，重新呈现材料，然后继续进行练习，直至学生掌握目标行为。

2. 第三阶段2：条件性区辨图片

在条件性区辨阶段，区辨练习会继续增加难度，由上一阶段的高偏好和中性物品区辨进阶到均是高偏好物品的区辨，其他程序同上一阶段。如继续使用图片沟通本，在自闭症儿童做出错误反应时使用错误纠正程序，并且要逐渐增加儿童与教师的物理距离，以便不论在何时何地，自闭症儿童有沟通动机时，能够主动拿取图片向教师交换。

(四)第四阶段：句式结构

在自闭症儿童能够精熟地进行图片区辨后，此阶段的目标是在沟通本中使用图片或文字组合一个句式结构，然后将整个句子条交给教师，以换取物品或活动。例如，儿童在沟通本中取出"我要"的图片，然后放置在句子条的前方，再从沟通本中取出"糖果"的图片，放置在"我要"图片的后方，组成一个"我要糖果"的句子结构。为了拓展自闭症儿童句式的丰富度，还可以在句子条中加入关于物品属性的图片，如"大的""红的""热的"等。当自闭症儿童能够精熟地组合单一句式后，教师需要引导和鼓励学生进行更为丰富的句式组合，并且引导儿童跟随教师使用口语一边指着图片一边大声朗读句子的内容。此时需要特别注意的是，当自闭症儿童在整个图片交换沟通过程中，出现了口语和语音，特别是完整地朗读句式的内容，教师要进行差别性强化，以增加自闭症儿童的口语反应。

(五)第五阶段：回应提问

为了帮助自闭症儿童将提要求技能过渡到对话技能，第五阶段的目标是能自发地进行提要求并且回答他人关于"你要什么"的问题。在该阶段要注意调整辅助的方式，经过前面阶段的累积练习，自闭症儿童的辅助可由肢体辅助变换到时间延宕辅助，教师需要仔细地观察自闭症儿童的反应，然后在相应的时间点判断是否需要给出手势提示，以避免儿童形成辅助依赖。

(六)第六阶段：回答问题及评估

正如口语对话一样，使用图片交换沟通系统的目的是帮助儿童与他人进行不同层次的沟通，前面五个阶段的内容主要还是围绕着自闭症儿童的提要求技能展开，没有延展到对话的层次。最后一个阶段的目标是帮助建立自闭症儿童回应他人的提问以及对事件做出评价的能力。当他人问起"你感觉怎么样？""你昨天去干什么了？"时，自闭症儿童可以使用图片沟通本及沟通条组合成句子进行回应。练习时还需要考量自闭症儿童其他领域的先备技能是否已经掌握，如对于动词、介词、副词等的理解和运用，此阶段的练习通常也是最为复杂、耗时最长的一个阶段。

二、手语及手势语沟通教学

对于那些尝试使用了仿说教授口语，但是却效果甚微、进展缓慢的自闭症儿童，口语可能并不是当下帮助自闭症儿童发展沟通技巧的适合路径，教师需要从其他的沟通形式中帮助儿童找寻一个更适合当前情况的沟通渠道。手语及手势的使用在沟通过程中各有利弊，手势及手语沟通可以增加儿童提要求的动机，而且随处可用，不需要附带任何的工具和辅助设备。但是使用手语及手势沟通要求儿童身边的家长和教师都使用一致的手语系统，而且在学习过程中对自闭症儿童的手部精细动作要求较高，视觉区辨能力较好，并且具备一定的动作模仿能力。在我国，使用手语及手势进行沟通的主要还是听障人群和部分无口语者，所以在实际的教学中，教师需要额外进行手语及手势的学习，并且需要带动班级内的普通儿童一同进行学习，为自闭症儿童构建无障碍沟通的环境。目前手语及手势教学在自闭症儿童的教学中并不普遍，对于无口语的儿童的沟通，教师和家长在实际的操作中更倾向使用图片作为沟通工具。

三、文字/输入设备沟通教学

对于很多已经能够识字、拼读和拼写的儿童来说，非口语沟通似乎更加便捷，他们可以通过文字或者一些电子输入设备来表达自己的所思所想。文字/输入设备在普通人的生活和工作中也被运用得相当广泛，如我们日常的沟通便利贴、电子邮件、手机短信等都是使用文字或输入设备进行沟通的案例。运用这种方式的前提是儿童有一定的读写技能，但往往很多幼龄的自闭症儿童还未具备读写技能。对于低龄的自闭症儿童，可以尝试使用图片、手语、手势等非口语沟通方式，对于学龄段或者功能水平较高的自闭症儿童，可以尝试采用文字/输入设备进行沟通。

四、计算机辅助沟通设备

随着科学技术的发展，计算机辅助沟通设备层出不穷，为自闭症儿童的沟通提供了更多的便利。目前已开发出大量的借助语音设备及语音软件发出相应的声音来协助自闭症儿童进行沟通的系统，这些装置上有多种提前存储的图标，并且每一个图标都与特定的语音输出内容相联系，自闭症儿童可以通过简单的操作来激活装置的语音功能，使其发出声音，从而实现沟通目的。此外，笔记本电脑、平板电脑、触摸式屏幕等技术也可以帮助自闭症儿童通过语音、文字、图片等多种途径实现与他人的沟通和交流。

小结

本章对自闭症儿童的语言教学理论及教学方法进行了介绍。语言障碍是伴随自闭症儿童频发的一种障碍，需进行有针对性的教学。本章主要介绍了语言行为理论的由来及基本的语言操作类型，以帮助大家理解语言行为，区别一般意义上的语言。"语言教学程序"部分以基本的语言操作为示例，进行教学解析，帮助大家由浅入深，从理论上升到实践层面。图片交换沟通系统和手语及手势沟通教学针对部分没有发展出口语技能的自闭症儿童，详细介绍了如何使用图片和手语形式教授自闭症儿童进行有意义的沟通。自闭症儿童的语言教学是自闭症儿童进行有效的社会交往和沟通的重要基础，也是提升自闭症儿童个体自我效能的重要工具，由此，教师需抓住语言教学的关键期，采用科学的方法，最大限度地教会自闭症儿童使用适当的语言进行沟通。本章为大家提供了一套适用于自闭症儿童语言教学的一般方法和思路，但自闭症儿童语言教学要遵循个别化的原则，还需针对个体特点进行具体分析。

思考题

一、单项选择题

语言行为操作包括（　　　）

A. 提要求、命名、说话、反思

B. 提要求、命名、听者反应、对话

C. 提要求、说话、阅读、反思

D. 提要求、命名、反思、回顾

二、简答题

1. 自闭症儿童常见的语言障碍有哪些？

2. 基本的语言行为操作包括哪些？请举例说明。

3. 在教授提要求技能的时候，要特别注意哪些教学要点？

4. 如何使用刺激控制转移程序教授语言行为？

三、论述题

结合一个自闭症儿童个案的特点，为其进行语言行为技能评估及制订语言行为教学计划。

延伸阅读

1. [美]玛丽·林奇·巴伯拉、[美]特蕾西·拉斯穆森著，美国展望教育中心译：《语言行为方法：如何教育孤独症和相关障碍儿童》，北京，华夏出版社，2013。

2. [美]Mark L. Sundberg、Ph. D.、BCBA-D 著，[美]黄伟合、李丹主译：《语言行为里程碑评估及安置程序（上册·指南）》（第 2 版），北京，北京大学医学出版社，2017。

3. [美]Mark L. Sundberg、Ph. D.、BCBA-D 著，[美]黄伟合、李丹主译：《语言行为里程碑评估及安置程序（下册·概况）》（第 2 版），北京，北京大学医学出版社，2017。

4. [美]Mark L. Sundberg，James W. Partington，*Teaching Language to Children With Autism or Other Developmental Disabilities*，Concord，AVB Press，2010.

自闭症儿童的社交技能教学

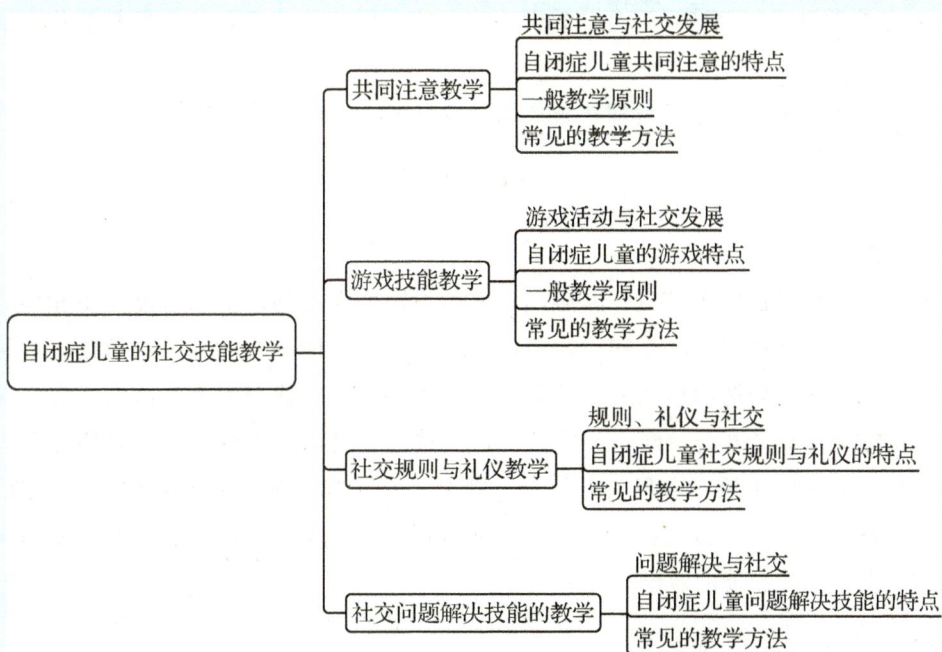

- 共同注意教学
  - 共同注意与社交发展
  - 自闭症儿童共同注意的特点
  - 一般教学原则
  - 常见的教学方法

- 游戏技能教学
  - 游戏活动与社交发展
  - 自闭症儿童的游戏特点
  - 一般教学原则
  - 常见的教学方法

- 社交规则与礼仪教学
  - 规则、礼仪与社交
  - 自闭症儿童社交规则与礼仪的特点
  - 常见的教学方法

- 社交问题解决技能的教学
  - 问题解决与社交
  - 自闭症儿童问题解决技能的特点
  - 常见的教学方法

1. 什么是共同注意、共同注意的重要性、自闭症儿童共同注意的特点，以及共同注意的一般教学原则和常见的教学方法。

2. 游戏活动在社交发展中的重要作用、自闭症儿童具有的游戏特点、游戏技能教学的一般原则和常见的游戏教学方法。

3. 自闭症儿童社交规则与礼仪的特点和常见的社交规则与礼仪的教学方法。

4. 问题解决与社交的关系、自闭症儿童问题解决技能的特点和常见的社交问题解决技能的教学方法。

1. 基于共同注意的一般教学原则，为自闭症儿童设计提高共同注意能力的教学方案。

2. 能针对个案特点选择合适的游戏技能目标，分别使用视频示范、关键反应训练和整合性游戏团体法进行自闭症儿童的游戏教学设计。

3. 能根据儿童特点选择适合的教学方法提高自闭症儿童在社交规则与礼仪方面的能力。

4. 了解自闭症儿童的问题解决技能的特点和可以使用的教学方法。

自闭症之所以被称作"谱系"障碍，是因为不同个体之间的症状可能大不相同，但所有的自闭症儿童都存在社交和沟通障碍。这种社会技能和交往方面的缺陷，不论是最初的坎纳医生和阿斯伯格医生，还是后来的相关机构、研究者或实践者，都将其视为自闭症谱系障碍儿童的诊断核心症状。社会技能和交往方面的困难对自闭症儿童融入社会以及正常的生活有着巨大的影响。社交技能是自闭症儿童教育的重点和难点。本章主要从共同注意、游戏技能、社交规则与礼仪，以及社交问题解决四个方面来探讨自闭症儿童社交技能的教学。

第一节
共同注意教学

　　共同注意是幼儿早期社会认知发展中的一种协调性注意能力，是指两个人共同对一个物体或事件加以注意，以分享对该物体或事件的兴趣的行为。它包括眼睛注视、注视转移、跟随注视、跟随指示、评论、展示、指示等一系列非语言行为。共同注意可以分为主动性共同注意和响应性共同注意两种，前者又可称为发起共同注意，后者又可称为回应他人发起的共同注意。

一、共同注意与社交发展

　　共同注意是沟通的最早形式之一，是儿童早期进行社会性交往的主要手段，且其作为幼儿知觉自身与他人的能力发展里程碑，是心理理论等较高阶段认知及社交能力的基础能力。共同注意的发展与幼儿未来的游戏技能、模仿能力、社会交往和语言能力的发展密切相关。

　　共同注意缺陷与自闭症儿童的社交障碍有紧密的关系，也是自闭症早期诊断的重要指标之一。在两类共同注意中，对共同注意的反应体现了儿童对他人意图和注意焦点的理解，主动发起的共同注意体现了儿童主动参与社会交往的动机。由于共同注意的缺陷，自闭症儿童难以像普通儿童一样追随他人的手势、分享他人的视线以及对他人的行为给予注意，也不能主动发起唤起他人注意的行为，导致整个社会反馈的路径受阻，从而无法理解社会互动者的意图，难以主动参与社会交往活动。随着自闭症诊断年龄的提早，提高自闭症儿童共同注意能力已逐渐成为早期干预的重点内容和有效途径之一，以期增强自闭症儿童参与社会交往的动机，提高自闭症儿童参与正常社会生活的能力。

二、自闭症儿童共同注意的特点

　　大量研究表明自闭症儿童存在共同注意缺陷，它在自闭症早期就会表现出来。有研究显示，共同注意这条标准能够筛选出 80％至 90％的自闭症儿童，其区分度高于游戏、模仿技能等指标。自闭症儿童共同注意的特点主要表现在以下几个方面。

　　首先，自闭症儿童共同注意的发展迟滞、出现频率低。普通幼儿在 3 个月时已经开始出现两者间的互动，自闭症幼儿则没有，且对声音和人脸也无反应。5～7 个月的普通幼儿在被叫到名字时会有转头现象，自闭症幼儿通常无反应。在 1 岁左右，自闭症幼儿的主动性共同注意行为几乎为零，响应性共同注意行为显著少于普通发展幼儿，即使有注视行为，其维持时间也很短，约在 1 到 2 秒之间。直到 20 个月左右，自闭症幼儿才出现短暂的注视人的行为，但仍无法追随他人视线看向其他人或物体。

其次，自闭症幼儿在共同注意方面缺乏内在的分享性动机。与普通儿童相比，自闭症儿童更倾向于回应他人发起的共同注意，而非主动发起共同注意。自闭症儿童共同注意更多指向的不是指示或分享行为，而是要求行为。自闭症儿童在与他人交往过程中，要求性手势明显比陈述性手势出现的数量多；并且他们很少有分享、展示和评论等表现，他们更多表现的是要求物品或活动的行为。例如，自闭症儿童往往注意的是他们喜欢的玩具和食物，当他们想要得到喜欢的物品时，他们只是将视线停留在目标物品上，并不会向成人寻求帮助，而普通儿童则通常会向成人发起请求。并且，自闭症儿童经常用"拉"和"拖"的行为来引起别人的注意，而不会运用指点行为。由此可见，共同注意对自闭症儿童来说不是与别人分享兴趣和经验的交流行为，而是一种得到物品的方式。

最后，自闭症儿童之间的共同注意缺陷存在差异。主要表现为：①并非所有自闭症儿童的共同注意都存在缺陷，一些自闭症儿童在共同注意上没有障碍；②自闭症儿童的共同注意缺陷并非存在于所有共同注意行为上，一些自闭症儿童可能仅在共同注意的某一方面存在缺陷；③不同生理年龄、心理年龄或智商的自闭症儿童的共同注意缺陷可能不同，高功能自闭症儿童与低功能自闭症儿童之间的共同注意缺陷存在差异；④主动性共同注意和响应性共同注意的缺陷程度不一致。

三、一般教学原则

(一)注重动机的激发

在共同注意技能的教学中，不应只局限于关注儿童共同注意的行为表现，更应注重其实质功能的培养，重视儿童社交动机的激发；不应仅理解外在行为，更应看到其背后的实质意义即社会互动的兴趣和能力。在激发儿童动机方面可采取以下措施：给予儿童选择教学材料(玩具)的权利；在教学中以儿童兴趣程度高低来决定何种玩具作为刺激物、分心物或强化物；给儿童选择活动形式的机会；尽量少使用物质性强化手段，多采用同伴或亲子互动(如儿童喜欢的挠痒痒、"蚂蚁上树"等小活动)作为社会强化。

(二)提高教学方案的综合性

自闭症儿童的缺陷涉及多个方面，共同注意缺陷与语言、社会交往技能缺陷紧密相关，只针对共同注意实施教学无法达到整体改善其社会功能的效果，需结合其他社会技能对自闭症儿童的共同注意实施干预，才能整体提高儿童的社会功能。因此，教师可将共同注意训练纳入日常教学活动，不能仅仅局限于自闭症儿童回应和发起共同注意的眼神接触和手势，还要基于此将共同注意训练延伸到追视、言语评论以及在社交情境中检验其共同注意训练的效果。针对共同注意这一关键技能实施教学，突出其在教学方案中的主导性；同时对其他社会技能进行训练，突出教学方案的综合性，以有利于全面改善自闭症儿童的社会功能。因此，在共同注意教学中融入语言、模仿、社会交往技能等干预成分，实施综合性的干预，是研究者和教学工作者未来探索的重点。

(三)重视同伴和家长的角色

共同注意技能几乎渗入到生活中的每时每刻，因此，充分发挥同伴和父母的作用是实施有效教学的良好途径之一。例如，在家庭生活中，父母在叫到孩子名字时，可训练儿童的目光接触；在儿童要求某种玩具时，家长可用手指示出玩具的位置，训练儿童眼神追视的能力；在买了新衣服或新玩具时，可锻炼儿童主动展示的能力等。

四、常见的教学方法

(一)强化与提示

强化是最常见的干预方法之一。行为之所以发生变化就是因为强化的存在，控制强化可以有效改变行为。缺乏动机是自闭症儿童共同注意障碍最主要的原因之一，因此，合理有效地利用强化，从而激发儿童的动机，是共同注意能力教学的可行途径。

按照强化性质，强化可以分为正强化和负强化；按照强化物的类型，强化还可分为一级强化(如儿童喜欢的食物等)、二级强化(如代币等)和社会性强化(如表扬、微笑等)。如前所述，自闭症儿童共同注意的特点之一是缺乏分享性，以要求性行为为主，教学人员在干预过程中，若一味地使用食物、玩具等强化物，儿童行为的动机则变成了得到强化物，进而成为要求行为。因此，教学过程中应注意社会性强化的运用，以激发自闭症儿童参与社会交往的动机，从而提高其共同注意能力。

提示是行为干预中的常见策略，指在儿童运用某种技能时为其提供各种支持，它既可以用来习得新行为，又可以应用于减少不良行为，这也是回合式教学中的一个重要部分。提示有多种类型,包括全肢体提示、半身体提示、示范提示、手势提示、言语提示和视觉提示等,且不同类型的提示具有不同的强制程度。

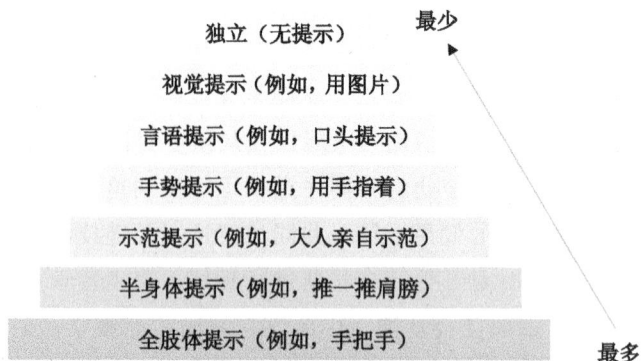

（图9-1，金字塔结构，从上到下，右侧由"最少"指向"最多"）

独立（无提示）　最少

视觉提示（例如,用图片）

言语提示（例如,口头提示）

手势提示（例如,用手指着）

示范提示（例如,大人亲自示范）

半身体提示（例如,推一推肩膀）

全肢体提示（例如,手把手）　最多

图 9-1　提示类型及其等级

　　提示策略的具体应用主要包括以下几种形式:单独使用一至两种提示、最大到最小提示策略、最小到最大提示策略、提示延迟和提示渐消。由于自闭症儿童在视觉加工和视觉通道学习方面有独特的优势,因此视觉提示是自闭症儿童教学中最为常用和有效的策略之一。视觉提示有多种形式,如物品、照片、图片、符号、标识和卡片等,它们都可以增加自闭症儿童对教学内容和周围环境的理解。最大到最小提示策略是指,在教学初期,教学人员首先为儿童提供最大的提示,即身体提示,在此等程度的提示下,若儿童能连续多次出现正确反应,则可降低提示程度,以此类推,直至儿童独立反应。最小到最大提示策略是指,教学人员首先让儿童独立反应,若在发出指令后,儿童无反应,则为其提供最低程度的提示——视觉提示,若儿童仍无反应,则提高提升的程度,逐级类推,直至全肢体提示。这两种提示策略适用于不同学习特征的儿童和教学阶段。对于能力较弱,且处于教学初期的儿童,可使用最大到最小提示策略,帮助儿童逐渐掌握目标技能;对于能力较强的儿童,可使用最小到最大提示策略,给予儿童充分的机会以激发其潜能。在提示延迟程序中,教学人员在发出指导语后,等待几秒钟的时间,如果未出现正确反应再进行提示。提示渐消策略则是通过在学习过程中逐渐去除提示,直至不再提供,来帮助儿童独立地完成目标技能。

　　强化与提示策略常常结合应用于共同注意的教学。例如,教师可以将"眼神交替""跟随指示"及"主动展现"作为目标行为,使用强化和提示策略对儿童进行教学。在进行"眼神交替"行为训练时,教师把儿童喜欢的玩具放在儿童无法拿到的位置,观察儿童有无目标行为;在进行"跟随指示"行为训练时,教师把玩具放在儿童面前,并指向玩具的其中一张照片,观察儿童的行为;在"主动展现"行为中,教师把玩具放在儿童伸手可及的地方。若儿童出现目标行为,则立即给予强化,微笑、鼓励,并和儿童一起玩此项玩具 30s；若儿童没有出现目标行为，则进行从最小至最大的提示。

✏️ 教学实例

泰勒和霍克采用提示和社会强化物教导 3 名自闭症儿童回应和发起共同注意。教学材料包括两类：一是儿童先前没有见过的新异物品；二是儿童先前见过，但以特别的方式进行呈现，如给洋娃娃披上老虎图案的衣服，把篮球放在厨房里等。针对不同的物品，教学者设计了不同的发起共同注意的语言，包括"哇！""看！""这真是太好玩了""哈哈哈哈""哦！不要！"等。

在回应共同注意的教学中，教学者和儿童坐在桌前，教师首先发出共同注意，用手指向物品并说"哇！"，之后使用最小到最大提示策略，帮助儿童完成"追随成人手指的方向看物品——对物品做出评论——再将视线转回成人"这一过程。在儿童完成后，教师对儿童进行社会性强化，微笑着说"耶！那个篮球放在了厨房里"，同时还可以挠痒痒逗儿童笑。

在发起共同注意的教学中，教师通过"引导自闭症儿童走近物品——采用最大到最小的身体和手势提示"，让自闭症儿童用手指物品并让其模仿教师的评论，如模仿教师说"看"然后再提示自闭症儿童将视线转回教师身上，并根据情况采用提示延迟策略。

(二)同伴介入法

同伴在自闭症儿童教学中扮演着重要的角色，同伴介入法是一种在自然情境中通过正常发展的同伴与自闭症儿童的互动，促进自闭症儿童社交、沟通、共同注意等能力的提高。在具体实施同伴介入的过程中通常涉及许多具体的干预策略，包括辅助、强化、同伴发起、讨论、示范、角色扮演、视觉提示、视频反馈、代币系统等。在实施同伴介入教学过程中，同伴需要承担教学者的任务，如示范适当行为、实施提示、强化目标行为及发起和维持与自闭症儿童之间的社交互动等。除了班级中的普通儿童之外，自闭症儿童和家中的兄弟姐妹也可以充当同伴的角色。在同伴互动中对自闭症儿童实施教学能够取得很好的效果，其优势在于能充分利用学校中数量庞大的同伴群体为自闭症儿童提供有效的服务。教师或专业人员指导普通儿童与自闭症儿童互动后，一定程度上可以减轻教师和专业人员的负担，同时也增加了对自闭症儿童的教学机会。同伴介入法增加了自闭症学生与多个普通儿童的社会互动，有利于将已习得的技能泛化到不同的人群和情境中，有利于促进自闭症儿童融入班级，促进自闭症儿童的社会化。但同伴实施干预会受到其对教学技能的掌握程度、对儿童的态度、投入的热情等因素的影响。同时，自然情境中的刺激复杂多样，同伴难以掌控，如何保证自闭症儿童真正参与到同伴互动当中，仍然值得探索。

(三)父母中介学习法

除了普通同伴之外，父母也是实施教学的有力人选。父母中介学习法重视亲子间的互动，强调父母的责任感，通过开放式的亲子互动来改善和提高儿童的相关能力。该方法关注共同注意的发展基础，认为儿童面对面活动的参与能力、社会互动能力及响应性共同注意技能是儿童发展主动性共同注意技能的基础。

父母实施教学有很多独特性优点：从儿童的角度来说，父母实施教学有利于增加其对教学的认同度；从父母的角度来讲，在实施教学时若能观察到儿童行为的积极改变，则利于减轻心理压力、提高自信心、改进亲子互动；从教学本身来说，此方法可以节约人力、物力的投入，能够控制教学的时间间隔，且在家庭或社区环境中进行，教学的生态化效度比较高。但是父母实施干预同样受到父母能力的限制，并且父母对干预方案的认同、心理投入等因素与教学效果密切相关。因此，以父母为中介来实施共同注意的教学需要保证其掌握相关的教学技能和参与的热情，并且在家庭互动情境中，采用综合性干预项目能够更好地提高自闭症儿童整体性社会功能。

(四)计算机辅助教学法

计算机辅助教学是指在课堂环境中使用台式机、笔记本电脑或电脑软件程序来补充或替代学业、行为、社会等方面的教学。近三十年来，以计算机为媒介的视听技术取得较大进步，并广泛应用于自闭症儿童的教育教学中，是一种非常具有潜力的教学方法。计算机辅助技术也逐渐应用于自闭症儿童共同注意技能的教学。例如，有研究者在宠物机器人中嵌入了注意线索提示的范式，自闭症儿童在玩游戏的过程中，只有跟随机器人的方向才能完成游戏，在此过程中机器人会对儿童进行方向提示，将空间注意转移至机器人身旁的刺激物。还有一些共同注意的训练系统，其中可嵌入指向、展示、移动虚拟对象、3D 动画、表达和反馈等功能，对自闭症儿童的指示、展示、分享以及互动行为进行教学。

计算机辅助教学对于自闭症儿童的教学与干预具有很多潜在的优势。例如，可以给自闭症儿童建立明确的规则和期望，减少分心；允许儿童主动操纵他们的学习，而不是被成人控制；能够连续保持一致(或随机)地呈现教学、反馈以及撤销提示等，从而保持自闭症儿童的兴趣并增加动机，减少教师和家长的工作量等。但同时也面临一些挑战，如计算机辅助教学可能会减少自闭症儿童与教师、父母之间的自然互动，进而导致社会交往机会的减少。此外，自闭症儿童可能会对使用计算机"上瘾"，在这一过程中可能会增加由此产生的刻板行为、挑战性行为。总体而言，计算机辅助教学可以提供多感官交互、控制和结构化的环境、多层次交互功能以及个别化的设计，在自闭症儿童教学的应用中非常有潜力。

第二节
游戏技能教学

"游戏"是一类行为的总称，是具有一套共同的行为倾向特征和情感体验，具有各种不同行为类型的"主体性"活动的总和。游戏强调内在动机、自发性、自由选择、具有正向的情感、主动参与，属于人格特质的维度。

一、游戏活动与社交发展

游戏是儿童对社会活动的一种初级的模拟形式，它反映了儿童周围的社会生活环境和方式。在学前教育阶段，游戏更是儿童主要的社会生活方式，直接构成了儿童心理发展的主要社会条件。在这样的游戏活动中，儿童开始初级社会化并且建立初步复杂的社会关系，根据他们对现实生活的理解，按照自己的愿望，将生活内容有意识、有目的、创造性地反映在游戏中。

游戏的特点以及在游戏过程中成人的指导和同伴的相互作用，使得游戏与儿童社交能力的发展有紧密的联系。一方面，游戏的过程可以培养幼儿遵守规则的能力，对促进幼儿的社会性发展有深远的意义。游戏中的规则大多不是事先制定的，而是在游戏过程中制定的。这种规则制定过程给儿童提供一个了解规则、制定规则的性质和特点的机会。这样，儿童不仅学到了具体规则，还理解了规则的一般含义。

另一方面，游戏有助于发展自闭症儿童的"象征性理解"能力。通过游戏活动，儿童逐渐懂得不同的玩具代表不同的生活中的物体，以这种方式运用象征性的玩具还可以帮助儿童了解真实的生活世界，学会如何与周围的环境交流，在游戏的互动中逐渐掌握言语交流的技巧。并且，游戏还为自闭症儿童的情绪与情感表达提供了良好的渠道。它能够在无意识间缓解儿童的心理压力与精神压力，使他们可以充分表达自己的各种想法。

另外，游戏对儿童同伴关系的发展也有至关重要的作用，在很大程度上对自闭症儿童交往能力的提升起到相应的辅助作用。游戏活动为儿童创设了相对宽松、愉悦的活动氛围，能够提供给儿童更多的交往、合作、解决问题的机会，以游戏的方式构建起与他人进行交流的框架，进而促进儿童对游戏伙伴之间关系的正确界定。游戏作为同伴之间进行社会交往的重要媒介，既促进了相互间的主动交往和合作，同时也让儿童学会如何正确竞争和适当忍让。

二、自闭症儿童的游戏特点

自闭症儿童由于自身社会能力的缺陷以及情感淡漠等障碍，导致他们很难参与社会性活动，也较难融入社会性游戏活动中去，而这种在社会性游戏参与方面的缺失又导致他们的社会性游戏能力的发展受到限制，缺乏积极正向的感知体验，形成恶性循环。且自闭症儿童在团体游戏中不仅缺乏与同伴互动的欲望，也缺乏与同伴互动的技巧，例如，自闭症儿童很难与同伴共同建构游戏情节、分享游戏的兴趣与乐趣，在游戏中难以解读同伴提供的社会线索并可能会有异常的游戏发起行为等。因此，自闭症儿童独自游戏或无所事事的时间明显多于普通儿童，且在游戏材料的玩法上主要表现为反复地摆弄物品、拍打或咬玩具等重复刻板的操弄玩法，缺少功能性玩法和假装玩法。且自闭症儿童更热衷于某些感知运动游戏，多数儿童在游戏时表现出身体的接触，不间断地重复击打物品、旋转物品的动作，他们不会因为玩具的特性而喜欢玩这样东西，而是没有目标没有方向地操弄手中的玩具。

有研究者总结出了自闭症儿童在与同伴玩游戏时常表现出的三种社会行为特点：在与同伴共同进行的社会游戏中，有的自闭症儿童被称为"孤立型"，这类自闭症儿童面对同伴常常表现出逃避、退缩的行为，很难参与到集体游戏中去；"被动型"的儿童可参与到集体游戏中，但很少在游戏中与他人互动；"主动古怪型"的儿童非常渴望参与集体游戏，但是无法掌握正确的社会互动的方式，在游戏中常常使用不恰当的互动行为与他人进行互动，本质上是缺乏社会技能和社会知觉。

自闭症儿童在假装游戏中也存在明显的障碍，缺乏想象，特别是缺乏自发性的假装游戏。列昂·堪那(Leo Kanner)于1943年最初描述自闭症临床特征时便注意到了自闭症儿童玩玩具的方式比较刻板，普遍缺乏假装游戏，与普通儿童存在差异。1977年温(Wing)第一次系统报告了自闭症儿童的假装游戏能力缺陷：跟同龄儿童相比自闭症儿童表现出来的假装游戏数量更少，同时也显得更加重复和刻板。即使自闭症儿童在有成人引导的条件下能够进行类似假装的游戏，但是与其他儿童相比他们的假装行为仍然存在明显的缺陷。例如，有些儿童手中握着玩具杯，难以做出假装喝水的动作，当他人把积木当成小火车在地上跑时，儿童会说"这个是积木，不是小火车"等。

三、一般教学原则

(一)充分利用碎片时间进行教学

自闭症儿童的学习通常需要他人直接的教导，而普通儿童多能通过观察和注视他人获得大部分信息。因此，在生活中为儿童随时提供游戏和社交的机会，并在此过程中积极教授游戏和社交技能，这不仅有利于促进习得技能的维持和泛化，还有助于培养儿童通过日常生活经验获取信息的能力。

(二)进行社会性强化，激发儿童动机

在游戏技能的教学中，不时会出现两种情况：一是将教学过程过度结构化，儿童对目标技能的学习多是通过模仿和记忆习得，导致儿童会出现难以泛化的现象；二是教学过程缺乏控制和目标，儿童在游戏中难以发展需要提升的技能。如何在灵活的游戏中把握目标，激发儿童内在的动机是游戏教学最核心的难点之一。

动机的建立可以从几个方面进行考量。首先，教师可从儿童喜欢的游戏活动切入。例如，喜欢视觉刺激的儿童可能更喜欢玩迷宫这一类的游戏，教师可以在活动中嵌入轮流、提要求、共同注意等技能，还可以创设情境，以迷宫为载体，与儿童进行角色扮演的游戏。并且，教师要对儿童的游戏行为、合作行为等进行大量的社会性强化，同时要渲染愉悦的情绪("哇！你的积木搭得太漂亮了""你扮的小猫太可爱了"等)。此外，还可为学生提供多样的、同质的活动内容，避免儿童多次使用产生倦怠感。

(三)重视同伴的力量

同伴对儿童的影响很大，通常远远超过成人。我们常常发现，同伴"轻描淡写"的指令有时比成人严厉的指令更为有用，能更快地制止儿童的不当行为，且同伴的行为也更为自然。

为自闭症儿童选择适当的同伴是教学者需要考虑的问题之一。若有较大的考量空间，应当优先选择具有良好社交技能、游戏技能和沟通技能的儿童。受人欢迎、有责任心的儿童也是优选的玩伴，他们很容易并乐于帮助自闭症儿童。一般而言，选择年龄略大一些的同伴更适合进行干预，他们不但具有较强的技能，而且乐于充当小老师的角色，能有效地提供教学辅助。

在与同伴的互动过程中，自闭症儿童会逐渐产生取悦同伴的愿望，这表明他们具有了社交的内在愿望，而此时，同伴也会更加积极地回应和支持自闭症儿童的适当行为。在此过程中，自闭症儿童的游戏技能可以得到更好的泛化，成人也可逐渐减少对儿童的监控。与同伴形成紧密的、良好的友谊互动关系，是自闭症儿童发展的里程碑之一。

(四)选择恰当的目标技能

游戏和社交技能的教学内容和方式具有很强的灵活性，很难提出一个全面的、完整的游戏课程。例如，不同年龄、不同性别的儿童玩的游戏各不相同；不同家庭、不同地区的儿童，玩的游戏也可能有所差异，教师和家长在选择适当的目标技能进行教

学时应考虑以下因素。

1. 年龄

不同年龄阶段的儿童适合的、感兴趣的游戏活动不尽相同，因此，教学人员应选择与儿童发展水平和年龄层次贴合的游戏活动。虽然多数自闭症儿童游戏技能的发展水平落后于同龄普通儿童，但也可以尝试为他们选择与其生理年龄相符的游戏，让儿童在游戏中不仅体验快乐，还可发展技能，这也有利于发展自闭症儿童和同龄同伴之间的社交互动。下表呈现了儿童游戏水平的大致发展阶段。

表 9-1　游戏发展阶段

游戏阶段	说明
练习性游戏	又称为功能性游戏或感觉游戏，是儿童发展最早出现的游戏方式，其基本功能是对习得的但还不巩固的动作进行练习。在儿童 14～30 个月时，练习性游戏在婴儿的全部活动中占 53％，但在 3～4 岁时，仅占 36％，并且逐年减少。例如，儿童连续多次地玩抛球和接球、来回推小汽车等。
结构性游戏	此类游戏行为大致发生在 2 岁左右，指儿童按照一定的计划或目的来组织对象或游戏材料，使之呈现出一定的形式或结构的活动，是介于练习性游戏与假装游戏之间的一种游戏形态。例如，拼图、搭积木和手工游戏等。
假装游戏	又称为假想游戏或象征性游戏，儿童开始假装用一个东西代表另一个，赋予一个对象它所不具备的特征，并且让对象变得充满活力。假装游戏在儿童 2 岁以后开始大量出现，4 岁之后是比较成熟的发展阶段。儿童伙伴之间合作进行的假装游戏是假装游戏的最成熟形式，称为社会性假装游戏。常见的假装游戏可分为以下三类。 • 以物代物，即使用一个物体，假装它是另一个物体。例如，假装一块积木是一栋大楼，把木杆当作勺子喂娃娃吃饭等。 • 虚拟属性，即给自己、他人或物品赋予戏剧性的角色或情感。例如，儿童拿起一个空的杯子做喝水的动作，或拿起一个空碗闻一闻说"好香啊"。 • 虚构客体，即假装某物体在眼前，用这个物体做出一个动作。例如，把手指放在牙齿上假装刷牙，把手放在耳边假装打电话等。
规则游戏	是儿童游戏的高级发展阶段，指两个以上的参与者按照预先规定的规则进行，且具有竞赛性质的游戏。例如，打牌、下棋、老鹰抓小鸡等。

2. 游戏水平

目标技能的选择除了与儿童实际年龄相符之外，还需考虑儿童当前的游戏水平。如表 9-1 所示，游戏的发展具有一定的层次，较高层次的游戏技能需要儿童具备一定的先备技能，因此，准确地评估儿童当前的水平，选择适当的目标技能是教学者应当关注的部分。

3. 儿童和同伴的偏好

期望儿童能够在游戏中体验到快乐，产生游戏的内在动力。因此，教学人员可以通过观察儿童自由游戏时的表现，通过儿童玩玩具的时间、表情和语言等，判断儿童的偏好，选择适当的活动进行教学。此外，为了让同伴参与到儿童的游戏中来，还应选择同伴感兴趣的活动进行教学。

(五)在游戏中紧扣目标

游戏技能的教学灵活度高，以自然式的教学为主，因此在教学中常常会出现缺乏核心教学内容、偏离教学目标等现象。但教学者在设计活动方案时，务必将目标技能进行任务分解，嵌入到每个游戏环节当中。例如，在哪个环节要求儿童的轮流技能、在哪些行为中嵌入共同注意的训练等。在游戏过程中，教学者虽然无需按照过度结构化的方式进行干预，但要牢记游戏的基本内容和目标，不要使游戏偏离方向，做到"形散而神不散"。

(六)给儿童单独游戏的机会

发展游戏技能的目标之一就是让儿童学会在不受监控时独立玩耍，虽然发展自闭症儿童与他人的社交至关重要，但自己独自游戏，在游戏中度过闲暇时光也是需要发展的技能之一。独立游戏能力的发展有利于延长学生专注于活动和游戏的时间，培养学生的独立性，促使学生进行适当的休闲活动，减少自我刺激的行为等。在教学过程中，一开始教师可以采用分解式尝试教学的方法进行个别指导，一旦儿童掌握了游戏技能，就可以逐步地撤除辅助并减少监控。教师或家长可以逐渐拉远与儿童的距离，减少出现的次数，增加离开的时间，在游戏结束时再走到儿童身边对他进行夸奖。

四、常见的教学方法

(一)视频示范

视频示范运用录制的视频而不是生活中现实场景供学习者进行观察，将目标行为或技能通过示范的方式呈现给学习者，旨在提升学习者的注意力以及对目标行为进行记忆、模仿和泛化的能力。简而言之，视频示范指学习者观看特定行为的视频并进行行为的模仿。它包括自我示范、成人示范、同伴示范、观看录像带示范和混合示范几种类型。视频示范在游戏技能的教学和研究中一般包括以下五个步骤：

• 选定游戏主题

通过观察同龄普通儿童的游戏行为、向父母和教师了解儿童偏好，选择若干个合适的游戏情境并准备相应教具，如游乐园、建筑工地、厨房等。

• 了解普通儿童的游戏行为

在确定教学的具体目标游戏行为之前，研究者需了解典型发展儿童在游戏中出现的行为和语言，为视频录制的脚本设计提供参考依据。

• 编写视频录制的脚本

为确定视频示范者所需表现出的游戏行为，研究者需根据普通儿童的游戏行为和自闭症儿童的发展水平，结合游戏情境，编写不同游戏中涉及的游戏行为及伴随的语言。

• 录制并编辑视频

选择适当的示范者（成人、同伴或自己均可）依照视频脚本录制视频，同时加以编辑。

• 使用录制的视频进行教学

在教学过程中，教师通常在游戏之前让儿童观看视频中的内容，并给予儿童机会自由表现游戏行为。有研究者应用视频示范对自闭症儿童的假装游戏能力进行了干预并取得了良好的效果。

视频示范作为一种教学策略有独特的优势。第一，相较于真人示范，视频示范更高效、经济，且已有的研究表明，视频示范比真人示范能够让个体更快、更好地习得行为，取得更大的进步。第二，视频示范具有系统化和高控制性的特性。第三，许多个体可以通过观看相同的视频来习得目标行为，应用范围广泛。第四，符合大多数家庭和学校的支付水平，相比其他教学策略更具有时间和成本效益。但多次重复示范的视频可能会对儿童的自发性游戏行为和语言产生限制，且儿童已习得的假装游戏技能的维持和泛化效果有所差异。

✎ 教学实例

Boudreau 等人在教授自闭症儿童假装游戏技能时，为儿童选择了"兽医"的游戏主题并准备了相应的玩具，包括宠物笼、毛绒小狗（毛绒恐龙）、红色听诊器、狗骨头、耳镜、紫色注射器、蓝色盛水盘和黄色食物盘。研究者围绕此游戏主题设计了相应的视频脚本，涉及游戏动作及相伴随的语言，如表9-2所示。

表9-2　游戏视频脚本

游戏动作脚本	游戏语言脚本
1. 打开宠物笼。	1."抬起来。"
2. 把小狗从笼子中拿出来。	2."小狗生病了。"
3. 把小狗放在地上。	
4. 将听诊器的一端放在自己的耳朵里。	
5. 将另一端放在小狗的身上。	3."砰、砰、砰。"
6. 给小狗打针。	4."噗——斯——。"

续表

游戏动作脚本	游戏语言脚本
7. 把耳镜对准小狗的耳朵	5. "耳朵。"
8. 举着小狗上下蹦跳。	6. "呜哇，呜哇。"
9. 让小狗走到盘子前面。	7. "喝水。"
10. 小狗喝水。	8. "啧，啧。"
11. 把小狗放回笼子中。	
12. 关上笼子。	9. "小狗病好了。"

(二)关键反应训练

关键反应训练(Pivotal Response Treatment，简称 PRT)是介于高度结构化干预和生态化干预之间的干预方法。该策略认为对某些关键领域的有效干预，可以使个体获得广泛的行为改变。它将语言、游戏技能、社会行为等目标整合在干预中，将游戏行为结构化，从简单的游戏开始逐步提高游戏的复杂程度。它重视提高自闭症儿童的行为动机，通过让儿童做选择、轮流、强化尝试行为、分散任务来提高语言技能、游戏技能和社会行为。它既结构化地帮助儿童从简单的游戏发展到复杂的游戏，又具有一定的灵活性，能让儿童有一定程度的自由。

关键反应训练策略强调关键领域的教学，即那些一旦教会便对其他所有类型的行为产生积极影响的领域，也就是说关键领域的改善能将这种积极影响"辐射"到其他领域。通过对动机、多重线索的回应、自我发起以及自我管理四个关键领域的教学，促进自闭症儿童其他行为的改善和泛化。该方法还具有以下几个特点：教导自闭症儿童的关键性技能、在自然环境中教学、主张家长培训和家庭参与最大化、使用关键反应训练的程序和策略。其主张在融合的环境中提高自闭症个体的社会交往能力，从而使他们能够参与丰富的、有意义的生活。

使用关键反应训练法进行游戏技能的教学，需遵循以下原则：

• 为儿童呈现的玩具需要根据儿童的偏好，如儿童对玩具的眼神凝视、触摸和口头上的要求；

• 不同玩具出现的频率需依据儿童的兴趣决定；

• 教学人员参与其中并示范游戏的行为；

• 如果儿童没有反应，教学人员可再次示范游戏的行为；

• 对儿童正确的反应或接近正确的反应进行强化；

• 功能性游戏与假装游戏穿插，儿童已掌握的游戏与目标游戏活动穿插，以确保儿童的成功，让其体验到游戏的乐趣；

- 增加儿童游戏行为的类型，避免儿童出现刻板的游戏行为；
- 教学人员和儿童轮流玩玩具，为儿童提供示范的同时也可增加儿童的社交技能；
- 当儿童游戏的水平有所提升，可以让其参与更复杂的游戏。

(三)整合性游戏团体法

整合性游戏团体法(Integrated Play Groups Model)以游戏理论、维果斯基的社会文化理论以及引导式参与为理论基础，对整合游戏团体进行规划和环境设计，并对游戏的社会层次、象征层次、游戏中的社会沟通、游戏偏好进行评估，在此基础上通过引导式参与进行干预。该模式主张在同伴群体中、在适合儿童发展水平的环境中激发自闭症儿童参与游戏和发起游戏的潜力，并认为游戏无法通过成人指导习得。

整合性游戏团体的小组一般由3～5人组成，包含了游戏新手和游戏老手。游戏新手是指自闭症儿童，而游戏老手指的是具有经验的普通同伴或兄弟姐妹。在游戏环境中通过提示自闭症儿童观察同伴的游戏，模仿教师的言行以尝试参与到游戏中等方法，在同伴游戏行为的示范和引导下，将自闭症儿童游戏的自发性最大限度地激发出来。通常而言普通儿童与自闭症儿童的比例为1：2或1：1.5。在不同发展水平的同伴组成的游戏团体中，环境提供给自闭症儿童的游戏机会各有不同，既有与他们发展水平相近的游戏，也有更具挑战性的游戏。因此，游戏老手的选择是成功实施整合性游戏疗法的重要前提。

选择游戏老手的过程需考虑如下因素：①儿童可以是其原本社交网络的成员(如同学、邻居等)；②能与自闭症儿童友好相处；③具有较高的游戏技能、沟通能力及社会能力；④不同社交风格的游戏者参与(如安静型的、主动型或喜欢搞笑的游戏成员)。整合性游戏团体法的教学需要一个自然整合式的游戏环境，可以是学校(幼儿园的游戏角、普通班级教室、游戏室或户外场地)、治疗室、社区和家里等。常规的每周训练2～3次，每次时间约为30～60分钟，至少持续3个月以上。

整合式游戏团体法在游戏领域的具体干预内容主要包括以下几点：

- 注视：让游戏老手玩一些自闭症儿童感兴趣的游戏和活动，吸引自闭症儿童去观察游戏老手如何玩。
- 动作模仿：同伴可以在游戏中玩重复的材料，以此吸引自闭症儿童的注意，并让他们模仿动作游戏。
- 平行游戏：当自闭症儿童拒绝参与同伴游戏时，指导他们在同样的游戏空间里，使用相同的游戏材料，在游戏老手旁边玩。
- 共同焦点：当游戏老手在玩同样活动的不同部分时，指导他们展示和分享各自的材料。
- 共同目标：指导游戏新手和游戏老手轮流和协调同样的材料和活动。

• 角色重演：指导游戏新手和游戏老手扮演真实的生活活动。

• 角色扮演：扩展简单的假装游戏，在共同建构性游戏主题或脚本范围内，指导游戏新手和游戏老手进行想象力游戏角色的扮演。

第三节
社交规则与礼仪教学

社交规则是指反映一个社会的态度、价值观、成见和敬畏的规则、要求、期望、习俗和法律等，包括成文的和不成文的，言明的和不言明的，在我们作为个体或集体成员与他人的交往中，决定着我们扮演的角色和采取的行动。社交礼仪是指交往的双方或多方借助语言、仪表、表情、举止动作等形式，向交往对象表示重视、敬意和友好，以塑造自身真、善、美的交际形象。

一、规则、礼仪与社交

社交规则与礼仪是人们社会交往中行为的标准和规范，是通过评价、劝说、示范等教育形式纠正人们不正确的行为习惯。在现实生活中，各种关系的交往需要以社交规则和礼仪去规范其言行。良好的礼仪规范可以确保各类交往活动的顺利进行，其在人际交往中具有形象塑造、感情联络和行为调节等功能。社交礼仪是人们进行社会交往的润滑剂，是沟通和发展的必要条件。人与人进行交往，双方第一个见面礼仪是握手问好，面带温和微笑，彼此从眼神传递流露出诚意，这构成了人际交往的首要礼仪条件。正是通过社交礼仪这一枢纽，达成促进情感交流，改善和保持良好的人际关系的目的。社交礼仪还是人际关系和谐发展的调节器，是推动和促进人际关系顺利发展的助燃剂。有礼仪才会赢得人的尊重，才会沟通相互间的感情，才会谋求交友的愿望。对于自闭症儿童来说也是如此，良好规则的建立有利于儿童融入新的社交环境，促使他们将规则内化成自己的行为，提高自律能力和社会性协作技能，从而促进儿童的社会性发展。

二、自闭症儿童社交规则与礼仪的特点

多数自闭症个体能够掌握具体的、可预测的社交规则与礼仪，而难点则在于如何灵活地、依据情境地、适当地使用这些规则。自闭症个体往往难以掌握某些礼仪规则

应用的恰当时机。在日常交往中，普通个体能够自动地测量"社交温度"，在无意识情况下能检测彼此的身体语言以及语调，并轻松地发现他人对自己的看法。当我们发现自己引发了他人的不适或者令别人感到困惑时，便会及时修正自己的行为，以便创造让人舒适和愉悦的氛围。而对于自闭症个体而言，这种能力并非与生俱来，他们既不能自觉注意，更无法理解自己的行为竟会影响他人对自己的看法。例如，"谢谢"是最常见的礼貌用语之一，在日常的教学和生活中，许多自闭症儿童均习得了这一词语，但在正确的时间以正确的方式说"谢谢"才是更为重要的社交礼仪，这是自闭症儿童所遇到的难点所在。他们往往不知道为何要说"谢谢"，常常难以及时地关注他人的言语和行为，寻找以及弄清言语和行为背后的想法和意图。

案例

人跟规则有一种微妙的关系。一方面，我们喜欢规则。对我们而言它们就像家具店里能将相同容器套在一起的整理桶。能套在一个桶中的，属于同一类；不能套在这个桶中的，不属于同一类，应该放在别处。与此相似，规则告诉我们什么该做，什么不该做。规则帮我们避免了混乱、困惑与压力。当世界变得混乱与未知时，是规则让我们冷静下来。规则，可以说是自闭症者最好的朋友。

另一方面，有时我们对规则的理解太过死板。例如，有关健康饮食的规则有时竟成了刻板的"就餐仪式"，最终限制了我们的社交活动；关于认真做作业的规则有时演变成了"完美主义"，最终我们感到无比焦虑。因此，关于规则的最大规则便是绝对不要把它们理解得太绝对。这听来令人感到费解，但又千真万确，因为生活中总会有意外、其他情况以及特殊情况。你知道吗？其实并没有人能够做到完全遵守规则，绝不违背。我们自闭症者确实更喜欢"非此即彼"，而不是"有时候""可能"。正因为如此，我们中的大多数人喜欢那些具有预测性、逻辑性的游戏、娱乐和故事。连我们的想象也更接近于事实与真相，我们可不喜欢那些"邪恶"的科幻小说、奇幻小说或历史小说。怎么说呢？"可能"那些虚幻的想象就不合我们胃口吧。

——一位自闭症者的自述

引自《自闭症儿童社会规则训练》

自闭症儿童对社交规则的应用缺乏变通能力，他们常常表现出"全或无""说一不二"和"非黑及白"的思维方式，没有太多空间容纳"模糊"的灰色地带；他们用较为刻板的思维来帮助自己隔绝了许多细节以及多种可能带来的压力。Jennifer O'Toole 将自闭症个体的刻板思维比喻为生意大利面，硬硬的、细细的、直直的，稍微一弯就断了。而普通个体的思维则像是煮熟的意大利面，具有延展性、可弯曲，更具有适应性，更能适应常规中的改变，寻找新问题的答案，也更能根据情况改变目标。事实上，世界中唯一的常态便是改变，不论为自闭症儿童定下多少常规、日程表和计划书，生活仍然充满了不确定。

自闭症个体常常依据表明的意思去理解事情而缺乏语言技巧，且往往将真相视为最高真理，以真诚且毫无保留的方式说出自己的想法，但在社交世界中，往往需要一些技巧去"装点"真相，如在表9-3情境中，语言表达的技巧则显得十分重要。

表 9-3 不同情境下语言表达的技巧举例

情境	诚实但不明智	诚实且有技巧
你的朋友买了一条新的牛仔裤，她问你："这是不是太紧了？"	"是的，这条裤子好难看！"	"就我个人而言，我一般会选择紧身牛仔裤——但每个设计者的风格都不太一样。"
你朋友的乐队刚刚解散，他来询问你的看法。	"你听起来很痛苦嘛！"	"我看得出你放了很多心血在里面。"
你奶奶家的晚饭做得很简单，她想知道你是不是喜欢吃。	"奶奶，这饭也太难吃了。"	"我可以尝得出饭菜里面的爱意。谢谢您这么辛苦为我们准备这些。"

此外，自闭症儿童时常难以抓住他人想要表达的主要观点，从而无法以恰当的方式回应对方，这与其思维方式有紧密的关系。自闭症个体倾向于采用从具体到普遍的思维模式，在儿童成长的早期，其思维模式还尚未形成固定的概念，在儿童的脑海中充满了大量的细节，世界看上去是由成千上万相互没有关联的碎片信息组成的，这些信息在自闭症儿童脑海中同等重要，缺乏整理信息并加以区别对待的能力。因此，当自闭症儿童与他人沟通时，常常难以准确地理解他人的意图和关键的想法。

三、常见的教学方法

(一)视觉提示法

自闭症儿童在视觉加工和视觉通道学习方面有着独特的优势，视觉提示系统的运用能有效帮助他们参与活动，适应学校环境。视觉提示有多种形式，如物品、照片、图片、符号、标识和卡片等，它们都可以被运用以增强自闭症儿童对周围环境的理解和适应。

活动规则的视觉提示多用于课堂教学与学校日常管理当中。在班级管理中，为了有效、有序地展开教学活动，面对不同的自闭症儿童，教师首先需要让他们明白课堂活动的规则，以建立教学秩序，如让儿童明白如何安排座位、如何排队等待、如何举手发言等都是进行课堂活动的前提。在教授这些规则时，也可以运用视觉化的策略进行支持。例如，教师可以在儿童的课桌上粘贴一张有儿童名字的贴纸，可以提示儿童坐在自己的座位上，各就各位，也方便不同的任课教师提示儿童回到座位上，不易使儿童发生因座位混乱造成情绪问题。在进行一些课堂活动时，需要儿童轮流等待，进行排队，为了保持队伍的整齐，可以在教室里布置一根较粗的长直线，并分成等长的线段，画上脚印。当需要排队时，教师站在前面，发出言语指令后，要求儿童按高矮或其他顺序站在各自的脚印处，以保证队伍的顺序。

在儿童的自由活动中，视觉提示也可用于帮助自闭症儿童应用社交规则与礼仪。例如，在自闭症儿童与同伴玩游戏时，教师可以将表示"轮流""分享"和"等待"的图片放在儿童眼前，并在活动中辅助儿童遵守图片中提示的社交规则。教师还可以提前制作一些选择卡片，儿童可自由选择自己喜欢的活动或者食物，通过卡片提示，儿童在做决定之前可以考虑自己的喜好，安排感兴趣的活动，减少儿童的焦虑以防止出现问题行为。

视觉呈现相较于语言表达来说，更为具体、直观、生动，也为儿童提供了更多的思考时间，这种方式更易为自闭症儿童所接受。视觉提示系统不仅能帮助自闭症儿童了解环境的规则和变化，也能很好地帮助他们学习概念，对信息进行分类，对自己的思维进行组织，了解外界提供的线索。但在使用视觉提示策略时要注意，线索必须要简明清晰，而且要根据儿童的水平设计提示的形式，以便于他们理解线索。

常见社交规则与礼仪示例：

- 当你想说谢谢的时候就大声说出来。
- "注意他人、告知他人、谢谢他人"是最简单的让人知道你在意他们的方法。
- 别让"对不起"成为最难说出的三个字。
- 好的道歉让人知道出了什么问题，受了哪种伤害，本应该怎么做。
- 如何纠正别人的错误和是否纠正他们的错误一样重要。
- 完美主义有时候在他人眼里就是招人厌烦、自以为是的优越感。
- 想要让自己令人感兴趣，首先你得学会对人感兴趣。
- 具体明确的赞美是最强有力的。
- 永远不变的是改变。
- 尽可能避免批评人，即使批评也要对事不对人。

(二)社会故事法

社会故事法是指由专业治疗师、教师或父母为自闭症儿童编写的小故事，对所发生的事件的时间、地点和参与人员等信息进行具体描述，对人们在事件情境中通常会怎么做、有什么想法或感觉等进行说明，并强调指出重要的社会线索，进而以儿童能理解的语言说明与此情境相适应的行为方式。

社会故事法并不直接教授社会技能，而是向自闭症儿童解释环境中可能会发生的事件，利用儿童长于视觉加工和对文字的兴趣来增进他们对环境的理解，从而诱导出符合社会规范的行为或社会技能。社会故事是由简短句子组成的一篇文章，其具体内容取决于教学程序所选定的目标行为，在一篇社会故事开头位置，通常有一个前导句用于儿童的自我介绍，故事内容通常包括以下几种句型：

描述句。用于指出情境中最重要的因素，如发生什么事、为什么会发生、有哪些人参与等，如"每个星期天爸爸会带我去上阅读课"。

观点句。也称透视句，用于描述在情境中当事人（包括儿童自身）的情绪、想法、意见、动机或健康状况等，如"上课时，老师喜欢举手发言的小朋友"。

引导句。主要用来向自闭症儿童提供行为反应的建议或选择，撰写时最好使用缓和的、有弹性的语气（如"我会试着……"），避免用武断的语气（如"我要……"），以免儿童误认为这个句子的内容一定要完成，如"我也会试着举手回答问题"。

肯定句。主要用来强调背景知识，如特定社会化中的价值观念、重要原则、规定等，以使儿童了解社会对某行为的看法，如"上课举手发言比大喊大叫更受人欢迎"。

控制句。从儿童的角度指出在特定情境中，可以用哪些策略帮助自己记得所要表现的行为，如"每当老师提问时，我会观察小明的行为"。

合作句。用来指出别人在情境中，会如何协助儿童，也可用来协助教师、父母记得自己在社会故事中所要扮演的角色，如"老师有时会提醒我说话要举手"。

部分句。可以了解儿童是否理解社会故事的内容，如"上课想发言时先举手，我觉得这样很好"。

应用社会故事法于社交规则的教学，首先需要确定目标行为与技能，评定社交规则障碍的发生原因和目标行为的基线水平，之后根据儿童情况编写社会故事并实施教学。编写可遵循以下原则和标准：

- 社会故事要有目的地向儿童呈现可靠的信息，鼓励儿童取得进步；
- 编写社会故事应包括主题导言、主体、结论三部分；
- 能够回答"是什么""为什么""怎样做"等问题；
- 用第一或第三人称写作；
- 使用肯定的语言，少描述消极行为，以突出积极行为；
- 必须使用描述句，其他几种句型选用；
- 描述应多于指导；
- 编排形式要适合儿童的能力和兴趣；
- 提供适合儿童个人的图解，以增强对文本的理解；
- 有适当的标题。

✎ 教学实例

明明是一名五岁的自闭症男孩，他在融合幼儿园上学，认知能力和语言能力较好。

明明最喜欢一天中的点心时间，这时教师会把大家喜欢的点心拿出来。小朋友们会一起分享，但明明从来都不会将他的点心分享给别人。此时教师可采用社交故事对明明进行干预。

"到了点心时间，老师会把我们喜欢吃的点心拿出来。"　　　　　——描述句

"小朋友们会与身边的朋友分享点心。"　　　　　　　　　　　——观点句

"我也会试着与我的好朋友分享点心。"　　　　　　　　　　　——指导句

"与同伴分享点心是一个好孩子应该做的事。"　　　　　　　　——肯定句

"每到点心时间，我会查看点心盘上的提示卡。"　　　　　　　——控制句

"有时，我会需要我的好朋友提示我分享点心。"　　　　　　　——合作句

"我对自己能与好朋友分享点心感到很高兴。"　　　　　　　　——部分句

(三)社交脚本法

脚本是指就某种技能向学习者呈现一段起示范作用的语言或书面的描述，也就是向学习者呈现一个结构化"脚本"，为其在社交互动中说什么或做什么提供详细的描述。脚本策略通常与示范、提示和强化策略结合使用，能够增加自闭症儿童与同伴之间的互动，并提高社会互动的质量。

在编写社交脚本之前，研究者们通常首先会选取一个具体的目标活动。确定所选的活动后，教师需要观察正常发展儿童参与活动的情况，以此来决定自闭症儿童参与活动所需遵守的社交规则和礼仪，并且决定脚本所使用的词语。之后根据儿童的能力水平，确定具体的学习目标，并编写长度和复杂程度适合的脚本。社交脚本可以是书面的，也可以是言语的。

社交脚本法的实施过程一般包括学习脚本、脚本提示以及脚本撤销三个步骤：

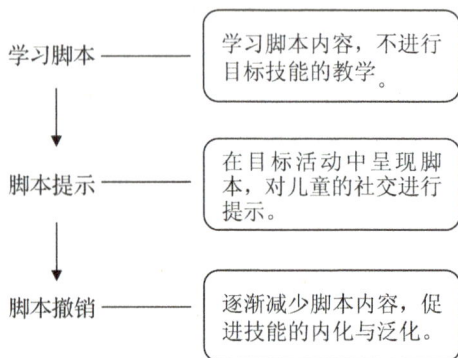

学习脚本 ——— 学习脚本内容，不进行目标技能的教学。

↓

脚本提示 ——— 在目标活动中呈现脚本，对儿童的社交进行提示。

↓

脚本撤销 ——— 逐渐减少脚本内容，促进技能的内化与泛化。

在脚本教学环节中，教师根据儿童的能力水平，将一个脚本分一次或几次进行教学，目的是让儿童在这一环节中将脚本读熟。在此期间不进行任何其他的相关教学，也不进行数据的收集。当儿童能够熟练地读出脚本内容后，则进入提示环节，教师在

目标活动中呈现脚本，以支持儿童顺利地进行社交活动。但单纯的脚本教学可能会使自闭症儿童依赖脚本，从而难以在无脚本的社会互动中独立地表现，并且由于自闭症儿童的刻板性，他们较难通过脚本策略将习得的技能泛化到未干预的相似的真实情境中。因此，在实施脚本提示后，通常还会有脚本撤销的环节。教师教导儿童使用已做好的脚本以提供适当的模板，当学习者使用脚本时，系统地从结尾到起始部分逐步撤离脚本以促进技能的维持与泛化。例如，脚本是"谢谢你给我的礼物，我很喜欢"，系统地撤销可分为：第一步"谢谢你给我的礼物＿＿＿＿＿＿"，第二步"谢谢你给我的＿＿＿＿＿＿"，第三步"谢谢你＿＿＿＿＿＿"，第四步"谢＿＿＿＿＿＿"，第五步没有任何脚本，需要儿童自发主动地说出。

社交脚本与社会故事法有相似之处，但社会故事主要提供社交情境的描述性信息，如涉及的人物、事件的顺序、别人的想法和感觉，虽然提供了如何对社会提示和情境做出反应的建议，然而这不是社交故事最主要的目的，因为故事更多的是对社会环境中可能会发生的事件和期望的反应做出解释，而不是提供直接的技能教学，这就需要儿童有较好的认知水平，才能够理解。社交脚本与之相比，则更为直接地针对儿童的具体对话内容进行了教学。

第四节
社交问题解决技能的教学

社交问题解决是一种认识和行为的过程，个体发展并选择有效的策略以应对日常生活中遇到的、存在矛盾的人际情境。问题解决包括了对问题的态度、信仰以及解决问题的风格。例如，当面对人际矛盾时，有人将问题情境看作对自己的一次挑战，会用理性的、深思熟虑的方法解决问题，而有些人则将其看作对自己的一个威胁，使用逃避的、冲动的方法来解决问题。

一、问题解决与社交

人际交往中的问题解决技能是一种基本的社会技能，是影响个体环境适应能力的关键因素。大量研究表明儿童社交问题的解决能力与其同伴关系有直接的关系。社交问题解决策略的适当性与同伴接纳成显著正相关，那些经常运用问题解决策略来处理人际冲突和人际矛盾的儿童在同伴中更受欢迎，更易被同伴所接受。而在问题解决技能上有缺陷的儿童可能会在社会交往中遭到同伴的拒绝，且更容易卷入欺负行为当中。

他们很少关心处于困境的同伴，也很少能主动与他人分享、合作。

社交问题解决技能与儿童的社交地位也有着密切的联系。例如，受欢迎儿童比不受欢迎儿童对人际问题能够提出更好的解决方法；社交地位高的儿童与社交地位低的儿童对同一件事情也有不同的理解；在社交问题解决技能的发展方面有缺陷的儿童可能会在社会交往中遭到同伴的拒绝，并可能与成人和同伴进行消极的互动，而这些消极的互动会阻碍儿童发展积极的社会互动和学业行为。

二、自闭症儿童问题解决技能的特点

自闭症儿童在交流、情绪识别、移情和社交技能方法上都有明显的缺陷，他们通常难以加工微妙的刺激变化，而被复杂的社交环境所"淹没"。如果在某情境中出现了矛盾，我们往往可以看到自闭症儿童表现出不恰当的应对方式，如退缩或大发雷霆。虽然有些自闭症儿童的学业在融合班级中能够达到标准，但他们薄弱的社交能力和灵活处理问题的能力都为他们真正融入社会带来了阻碍。

案例

小静是一名6岁的高功能自闭症女孩，由于语言的清晰度和认知能力发展良好，身边许多朋友都不知道这是一名自闭症小朋友。的确，如果你一直顺着小静玩游戏，除了缺少共同注意（而这一点很少有亲朋好友会关注），她几乎不会表露出自闭症的障碍，但若你和她出现了意见相左或面临矛盾时，她立马会露出不知所措的样子，而后便会与你争抢或者哭泣，即小静缺乏问题解决的技能。在专业机构中，专业人员为小静创设情境，由成人辅助她，教授其一些基本的解决问题的策略。例如，"当有小朋友和你同时想玩一个玩具的时候，两个人可以商量轮流玩耍，或者一起玩"。经过一段时间的教学，小静基本不会出现争抢的行为，但面对不同的小朋友，仍然无法灵活地提出解决问题的方法，只有在成人的提示下她才会低着头说："我们一起玩吧。"

三、常见的教学方法

（一）人际认知问题解决技能课程

人际认知问题解决课程由斯皮瓦克和舒尔所提出，这是一项学校干预课程，具有较为完整的训练目标和教学内容。该课程的目标是培养儿童产生不同的解决问题的方法，考虑不同解决方法可能产生的后果，认识问题情境中自己和他人的思想、情绪和动机的能力。人际认知问题重视认知成分的重要性，认为在认识水平上进行训练可以有效地促使行为发生改变，其有利于行为的维持和泛化。因此，这一课程教给儿童怎样思考问题，而不是告诉儿童应该思考什么问题。它通过改变儿童的思维方式，提高儿童的社会判断能力，从而促进儿童亲社会行为的发展，改善同伴之间的关系，并减少儿童的冲动性行为和退缩性行为。

该课程的教学提倡小组活动，用游戏的方式来开展教学，注重教学方式的灵活性，并强调每一个儿童都能够参与到活动之中。例如，在课程开始前不一定要求每个儿童都安静地坐好等待课程的开始，而是强调用活动来吸引儿童的兴趣和注意力，从而在游戏和活动中完成训练目标。训练时儿童可以围在教师的身边，也可以根据训练课程内容的特点来决定其他类型的儿童组织形式。教学初始的时长也可长可短，每次的教学时间并不固定，而是可以根据儿童的兴趣程度进行适当的延长或缩短。

人际问题解决的训练主要包括以下几个方面：

• 认识问题情境中自己和他人的思想、情绪和动机，为幼儿考虑行为的后果做准备。

• 问题的感知和确认，让幼儿认识到什么是人际问题并开始考虑怎样解决人际问题。

• 产生不同的解决问题的方法，帮助幼儿解决情境中的问题，常见人际问题的解决有以下 6 个步骤：问题界定，说出问题是什么和自己的感觉怎么样；目标设定，确定自己的目标；延迟冲动，在做之前停下来思考；概括解决方法，尽自己所能想出可能的解决方法；考虑结果，进一步考虑下一步会发生什么；应用，当自己想出一个好的解决办法时，可以去尝试解决问题。

• 考虑不同解决方法可能产生的后果，使儿童了解自己的言行可能会影响到他人。

问题解决技能训练中常用的提示语言：

• "现在的问题是什么？""别着急，告诉我发生了什么事。"

• "先想一想，如果你继续这样会发生什么事。"

• "你有什么办法解决这个问题呢？"

• "这个办法很棒，你还有别的方法吗？"

• "想一想刚才咱们都想到了哪些方法？"

• "如果你……接下来会发生什么事情？"

• "你觉得哪种方法能够更好地解决这个问题？"

• "好，去试一试吧。"

✎ 教学实例

有研究者围绕问题解决技能为大班幼儿设置了 3 个课程单元，分别为"交朋友"，"回应不明确的激怒情境"和"处理冲突问题"，每个单元下又分设了 2～3 个具体的问题情境。以"处理冲突问题"为例，教学者提供了 3 种问题情境：争抢玩具、商量不一致和"你想演，我也想演"。在"争抢玩具"情境中，教师首先导入故事——菲菲和姐姐在抢大猩猩玩具，之后教师进行提问，引导并辅助儿童寻找正确的问题解决的方法。例如，"菲菲遇到什么问题？为什么会发生这个问题？"，"菲菲选择的办法是和姐姐抢玩具，这个方法好不好？为什么不好？"，"如果你是菲菲，你有什么好方法？"，"你最喜欢用哪个好办法？"，等等。在"你想演，我也想演"的情境中，教师则让儿童观看问题情境的视频，之后再用相似的问题引导儿童提出解决问题的策略。

(二)计算机辅助教学

自闭症儿童常常表现出较强的视觉信息的反应能力，这使得基于图片的材料可以更好地帮助自闭症儿童进行有效沟通以及获得学业和功能性技能的进步。因此，将自闭症儿童视觉通道的优势与计算机技术相结合是问题解决技能教学的有效途径之一。例如，有研究者设计并开发了社交问题技能教学软件"我能解决问题"对自闭症儿童进行教学，将轮流、请求帮助/物品、给予和协商等社交问题解决的技能嵌入到软件当中。教学内容包括了 8 个带有冲突和矛盾的社交情境，并依据矛盾解决的难易程度将 8 个情境分为了简单情境和复杂情境两类。教学过程包括以下几个环节：

· 首先让儿童观看社交情境的动画片，在播放结束后，软件中会出现提示语"你会怎么办呢？"。

· 呈现出 4 种解决方案的图片（两个恰当的、两个不恰当的解决方式）以供儿童选择。此外，训练软件中还会出现提示音"你有什么好办法吗？"，儿童可以提出自己新的解决方案。

· 若答案恰当，则给予强化，反之则进行忽略。

· 在儿童选择了恰当的解决方案后，软件中会播放问题解决后的情境，如动画片中的儿童选择轮流的方式玩玩具等。

此在基础上，Fatima A. 等人改进了这一问题解决技能教学软件，将每个情境的教学分为体验和反思两个环节。在体验环节，教师引导儿童观察情境，了解需要解决的问题并决定解决问题的方法，教师使用无错误教学的方法辅助儿童选择正确的解决问题方式；在反思环节则让儿童回顾刚才如何找到了情境中的问题所在，以及确定解决方法的过程。

小结

本章围绕社会交往领域，从共同注意、游戏技能、社交规则与礼仪以及社交问题解决技能四个方面讲述了社交技能的教学。就共同注意而言，自闭症儿童呈现出发展迟滞、出现频率较低、倾向于回应他人发起的共同注意而缺乏内在的分享性动机等特点，在教学中应注重动机的激发、实施综合性教学方案、重视同伴和家长的角色。常见的教学方法包括强化与提示、同伴介入、父母中介以及计算机辅助教学。在游戏技能方面，自闭症儿童表现出缺乏与同伴互动的欲望、游戏方式单一、伴有异常的游戏行为并存在假装游戏障碍等特点，在教学中应多使用社会性强化以激发动机、为儿童选择适当的目标并在教学中紧扣目标，常见的教学方法有视频示范、关键反应训练和整合性游戏团体法。在社交规则与礼仪方面，自闭症儿童表现出难以灵活地、适当地使用规则的特点，他们常常难以察觉周围的社交线索，缺乏变通的能力，主要的教学方法包括视觉提示、社会故事和社交脚本法。自闭症儿童在问题解决技能方面存在难以判断行为的后果、对问题情境的认知不明确以及解决问题的风格较为消极等特点，常见的教学方法包括人际认知问题解决技能课程和计算机辅助教学。社交技能的缺陷是自闭症儿童的核心障碍，也是教学的重难点，如何激发儿童内在的社交动机并促进技能的维持和泛化，是值得研究者和教学人员进一步探索的问题。

思考题

一、单项选择题
自闭症儿童的游戏选择考量不包括（　　）

A. 年龄　　　　　B. 游戏水平　　　　C. 个人偏好　　　　D. 教师的偏好

二、简答题
1. 自闭症儿童共同注意的发展有何特点？
2. 用于共同注意能力教学的常见方法有哪些？
3. 自闭症儿童的游戏行为有哪些特征？

三、论述题
请结合一个自闭症个案的特点，为其制订社交技能干预计划。

延伸阅读

1. [美]Ron Leaf、John McEachin 主编，蔡飞译：《孤独症儿童行为管理策略及行为治疗课程》，北京，华夏出版社，2008。

2. 胡晓毅，刘艳虹：《孤独症谱系障碍儿童的教育》，北京，北京师范大学出版社，2016。

3. [美]Brooke Ingersoll、Anna Dvortcsak 著，郑铮译：《自闭症儿童社交游戏训练：给父母及训练师的指南》，北京，中国轻工业出版社，2012。

4. [美]Jennifer Cook O'Toole 著，倪萍萍译：《自闭症儿童社会规则训练》，北京，中国轻工业出版社，2016。

5. [美]天宝·格兰丁、肖恩·巴伦著，刘昊、付传彩、张凤译：《社交潜规则——以孤独症视角解析社交奥秘》，北京，华夏出版社，2016。

6. 徐云、柴洁：《孤独症儿童心智解读能力训练》，北京，科学出版社，2015。

第十章

自闭症儿童教学数据收集

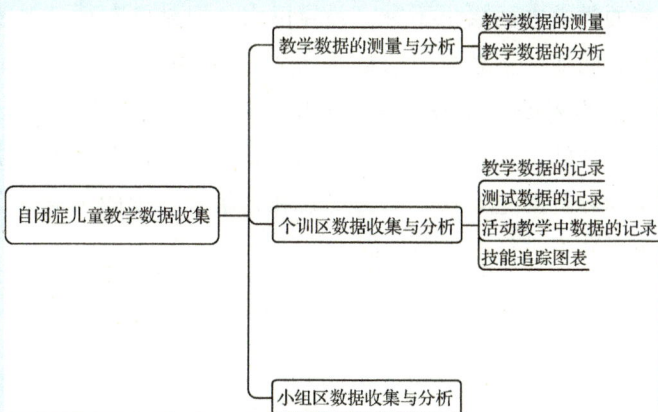

自闭症儿童教学数据收集
- 教学数据的测量与分析
  - 教学数据的测量
  - 教学数据的分析
- 个训区数据收集与分析
  - 教学数据的记录
  - 测试数据的记录
  - 活动教学中数据的记录
  - 技能追踪图表
- 小组区数据收集与分析

本章概要

1. 自闭症儿童教学数据的测量维度、测量方法，以及如何对教学数据进行分析。

2. 如何对个训课的数据进行收集与分析。

3. 小组课要收集的数据内容、收集方法。

学习目标

1. 了解行为有哪些测量维度。

2. 了解数据在自闭症儿童教学中的重要性。

3. 了解个训课和小组课的数据收集与分析的过程，并能结合教学现状选择或编制数据收集表，对数据进行分析。

导　　读

过去七十年，自闭症领域的研究和实践都在证明：自闭症儿童是可以学习的。尽管针对自闭症儿童的教学方法层出不穷，差异巨大，但是已有循证实践支持的教学方法都认同了数据在自闭症儿童教学中的重要意义，而这些方法大部分都是依据应用行为分析这门科学发展出来的。如果说理论是高瞻远瞩的，可以告诉我们教学的方向，那么数据便是脚踏实地的，它可以帮助我们判断教学效果以及做出教学调整。本章主要介绍了数据收集和分析的重要性，如何观察和记录教学中的关键数据，并且在个训区和小组区环境下对数据进行收集和分析。

第一节
教学数据的测量与分析

教学数据的测量与分析是教学工作的重要环节，并且始终是有效教学的核心。教学数据的测量与分析既能够反映当前教学的进展，监控学生的表现，判断教学方向是否正确，也是后续教学调整和变革的依据。在教学前、教学中、教学后稳定地记录自闭症儿童的数据可以及时地判断当下教学策略是否得当、是否出现其他干扰因素影响教学的进展等。教学数据的测量与分析往往使得教师望而生畏，但有效的数据测量与分析并不是收罗一切数据表或者画出复杂的数据图，而是找到最为合适的测量系统并且加以分析和利用。本节将围绕教学数据的测量以及教学数据的分析，为教师呈现教学数据相关工作的完成程序及注意事项。

一、教学数据的测量

客观的策略能够帮助教师以精确和一致的方式描述教学现场发生的事件和现象，在确定目标行为之后，需要选择适宜的数据测量系统以便可以有代表性地反映数据的变化。在进行选择时，数据的测量首先要满足数据的代表性特征，其次要操作简单，帮助教师高效地收集教学信息。在进行测量时，教师需要选择具有代表性的测量维度，其次要选择适宜的测量方法。

(一)选择数据的测量维度

1. 频次/计次

测量目标行为的发生频次是自闭症儿童教学中的常用测量维度，频次是一个行为出现的简单数量记录。例如，儿童在数学课上离座了 5 次，在语文课上举手了 3 次，课间与同伴玩了 3 次石头剪刀布的游戏等。频次是教学测量的一个基础性数据，也是比率等其他维度的一个参数指标。通常来说，频次的记录还会伴随其他的测量维度，以更充分地反映教学信息，帮助教师快速进行教学分析和决策。

2. 比率/频率

比率结合了行为发生的重复属性和时间广度属性，是教学中应用最为广泛的一种测量维度。比率测量包含了行为的出现次数以及选取的观察时间段，通常频次数据会被转化为比率数据以更充分地对数据的代表性进行说明。例如，儿童在 30 分钟之内举了 6 次手，在 20 分钟内吃了 5 次饼干，在 10 分钟内看了教师 3 次，用比率来看，这些范例的比率值分别是每分钟 0.2、0.25、0.3。通常来说，比率数据的标准经常以每秒、每分、每小时、每天、每周、每月、每年进行计算。

3. 持续时间

持续时间是行为发生在时间中所占据的长短，也是在教学中应用非常广泛的一个数据测量维度。教师在教学中会测量学生诸多行为的持续时间。例如，学生在数学课上安坐的持续时间为 10 分钟，学生独立写作业的持续时间是 6 分钟，学生发脾气的时间持续了 5 分钟等。对于那些耗时长的行为，持续时间的测量能够具有代表性地反映行为的变化。但是对于那些高频的持续时间非常短暂的行为，甚至只在一瞬间发生的行为则不适合使用持续时间进行测量。

4. 反应延宕时间

反应延宕时间是指行为的前事刺激（通常是教师的指令/材料的呈现）到反应开始之间的时间。反应延宕时间是自闭症儿童教学中评论一项技能是否得以通过的重要标准。如果自闭症儿童的某一行为的反应延宕时间过长，则会被视为不精熟的表现。反应延宕时间越短越能说明自闭症儿童教学的参与性和投入性，以及其对技能掌握的精熟性和流畅性。例如，上课时教师说"起立"，自闭症儿童听到后在 1 秒之内便立即站立起来；而当教师说"过来"时，自闭症儿童在第 8 秒才走过来，则该项技能将被视为需要继续练习。

5. 反应间隔时间

反应间隔时间是指在连续两次反应间相隔的时间。反应间隔时间的测量会被运用到很多需要重复进行的活动中。例如，教师可以观察自闭症儿童做数学题的反应间隔时间，体育教师可以观察学生拍球的反应间隔时间。反应间隔时间越短说明自闭症儿童的任务持续性越好，它也是在教学评价中的一个重要衡量指标。

在选取数据的测量维度时，教师需考量哪个测量维度最能够代表该行为的程度。例如，以自闭症儿童的离座行为举例，如果该儿童课堂上多次离座，打扰了教师的教学，这时选择频率作为离座行为的代表测量维度较为适宜；如果该儿童课堂上离座行为比较少，但每次离座的时间特别长，当学生离座后，他会走出教室在校园走动，影响了学生的生命安全及教师的教学监控，所以选择持续时间作为测量维度更为适宜。

(二)选择数据的测量方法

1. 事件记录法

事件记录法需要计算目标行为在一段时间出现的次数，需要有明确的行为起点及行为节点，对于那些高频发生但持续时间不是很长的行为，大部分都采用事件记录法进行计算。例如，在一段时间内自闭症儿童提要求的次数、正确回答问题的次数、和同伴主动发起对话的次数等。

2. 百分比记录法

百分比记录法主要是对自闭症儿童的一些正确独立反应、提示下完成的反应或错误反应进行记录，并将记录下来的数字转化为百分数。例如，教授自闭症儿童命名 10 个常见物品，其中独立正确反应 5 次，错误反应 5 次，因此正确反应百分比为 50%。百分比记录法也是在教学实操中应用非常广泛的一种记录方法。

3. 时距记录法

时距记录法主要测量目标行为出现的时距段数所占的比例，时距测量可以使教师进行数据采集更加便利，而不需要花费太多时间。例如，当教师需要测量学生上课注意教师或教学材料的行为时，可以将 30 分钟分成 10 个时距，每 3 分钟一个时距。此时可以根据标准采用两种记录：一种是半时距记录。如果这 3 分钟内只要学生注意了教师或者教学材料，教师便在这个时距下标注"＋"；如果这 3 分钟内学生没有出现过目标行为，则标注"－"，这种称为半时距记录。另一种是全时距记录。如果学生在这 3 分钟之内都注意教师或教学材料，教师便在这个时距下标注"＋"；如果学生在这 3 分钟之内出现了走神的行为，则在这个时距下标注"－"，这种称为全时距记录。

二、教学数据的分析

教学数据的测量与收集是教学的基础性工作，数据的收集是为了对学生的教学进展进行准确的分析，以判断现有的教学和支持是否能够帮助学生进步，达成教学目标。由于数据是动态的、更新的、持续的，所以及时的数据分析可以帮助教师快速做出有效的教学决策，及时调整教学方案，帮助学生取得更大的进步。

在收集完学生的数据后，教师通常采用线性图以视觉化的形式呈现教学数据，以简洁、直接的图标展示因变量和自变量之间的关系，以方便教师在教学过程中就可以通过数据做出适当的调整，并通过一些关键的数据特征对教学效果的趋势进行判断。

1. 数据点的数量

数据点的数量可以为教师提供可信的记录，也意味着学生的同一行为表现是否稳定或者表现出明确的趋势。通常来说，至少需要 5 个时段的数据点才能对数据特征进行判定。数据点太少意味着教师进行教学决策判断的失误性更大；如果在数据点较多时再进行判定，则可能错过教学调整的最佳时间。

2. 数据的变化性

在对同一个行为进行多次测量时，可能会产生不同的结果，有时数值较高，有时数值较低，这反映了自闭症儿童的行为表现可能会受环境变量的影响而变动。通常来说，如果数据的变化性越大，则教师需要收集更多的数据点进行判断。如果数据的变化性越小，教师对学生的未来行为的表现的预测所需的数据点就越少。

3. 数据的水平

在某一个时段测量的数值反映了当前的数据水平，数据的水平是判定教学效果的主要标志之一。如果一个正向行为的数据水平较高时，则说明学生储备的正向技能越多或者越稳固；当负向行为的数据水平较高时，则预示着教师需要进行介入或调整，以减少学生负向行为的发生。

4. 数据的趋势

数据的趋势是借由数据变化的数值、程度或强度来呈现数据这一段时间的方向。趋势的变化有三种方向：上升趋势、下降趋势、零趋势。趋势往往最能反映教学的效能，也是教学决策判断的主要依据。正向行为的上升趋势往往反映了教学策略的适当及有效，正向行为的下降趋势往往预示着教学策略对学生不适用，应该进行调整。

在对教学数据进行分析时，往往要综合上述几个数据特征才能对自闭症儿童的教学进展进行比较准确和全面的判断，并且对未来教学策略的有效性进行预测。教学数据的分析直接决定了教师后续教学的方向和调整，需要教师具备扎实的数据测量和分析基础及丰富的数据分析经验，以帮助学生获得持续的进步。

第二节
个训区数据收集与分析

在一对一的教学情境下，教师面向学生进行一对一的教学，数据收集具有更大的便利性，数据收集的质量也更为精准。本章将提供大量的不同类型的表格，每个表格记录的自闭症儿童表现的详细水平不同，可以帮助教师根据学生的特点以及教学的方式进行选择并且持续地记录学生的教学信息。选择一种或多种表格需要根据学生的特点以及教学内容的特点进行判断，教师可能会用到几种表格，也可能只用到一种表格。

一、教学数据的记录

个训区教学数据的记录最为准确，同时也最耗费时间，分为结构式和半结构式两种。在结构式的个训区教学数据记录中（见表 10-1），在每个回合中教师需要提前准备好教学内容，并将目标行为详细誊写在每日的数据记录表中，并对学生的反应以及使用的辅助形式进行准确记录。在回合式记录中，学生的正确反应用"＋"表示（也可以用"√""R"或其他符号），学生的错误反应用"－"表示（也可以用"×""F"或其他符号），这两种符号的记录是指撤离辅助后，学生在独立反应时可能做出的两种反应形式。此外，在新技能的教学中，还需对使用的辅助级别进行记录，以分析学生对辅助的依赖程度和学习进展的速度，即需要多少个回合的练习才能够习得一个新的目标技能。辅助形式的记录通常采用英文的缩写进行表示。例如，躯体辅助使用 PP（physical prompt）表示，语言辅助使用 VP（verbal prompt）表示，视觉辅助使用 VP（visual prompt）表示，手势辅助使用 GP（gesture prompt）表示。在完成教学之后，教师需要对表格中每个项目的正确率进行计算，计算方法是正确反应的回合数/（正确反应的回合数＋错误反应的回合数）。通常这个标准当日达到 90％以上或者连续两天达到 80％以上则视为已通过标准，可以更换下一个教学目标。如果学生未达标，则说明该目标还需要继续练习。如果学生连续多日未达标，并且使用的辅助水平没有呈现由高到低的趋势，那么教师需要对数据进行分析，重新考量目标的适宜性以及教学方法的恰当性，并做出教学调整的决策。针对复习技能，即那些之前已经达标的技能，在新技能练习时，可进行新旧技能的混合教学，通常进行 3 个复习技能的教学，再进行 1 个新技能的教学，以帮助学生在教学中更稳固地维持技能并且按照行为动量的原理激发其对困难目标做出正确反应的可能性，复习技能的回合式记录可以帮助教师分析学生技能维持的能力并确定那些需要进行特定复习的目标。

表 10-1　回合式教学数据的记录（结构式）

学生姓名：东东		授课教师：田老师								
授课时间：	2015 年 6 月 13 日									
记录符号说明：	躯体辅助 PP　语言辅助 VP　视觉辅助 VP　手势辅助 GP 正确反应 ＋ 错误反应 —									

新技能										
目标行为	1	2	3	4	5	6	7	8	9	10
1. 命名"苹果"图片	VP	VP	VP	＋	＋	＋	＋	＋	＋	＋
2. 命名"杯子"图片	VP	VP	＋	＋	—	＋	＋	＋	＋	＋
3. 口语提要求——果汁	VP	VP	VP	VP	VP	＋	＋	＋	＋	＋
4. 一步动作模仿——举手	PP	PP	PP	＋	＋	＋	—	＋	＋	＋
5. 执行一步动作指令——"起立"	PP	PP	PP	PP	＋	＋	＋	＋	＋	＋

复习技能										
目标行为	1	2	3	4	5	6	7	8	9	10
1. 命名"牙刷"图片	＋	＋	—	＋	＋	＋	＋	＋	＋	＋
2. 命名"毛巾"图片	＋	＋	＋	＋	＋	＋	＋	＋	＋	＋
3. 口语提要求——拼板	＋	＋	＋	＋	＋	＋	＋	＋	＋	＋
4. 口语提要求——球	＋	＋	＋	＋	＋	＋	＋	—	GP	＋
5. 一步动作模仿——拍手	＋	＋	＋	＋	＋	＋	＋	＋	＋	＋
6. 一步动作模仿——鼓掌	＋	＋	＋	＋	＋	＋	＋	＋	＋	＋
7. 执行一步动作指令——"跳一跳"	＋	＋	＋	＋	＋	＋	＋	＋	＋	＋

区别于结构式的回合式数据收集，半结构式（见表 10-2）主要体现在对辅助形式记录的简约。在半结构式的记录中，不需要对辅助的形式进行详细记录，仅需标注"＋""—""P"三种符号。这种记录方式适合于进行快节奏的教学，对于那些注意力不集中的学生，教师的数据记录可能会打断教学或者占据时间，也可能会分散学生的注意力，半结构式的教学可以帮助教师快速地记录每个回合学生的反应，并进行达成标准的通

过率的计算。但是由于缺失辅助形式的记录，所以信息没有结构式记录那么详尽。

表 10-2　回合式教学数据的记录(半结构式)

学生姓名：小雨								授课教师：张老师		
记录符号说明：	辅助　　P 正确反应 ＋ 错误反应 －									
新技能										
目标行为	1	2	3	4	5	6	7	8	9	10
1. 仿说"阿姨"	P	P	P	＋	＋	－	＋	＋	＋	＋
2. 命名"衣服"	P	P	P	P	＋	＋	＋	＋	＋	＋
3. 命名"书包"	P	P	P	＋	＋	＋	＋	＋	＋	＋
4. 执行一步动作指令——"单脚站"	P	P	＋	－	＋	－	P	＋	＋	＋
5. 一步动作模仿——"点头"	P	P	＋	＋	＋	＋	＋	＋	＋	＋
复习技能										
目标行为	1	2	3	4	5	6	7	8	9	10
1. 仿说"爷爷"	＋	＋	＋	＋	＋	＋	＋	＋	＋	＋
2. 命名"帽子"	＋	＋	＋	－	＋	＋	＋	＋	＋	＋
3. 命名"笔"	＋	＋	＋	＋	＋	＋	－	＋	＋	＋
4. 执行一步动作指令——"打开杯子"	＋	＋	＋	＋	＋	＋	＋	＋	＋	＋
5. 一步动作模仿——"敲鼓"	＋	－	＋	＋	＋	＋	＋	＋	＋	＋

二、测试数据的记录

对于那些更适合密集型干预的自闭症儿童，以及那些已经能够快速习得新技能的儿童来说，记录辅助水平及形式对其教学决策没有重大影响，这时可以使用探测式的教学数据记录。相较于回合式的教学数据记录，探测式记录正如教学研究，仅需在教学的当日对学生的目标项目进行首次探测并进行记录(见表 10-3)，如果项目连续 3 日达到首次通过的标准，则该项目在第 4 个教学日转变为复习项目；如果项目未能取得连续 3 日首次探测通过，则需要继续教学，直至学生达成标准。如果数据显示自闭症儿童在一个项目的探测上始终没有独立通过或者长时间未能连续 3 日首次通过，教师则需要关注该数据并加以分析，做出及时的教学调整。

表 10-3 周探测记录表

学生姓名：牛牛				授课教师：吴老师	
记录符号说明：	正确反应 ＋ 错误反应 －				

新技能

目标行为	星期一	星期二	星期三	星期四	星期五
1. 命名"创可贴"	＋	＋	－	＋	＋
2. 命名"?"	－	－	＋	＋	＋
3. 执行一步动作指令——"单脚站"	＋	－	＋	＋	＋
4. 一步动作模仿——"点头"	＋	－	＋	＋	＋
5. 一步动作模仿——"手叉腰"			＋	＋	＋

复习技能

目标行为	星期一	星期二	星期三	星期四	星期五
1. 仿说"你好"	＋	＋	＋	＋	＋
2. 命名"馒头"	＋	－	＋	＋	＋
3. 命名"香蕉"	＋	＋	＋	＋	＋
4. 命名"开心果"	－	＋	＋	＋	＋
5. 执行一步动作指令——"开门"	＋	＋	＋	＋	＋

三、活动教学中数据的记录

在个训活动中，教学数据的收集不仅局限于桌面式的教学，还包括活动式的教学或者自然情境式的教学，这类教学通常会发生在学生目标行为获得的泛化期。在泛化期，教师可以对不同的活动以及目标行为的测量维度进行记录（见表 10-4），以更快速地收集泛化期的数据。

表 10-4 活动数据记录表

目标行为	活动 1 （玩橡皮泥）	活动 2 （音乐律动）	活动 3 （餐点）
1. 执行一步动作指令——"过来"	＋－＋	＋＋	＋
2. 提要求——"帮忙"	＋＋	＋	＋
3. 命名——"香蕉"	＋	＋	＋

四、技能追踪图表

不论是回合式教学数据的收集还是探测式教学数据的收集，这仅是数据工作的第一步，数据的整理也是影响教师判断及教学决策督导的重要因素。通常，当日或当周的数据记录需要誊写到技能月追踪表（见表 10-5）中，并且每一个技能领域各使用一张表格，根据表格中的信息绘制技能月追踪图（见图 10-1 和图 10-2），通过表和图的方式可以准确地分析自闭症儿童当月在各个技能领域的进展情况。技能月追踪表还可以为自闭症儿童的评估和转衔提供更为翔实的记录和信息，帮助新教师或者跨学科的服务人员更好地对自闭症儿童的已有技能形成准确的判断。

表 10-5　技能月追踪表

命名技能月追踪表		
姓名：图图	目标技能：命名常见物品	
具体项目	开始日期	结束日期
1. 柠檬	2 月 27 日	3 月 1 日
2. 上衣	2 月 28 日	3 月 2 日
3. 鞋子	3 月 1 日	3 月 3 日
4. 裤子	3 月 2 日	3 月 5 日
5. 牛奶	3 月 7 日	3 月 9 日
6. 牙刷	3 月 9 日	3 月 11 日
7. 帽子	3 月 10 日	3 月 12 日
8. 书包	3 月 10 日	3 月 12 日
9. 笔	3 月 13 日	3 月 15 日
10. 钥匙	3 月 14 日	3 月 16 日
11. 水杯	3 月 15 日	3 月 17 日
12. 毛巾	3 月 15 日	3 月 17 日
13. 公交卡	3 月 15 日	3 月 17 日
14. 纸巾	3 月 16 日	3 月 18 日
15. 棉签	3 月 16 日	3 月 18 日
16. 西瓜	3 月 17 日	3 月 19 日
17. 橙子	3 月 17 日	3 月 19 日
18. 西红柿	3 月 17 日	3 月 19 日

续表

具体项目	开始日期	结束日期
19. 台灯	3 月 20 日	3 月 22 日
20. 开关	3 月 21 日	3 月 23 日
21. 椅子	3 月 21 日	3 月 23 日
22. 筷子	3 月 21 日	3 月 23 日
23. 锅	3 月 21 日	3 月 23 日
24. 足球	3 月 22 日	3 月 24 日
25. 沙发	3 月 24 日	3 月 26 日
26. 花	3 月 24 日	3 月 26 日
27. 书	3 月 24 日	3 月 26 日
28. 门	3 月 24 日	3 月 26 日
29. 雨伞	3 月 24 日	3 月 26 日
30. 箱子	3 月 24 日	3 月 26 日

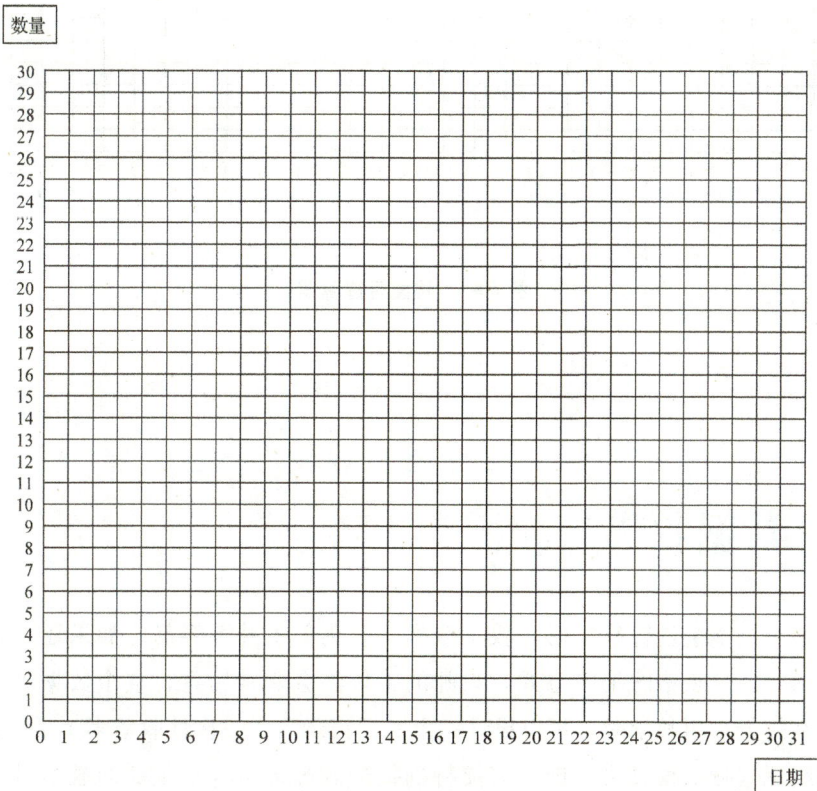

图 10-1　技能月追踪图(空图)

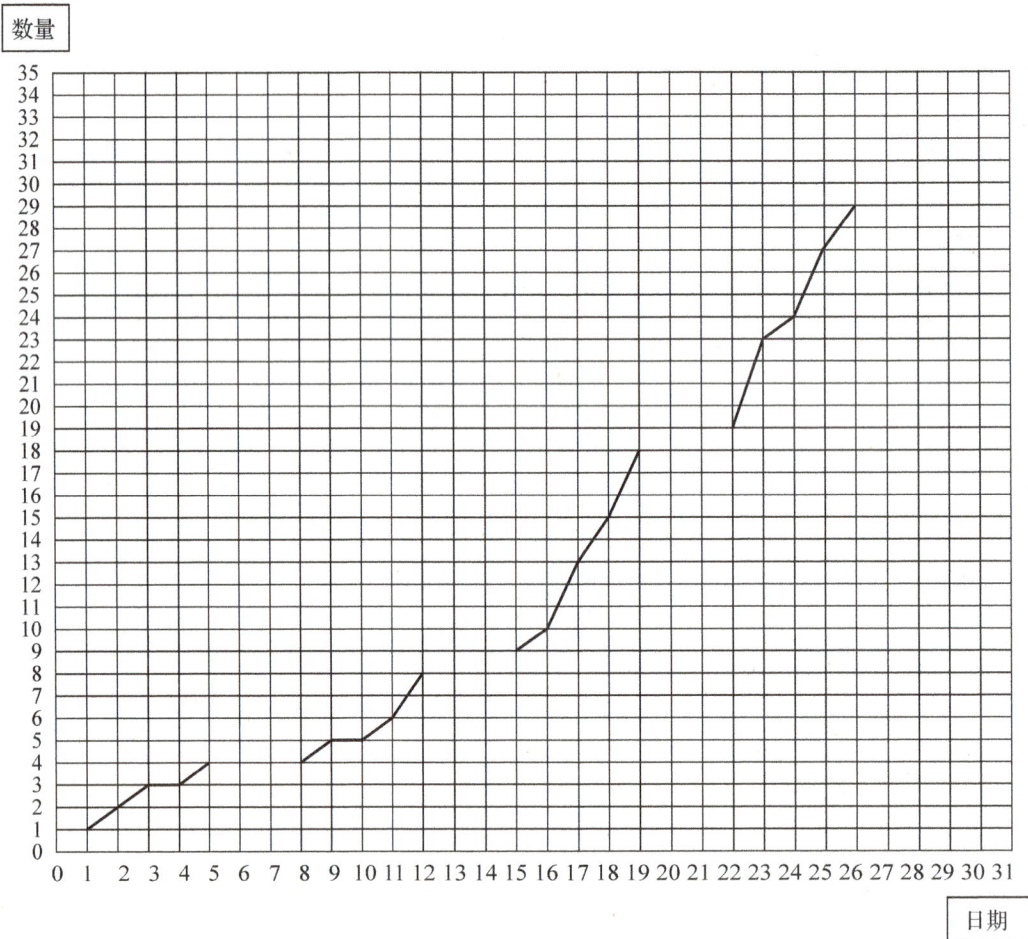

图 10-2　技能月追踪图

第三节
小组区数据收集与分析

当面向一组学生进行教学时，教学数据的收集似乎并不容易。如果还是延续个训课中每个学生一个表格的记录方式，教师的工作将会非常繁重，整个数据收集工作也将低效。在进行小组教学时，可以设计一个数据记录表，一次性收集多个学生的反应。

在小组课进行数据收集之前，需要特别提醒教师的是，小组课的教学目标不宜过多和过于个性化，否则会大大增加授课的难度以及降低儿童学习的效能。因此，在小组课中，每个学生的教学目标不宜超过 3 个，并且要最大力度地寻找小组内学生的共同目标以创造同伴练习的机会。

在小组教学中，教师通常会记录目标行为发生的频次（见表 10-6），尽管同一小组的自闭症儿童可能基线水平比较相似，但是仍然会有更为个性化的目标，所以要为不同的学生详细列出清晰的目标行为，学生的目标行为可能是一致的，也有可能是不一致的，教师仅需记录正确反应"＋"、错误反应"－"以及辅助下做出的反应"P"，不对辅助的具体形式进行记录。这种方式可以比较快速地收集学生的数据，并且可将目标誊写到技能追踪表中。

表 10-6　小组课频次记录表

小组课频次记录表					
课程名称：语言课		授课日期：2018 年 3 月 5 日		授课教师：李老师	
学生	反应表现	目标行为1：命名"红色"	目标行为2：执行一步动作指令——"起立"	目标行为3：执行一步动作指令——"搬椅子"	备注
学生 1	正确反应		√√		
	辅助反应	√ √		√√	
	错误反应				
学生 2	正确反应	√ √	√√		
	辅助反应			√√	
	错误反应				
学生 3	正确反应	√	√√		
	辅助反应	√		√√	
	错误反应	√			
学生 4	正确反应	√ √	√√		
	辅助反应	√		√√	
	错误反应	√			

在小组课中，个训课的目标经常会在小组时间进行泛化和练习，泛化将会涉及教学材料、行为发生情境以及人物的泛化。如果该小组课更侧重于维持和泛化已有技能，教师则可以考虑使用小组课泛化记录表，并对目标行为、泛化的要素进行记录（见表10-7）。

表 10-7　小组课泛化记录表

小组课泛化记录表					
课程名称：美术课　授课日期：2018 年 3 月 7 日　授课教师：罗老师					
目标行为	学生	教学材料 A：橡皮泥 B：生日蛋糕 C：乐高积木	行为发生的情境 A：地毯区 B：个训教室 C：游戏区	人物 A：张晓宝 B：李然然 C：张小君	备注
目标行为 1 对同伴说"请你试试"	学生 1	A√　B　C	A　B　C√	A√　B　C	
	学生 2	A√　B　C	A　B　C√	A　B√　C	
	学生 3	A√　B　C	A　B　C√	A　B　C√	
目标行为 2 对同伴说"轮到你了"	学生 1	A　B√　C	A√　B　C	A√　B　C	
	学生 2	A　B√　C	A√　B　C	A　B　C√	
	学生 3	A　B√　C	A√　B　C	A　B√　C	

在小组教学中，由于教师在教学过程中要考量的要素非常多，为了精简数据收集的过程，可以设计小组课评级记录表（见表 10-8）。与频次记录表不同的是，教师需要提前对目标行为进行分级，为每一个学生制订目标的基准或登记水平，在活动间隙对频次进行统计，然后将级别的数据誊写在表中。评级记录适合于活动类的课程，每一个活动结束之后，教师再进行回顾和数据的记录。尽管评级的数据仅能为教师提供一定范围的参考，但可以明确学生是否需要继续练习该技能，而且省时省力，不易对教师的授课和教学活动产生干扰。

表 10-8　小组课评级记录表

小组课评级记录表			
课程名称：个人工作系统课　授课日期：2018 年 3 月 12 日　授课教师：米老师			
学生	目标行为 1：离开工作区 A 级：30 秒以下 B 级：45～60 秒 C 级：60 秒以上	目标行为 2：发出无意义的语音 A 级：5 次以下 B 级：5～10 次 C 级：10 次以上	备注
学生 1	C	A	
学生 2	C	B	
学生 3	B	B	

小结

　　数据在自闭症儿童的教育教学中具有重要的意义，是教师进行教学决策的重要依据。在收集数据之前，需要对教学目标进行细致和具体的分析，并且使用可量化的方式撰写，以便在收集过程中对目标行为的发生有一个统一的标准。在收集和分析数据时，个训课的数据收集要求更具体翔实，锁定的目标较多，小组课的数据记录更聚焦在社交和泛化类的目标。数据记录表是数据收集常用的工具，根据教学形式及目的的不同，可以选择性地进行使用，并没有唯一的标准。在数据收集之后，图表是数据分析的有效手段，技能追踪图表可以直观地反馈教学效果，帮助教师发现和解决问题，本章提供的图表可以直接为教师教学所用。

思考题

一、单项选择题

行为的测量维度不包括（　　　）

A. 频率、强度、延宕时间

B. 频次、延宕时间、持续时间

C. 频次、持续时间、反应间隔时间

D. 形态、功能、持续时间

二、简答题

1. 请你谈一谈数据对于自闭症儿童的教学的意义。

2. 简述个训课和小组课的数据收集与分析的过程。

三、论述题

1. 在小组课教学环境中，请为一名自闭症儿童的教学设计数据记录系统。

2. 请论述技能追踪图可以帮助我们得出哪些教学信息。

延伸阅读

1.［美］奥温·C. 斯塔曼等著，胡晓毅译：《孤独症儿童关键反应教学法》，北京，华夏出版社，2015。

2.［美］Ron Leaf、John McEaching 主编，蔡飞译：《孤独症儿童行为管理策略及行为治疗课程》，北京，华夏出版社，2008。

3. 刘昊：《孤独症儿童的行为教学》，北京，华夏出版社，2010。

4.[美]洛娜·温著，孙敦科译：《孤独症谱系障碍：家长及专业人员指南》，北京，华夏出版社，2013。

参考文献

1. Angela Scarpa，Anthony Wells，Tony Attwood. Exploring feelings for young children with high-functioning autism or asperger's disorder[M]. Jessica Kingsley Publishers，2013；1-89.

2. John O. Cooper，Timothy E. Heron，William L. Heward. Applied behavior analysis[M]. Harlow，Essex，England：Pearson，2014.

3. R. Christine & S. Kabot. Setting up classroom spaces that supports students with autism spectrum disorders[M]. Kansas：AAPC Publishing，2010；22-89.

4. Ron Leaf，John McEachin. 孤独症儿童行为管理策略及行为治疗课程[M]. 蔡飞，译．北京：华夏出版社，2008；1-68，24-46.

5. Ross D. E. Verbal behavior analysis：inducing and expanding new verbal capabilities in children with language delays[J]. The journal of speech-language pathology and applied behavior analysis，2007，2(1)：136-139.

6. Saarni C. The development of emotional competence. The guilford series on social and emotional development[M]. New York，NY：Guilford Press，2010；45-68.

7. 奥温·C. 斯塔曼等．孤独症儿童关键反应教学法[M]. 胡晓毅，译．北京：华夏出版社，2015；138-153.

8. 陈文雄．孤独症 70 年：从 Kannner 到 DSM-V[J]. 临床儿科杂志，2013(11)：1001-1004.

9. 冯芳等．幼儿园环境创设[M]. 北京：北京师范大学出版社，2015；59-66.

10. 顾明远．教育大辞典[M]. 增订合编本．上海：上海教育出版社，1998；604.

11. 胡晓毅，刘艳虹．孤独症谱系障碍儿童的教育[M]. 北京：北京师范大学出版社，2016；135.

12. 黄伟合，贺荟中．功能性行为评估与干预：如何应对特殊需要学生的行为问题[M]. 北京：华夏出版社，2013.

13. 李秉德．教学论[M]. 北京：人民教育出版社，2001；266-301.

14. 李芳，李丹．特殊儿童停用行为分析[M]. 北京：北京大学出版社，2011.

15. 刘敏等．幼儿园环境创设实践[M]. 成都：四川大学出版社，2015；15-22.

16. 罗杰斯，道森．孤独症婴幼儿早期介入丹佛模式[M]. 徐秀，王艺，主译．上海：上海科学技术出版社，2014；1-58.

17. 罗明东．现代中小学教学论[M]. 昆明，云南科技出版社，2000；256-348.

18. 罗志芳．对常规教育的重新思考[J]. 早期教育，2003(1)：7-8.

19. 玛丽·林奇·巴伯拉，特雷西·拉斯穆森．语言行为方法：如何教育孤独症和相关障碍儿童[M]. 美国展望教育中心，译．北京：华夏出版社，2013；1-75.

20. 美国精神医学学会. 精神障碍诊断与统计手册(第五版)[M]. 张道龙，等译. 北京：北京大学出版社，2016：45-148.

21. 滕大春. 外国教育通史[M]. 济南：山东教育出版社，2005：397-398.

22. 田惠生. 教学环境论[M]. 南昌：江西教育出版社，1996：7-8.

23. 许璐颖，曹漱芹. 运用视觉支持策略提高自闭症幼儿生活技能[J]. 幼儿教育，2014(13)：34-39.

24. 姚本凤，樊竹均. 在幼儿一日生活中进行常规教育浅探[J]. 学前教育研究，1999(3)：52.

25. 袁爱玲. 幼儿园教育环境创设[M]. 北京：高等教育出版社，2010：20-47.

26. 昝飞. 积极行为支持：基于功能评估的问题行为干预[M]. 北京：中国轻工业出版社，2013.

27. 张文京，严小琴. 特殊儿童个别化教育：理论、计划、实施[M]. 重庆，重庆大学出版社，2015：1-69.

28. 赵娟，靳林，李敏. 幼儿园环境创设与玩教具制作[M]. 北京：北京师范大学出版社，2017：1-89.

29. 邹小兵，邓红珠. 美国精神疾病诊断分类手册第5版"孤独症谱系障碍诊断标准"解读[J]. 中国实用儿科杂志，2013(8)：561-563.